JEAN-MARC LÉVY-LEBLOND

A VELOCIDADE DA SOMBRA

Nos limites da ciência

Tradução
Maria Idalina Ferreira

DIFEL

Título original: *La Vitesse de L'ombre*

Capa: Evelyn Grumach/eg design

Editoração: DFL

2009
Impresso no Brasil
Printed in Brazil

CIP-Brasil. Catalogação na fonte
Sindicato Nacional dos Editores de Livros, RJ

L65v Lévy-Leblond, Jean-Marc, 1940-
A velocidade da sombra: nos limites da ciência/Jean-Marc Lévy-Leblond; tradução Maria Idalina Ferreira. – Rio de Janeiro: DIFEL, 2009.
352p.

Tradução de: La vitesse de l'ombre
ISBN 978-85-7432-094-6

1. Ciência – Filosofia. 2. Ciência – Aspectos sociais. I. Título.

CDD – 501
09-0046 CDU – 501

DIFEL – selo editorial da
EDITORA BERTRAND BRASIL LTDA.
Rua Argentina, 171 – 1º andar – São Cristóvão
20921-380 – Rio de Janeiro – RJ
Tel.: (0xx21) 2585-2070 – Fax: (0xx21) 2585-2087

"Se o pensamento científico for abandonado à lógica de sua intenção, o que ele pode alcançar senão o desenvolvimento em suas formulações sempre mais precisas da matéria que ele estuda? Essa matéria — seria essa a palavra para esse vazio, essas implosões do espaço, e até mesmo do tempo, mas tanto faz — estaria então presente na linguagem; ela intimidaria seus signos e poderia confiscar o seu futuro. Um mundo onde o ser falante de outros tempos seria apenas o olho pelo qual a coisa física e cósmica teria acedido à consciência de si, onde ele seria reduzido a esse corpo que, nele, ele acreditara ser o espírito em potencial, onde viveria os prazeres inventados para os seus últimos dias pelo vazio tecnológico, olhando se decompor o sentido em palcos crepusculares, enquanto a queda de tudo sobre tudo seria, lá fora, sangue espalhado e eternos gritos para nada. A lógica das equações nada conhece do ser e do querer ser, mas como lhe opor a intuição da poesia? Poder-se-á lutar indefinidamente no homem de ciência contra a vertigem do abismo cujo rebordo ele expande? E não se deveria temer que exista noite suficiente em muitos seres humanos para amar o chamado desse vazio, sobre o qual a poesia, que denuncia os sonhos, deveria se confessar o supremo sonho, o último?"

YVES BONNEFOY[1]

Agradecimentos

É mais do que um prazer agradecer a Nicolas Witkowski, que me ajudou a dar forma e organizar os ensaios aqui reunidos, bem como a Françoise Balibar e a Nicole Vallée, que me beneficiaram com seus comentários críticos sobre vários destes textos.

Sumário

Prefácio

> "Devemos escapar à alternativa do exterior e do interior; é preciso estar nas fronteiras. A crítica é realmente a análise dos limites e a reflexão sobre eles. Mas [...] a questão crítica, atualmente, deve se converter em uma questão positiva: no que nos é dado como universal, necessário, obrigatório, qual é a parte do que é singular, contingente e devido a imposições arbitrárias. Trata-se, em suma, de transformar a crítica exercida na forma de limitação necessária em uma crítica prática na forma de uma travessia possível."
>
> MICHEL FOUCAULT[1]

Os ensaios reunidos neste volume, bem como naqueles que o precederam,[2] procuram esboçar o que gostaríamos de chamar uma crítica da ciência. Não uma crítica da ciência em que ela seria imediatamente colocada no banco dos réus, mas de preferência um questionamento sobre as suas circunstâncias, que ajuda a compreender, sem separá-los, os conteúdos, a natureza e os desafios.

O título desta coletânea, ainda que encontre sua origem no estimulante paradoxo que permite atribuir à sombra uma velocidade superior à da luz,[3] reporta-se principalmente à crise do projeto do Século das Luzes e à sombria perspectiva de uma tecnociência que forneceria apenas obscuras clarezas. É a questão em direção à qual convergem os textos deste livro.

Quanto ao subtítulo, ele explicita a estratégia da maioria destes ensaios, que consiste, para uma melhor compreensão da atividade científica, em tentar explorar os seus limites[4] em vários sentidos: quais são as linhas de demarcação (caso elas existam) entre ciência e ideologia, entre conhecimento e crença, entre razão e mito, entre progresso e retrocesso?* Ninguém duvida que o traçado dessas fronteiras seja singularmente irregular, perpetuamente em movimento — e, por isso mesmo, muito mais interessante.

---

* *Régrès*, no original. Esta palavra, conforme nota do próprio autor, é em homenagem a Élisée Reclus (1830-1905), importante geógrafo, anarquista e humanista participante da Comuna de Paris, um dos raros espíritos livres que a ciência do seu tempo conheceu — e cujo centenário de morte não foi minimamente comemorado.

O Século das Luzes e as sombras da ciência

Entre o obscurantismo e a cegueira

Ainda que muitas das características de nosso mundo sejam anunciadas pelo Século das Luzes, a visão que dele temos é muitas vezes demasiado retroativa e projeta sobre o século XVIII características que não pertencem senão aos seguintes. Certamente, a homenagem que prestamos a esse passado se beneficiaria caso não o considerássemos como uma simples prefiguração do nosso presente e se distinguíssemos melhor aquilo que dele nos separa há tanto tempo.[1] O mesmo pode ser dito no tocante à ciência e em sua relação com a técnica, ainda que essa afirmação possa parecer paradoxal, já que estamos tão acostumados a ver no Século das Luzes, e em particular na *Enciclopédia*, o anúncio dos progressos técnicos fornecidos pelas descobertas científicas. Mas, ao lê-lo com atenção, o *Dicionário Raisonné das Ciências, Artes & Ofícios*, embora conceda uma igual dignidade a ambos, não põe em demasiada evidência a interação entre eles e não propõe de modo algum a fecundação das últimas pelos primeiros que engendrou nossa moderna tecnociência.

Um saber sem poder

Todavia, foi mais cedo, na aurora da modernidade, que este lema inaugural foi proclamado: "*Scientia et potentia humana in idem coincidunt*", ou seja, "Conhecimento e poder são para o homem uma única coisa", como escreveu Francis Bacon em 1620.[2] E, em sua obra *Nova Atlântida*, ele descreve em 1626 uma sociedade utópica sob a forma de uma cientocracia exercida pela "Casa de Salomão"; o objetivo declarado dessa instituição, ao mesmo tempo academia das ciências e estabelecimento de investigação, é "o conhecimento das causas e do movimento secreto das coisas, e a extensão das fronteiras da dominação humana, para a realização de tudo que é possível".[3] Nessa mesma época, ninguém expressou melhor do que Descartes a convicção de que o saber, científico evidentemente, confere poder:

> [...] assim que adquiri algumas noções gerais relativas à física, [...] elas fizeram-me ver que é possível alcançar conhecimentos que são bem úteis à vida, e que, em vez dessa filosofia especulativa, ensinada nas escolas, podemos encontrar uma que seja prática, por meio da qual, ao se conhecer a força e as ações do fogo, da água, do ar, dos astros, dos céus e de todos os outros corpos que nos cercam, [...] poderíamos empregá-los da mesma forma a todos os usos para os quais eles são destinados, e assim nos tornar senhores e possuidores da natureza, [pela] invenção de uma infinidade de artifícios, que nos fariam usufruir, sem qualquer esforço, dos frutos da Terra e de todas as comodidades que nela se encontram.[4]

Insistiu-se com freqüência sobre o caráter inovador desse projeto, que faz do desenvolvimento das técnicas um corolário do das ciências, mas nunca se ressaltou em demasia o seu caráter totalmente irrealista, não apenas naquela época, mas também muito tempo depois. Mesmo se as ciências daquela época tomam emprestado às técnicas existentes os meios instrumentais da experimentação, elas estão bem longe de poder lhes oferecer em troca uma ajuda significativa. De fato, os novos conhecimentos oriundos da revolução científica do início do século XVII permanecerão praticamente sem qualquer aplicação concreta por quase dois séculos, e os progressos técnicos manterão sua autonomia. A título de exemplo, uma das mais importantes inovações do século XVIII foi a melhora da navegação marítima oferecida pela medição das longitudes. Ora, não é a mecânica teórica nem a astronomia, apesar de as investigações dos físicos serem aplicadas com esse objetivo (Galileu propôs utilizar a observação dos satélites de Júpiter que ele próprio havia descoberto), que trouxeram a solução, mas sim os aperfeiçoamentos empíricos da relojoaria.[5]

Nada pode ilustrar melhor a relativa estagnação das técnicas durante o Século das Luzes do que a história da luz — artificial evidentemente.[6] Como viviam então nossos predecessores quando o sol se punha? Em pleno século XVIII, a iluminação ainda é feita com fracas chamas, agitadas e fuliginosas, como há milênios: tochas de resina, lampiões a óleo e velas de sebo ou de pez (as velas de cera — *bougies* —, assim chamadas por causa da cidade de Bougie, que durante muito tempo forneceu uma cera fina especial, esfumaçam menos que as de sebo, mas ainda são caras e reservadas aos ricos). Essas iluminações escassas são as únicas disponíveis em ruas parcamente iluminadas por lanternas esparsas e em ambientes internos munidos de alguns castiçais. Podemos bem imaginar o que significava nessa época se deslocar ou escrever à noite? E o que dizer dos espetáculos, dos palcos teatrais também iluminados por essas chamas escassas?

De modo geral, no século XVIII, as condições de vida, tanto domésticas quanto sociais, estão bem mais próximas às da Antigüidade do que elas serão no século XX, e isso em todos os campos — iluminação, higiene, transportes, alimentação etc. Por isso, não é de todo surpreendente que os homens do Século das Luzes sejam nitidamente mais reservados quanto ao progresso técnico e, principalmente, quanto ao seu vínculo com o progresso científico do que eram os protagonistas da revolução científica no século anterior. Releiamos o manifesto que é o "Discurso preliminar" da *Enciclopédia*, saído da pena de D'Alembert — físico e matemático, é bom lembrar. Apesar de uma significativa referência ao chanceler Bacon, mas que concerne essencialmente ao próprio projeto enciclopédico, de modo algum se encontra ali afirmada a perspectiva de um desenvolvimento acelerado das Artes e Ofícios (as técnicas, como se diria atualmente) fundado nas Ciências. Ainda que esses três campos constituam a própria matéria da *Enciclopédia*, a separação entre eles é claramente marcada, e a natureza de cada um, diferenciada: "A especulação e a prática constituem a principal diferença que distingue as Ciências das Artes." Uma breve alusão ao fato de que "as Ciências e as Artes se ajudam mutuamente" não compensa de forma alguma um evidente ceticismo sobre as suas relações — a tal ponto que o texto chega a justificar o conhecimento puramente especulativo em uma passagem que vale a pena citar de forma mais detalhada:

> No entanto, qualquer caminho que os homens [...] tenham sido capazes de tomar, estimulados por um objeto tão interessante quanto o de sua própria conservação, a experiência e a observação desse vasto Universo fizeram com que cedo encontrassem obstáculos que os seus maiores esforços não puderam ultrapassar. O espírito, acostumado à meditação, e ávido de lhe retirar algum fruto, teve que encontrar então uma espécie de recurso na descoberta das propriedades meramente curiosas dos corpos, descoberta que não conhece quaisquer limites. Com efeito, se um grande número de conhecimentos agradáveis bastasse para consolar da privação de uma verdade útil, poderíamos afirmar que o estudo da Natureza, quando ela nos recusa o necessário, fornece ao menos com profusão para os nossos prazeres: é uma espécie de supérfluo que substitui, mesmo que de forma muito imperfeita, aquilo que nos falta. Além do mais, na ordem de nossas necessidades e dos objetos de nossas paixões, o prazer ocupa um dos primeiros lugares, e a curiosidade é uma necessidade para quem sabe pensar, principalmente quando esse desejo inquieto é animado por uma espécie de desapontamento de não poder se satisfazer inteiramente. Devemos então um grande número de conhecimentos simplesmente agradáveis à impotência infeliz em que nos encontramos para adquirir aqueles que nos seriam de uma maior necessidade.[7]

Obstáculos intransponíveis para a dominação desse "vasto Universo" e "impotência infeliz" para conquistar os conhecimentos mais úteis, mas "desejo inquieto" pela descoberta de "propriedades meramente curiosas" e "simplesmente agradáveis", é evidente o recuo em relação à ambição de Bacon e Descartes. No fundo, Rousseau, de quem conhecemos a crítica bem severa que dirige tanto às Ciências como às Artes,[8] está menos isolado do que geralmente se pensa; aliás, não foi ele encorajado pelo próprio Diderot a submeter seu *Discurso sobre as ciências e as artes* ao exame da Academia de Dijon? E quanto ao "Discurso preliminar" da *Enciclopédia*, se ele realmente se distancia das teses de Rousseau (cuja obra acabara de ser publicada e alcançara um imenso sucesso), o faz com uma extrema moderação. Não se pode por fim esquecer essa "face oculta do século, nem sempre tão racional", mostrada pela "cuba magnética de Mesmer, elucubrações de Cagliostro, ascensão do movimento esotérico [...], obra filosófica das lojas maçônicas e profusão de uma literatura voltada ao fantástico".[9] O Século das Luzes tinha suas sombras.[10] Ele o sabia, pelo menos em seu final, como o prova a célebre água-forte de Goya: *O sono da razão engendra os monstros* (1797) — pesadelos inevitáveis, pois inelutáveis companheiros dos belos sonhos da razão.

Da vela ao lampião

Após o aparecimento da *Enciclopédia*, a segunda metade do século XVIII verá certamente uma viva aceleração do desenvolvimento das técnicas. No entanto, os inventores da máquina a vapor, no começo da Revolução Industrial, não são eruditos, mas artesãos e engenheiros ingleses. E o funcionamento desse engenho só seria teorizado várias décadas depois pela física. Assim, o historiador das ciências Yehuda

Elkana pôde escrever que "a máquina a vapor fez muito mais pela termodinâmica do que o inverso".[11] É só bem no final do Século das Luzes, uma vez que estas já não estavam mais na moda, que a ciência vai alcançar e depois começar a guiar as técnicas com, por exemplo, a nova química de Lavoisier, Priestley etc., que fecundará rapidamente a indústria dos corantes, dos adubos — e dos explosivos. Aliás, foi nesse momento — o da Revolução Francesa mais precisamente, quando a burguesia industriosa apodera-se do poder — que a vocação aplicada das ciências começará a se reafirmar com força. Isso pode ser ilustrado pela invenção do lampião Argand (1783), que, finalmente após milênios, torna mais racional o uso do lampião a óleo ao encerrar a chama num cilindro de vidro que a protege e regula a chegada do ar, oferecendo ao mesmo tempo, graças a uma mecha chata e regulável, uma fonte de luminosidade mais ampla. Esse progresso é diretamente inspirado pela teoria da combustão que Lavoisier elaborou uma década antes.[12] Essa nova aplicabilidade da ciência será claramente expressa durante a Revolução pelo abade Gregório, que justifica diante da Convenção a criação do Conservatório das Artes e Ofícios pela necessidade de "que todas as ciências se dirijam a uma finalidade útil, e que o ponto de coincidência de todas as suas descobertas seja a prosperidade física e moral da República".[13]

Porém, muitas décadas serão necessárias para que, apenas no século XIX, a ciência fundamental possa contribuir de modo essencial e intenso para a inovação técnica. Também nesse campo, os progressos da iluminação oferecem uma excelente ilustração dessa tardia transformação. Assim, enquanto Fresnel desenvolve, por volta de 1820, a teoria ondulatória da luz,[14] esse avanço conceitual não será de modo algum utilizado em uma invenção da mesma época, as "lentes prismáticas concêntricas", simples aplicação da ótica geométrica de Descartes, por mais notável que ela seja. Essas lentes (ajustadas por um artesão ótico chamado Soleil!*) permitirão uma considerável melhoria do alcance dos faróis, beneficiando em muito a navegação (em 1823, o farol de Cordouan será o primeiro a ser equipado com essa lente); e deve-se ainda acrescentar que a fonte luminosa dos faróis permanece um lampião a óleo, como os da iluminação caseira. De fato, as velas de estearina não se difundiram antes dos anos 1830 (e a parafina, somente no século XX), bem como os lampiões Quinquet, forma industrial dos lampiões Argand, sempre a óleo. Os primeiros bicos de gás só aparecem nas ruas de Paris em 1819, mas levarão muito tempo para penetrar nas habitações, onde, a partir de 1850, o querosene substituirá pouco a pouco, e com dificuldade, o óleo. Ainda em 1860, quando, em uma célebre obra de vulgarização, o importante físico Faraday quis ilustrar os progressos da química, ele o fez a partir do exemplo de uma vela, objeto então conhecido por todos[15] — como se pode constatar na canção infantil "Au clair de la Lune, mon ami Pierrot"... Quanto à iluminação elétrica, esta terá que esperar até o fim do século XIX para conquistar o espaço público (os postes de iluminação e os faróis em especial!) e transformar radicalmente o espaço urbano noturno.[16] Aliás, ela só entrará na esfera privada no século XX.

Será que temos uma clara consciência de que há pouco menos de dois séculos apenas as chamas nos iluminavam (e mal!)? E que estávamos envolvidos por obscuridades povoa-

---

* Sol, em francês. (N.T.)

das por sombras, móveis e instáveis, projetadas nas paredes e nas ruas? A literatura, a daquela época ou a atual, quando relata esse passado, testifica-o de forma eloqüente. Assim, um exemplo entre tantos outros, Joseph Roth, no *Le Roman des Cent-Jours*, multiplica as cenas noturnas para reforçar a atmosfera crepuscular do final do Império:

> Seu coração estava repleto de terror e de curiosidade. Ao redor dela, ao longo das paredes, sob o teto da vasta peça, flutuavam e vagavam as sombras misteriosas que as duas velas colocadas sobre a mesa, à direita e à esquerda dos mapas espalhados, não espantavam, mas tornavam ainda mais densas e mais sombrias.
> [...]
> Através da bola mágica que balançava no teto da choupana, as três velas de uma lanterna projetavam sua claridade dançante na sombra do corredor e sobre a figura do homem.
> [...]
> Sob o teto baixo da sala de espera, o cinza do crepúsculo já se instalava. Foram acesas as três velas da única lanterna. Pareceu ao imperador que a obscuridade tornava-se ainda mais profunda. Trouxeram mais quatro lanternas da estrebaria. Quatro soldados se colocaram nos quatro cantos do espaço e as seguraram, imóveis.[17]

Da caverna de Platão às histórias de fantasmas, esses espectros do reino das sombras errantes, uma parte essencial de nossa cultura ainda reflete esse tempo que há muito já passou. E, no entanto, a luz foi verdadeiramente domesticada bem recentemente. Pois a eletricidade mudou tudo: nada de chamas, perigosas, vorazes e vacilantes, e sim fontes luminosas estáveis, alimentadas em permanência por uma rede geral e comandadas a distância — e sombras fixas, ou ausentes. Em seu livro *L'Éloge de l'ombre*, Tanizaki mostra a comoção que representou a iluminação elétrica para a cultura japonesa, para a qual os espaços de habitação são estruturados por sutis e graduais passagens da luz do dia à penumbra:

> Nós [os japoneses] mergulhamos com prazer nas trevas e nelas descobrimos uma beleza que lhes é própria. Os ocidentais, ao contrário [...], sempre em busca de uma claridade mais viva, esforçaram-se, passando da vela ao lampião de querosene, do querosene ao bico de gás, do gás à iluminação elétrica, perseguindo os mínimos recantos, o último refúgio da sombra.[18]

O choque foi tão grande, diz Tanizaki, que no início os japoneses nem mesmo tentaram atenuar a violência dessa nova luz: sem abajur, nem biombos, eles se contentaram em deixar as lâmpadas incandescentes penderem como tais do teto. Mas a agressão exercida pela luz elétrica no olhar comum não foi sem dúvida menor no Ocidente quando o seu uso aqui se propagou, mesmo que a ideologia do progresso técnico ocultasse as reações. É o que demonstra um bilhete dirigido em abril de 1896 por Charles Dodgson, aliás Lewis Carroll, a um de seus amigos:

> Meu caro Daniel,
> Já faz um certo tempo que gostaria de dividir com você uma idéia que tive em relação à iluminação elétrica da sala de leitura do Hôtel de Ville, aonde você me levou. Pois ela poderia se revelar bastante perniciosa aos usuários. Adquirir o hábito de

> ler com uma luz tão mais intensa que aquela que os olhos têm realmente necessidade pode tranqüilamente torná-los inaptos à leitura com uma luz comum e fazer com que nossos lares pareçam bastante desconfortáveis. Certamente, melhor seria reduzir a luz, de forma que os leitores não tenham, por exemplo, em uma peça comum, corretamente iluminada, mais que uma lâmpada duplex. Nossos olhos são bens preciosos demais para que corramos qualquer risco em relação a eles. Cordialmente.[19]

Um outro testemunho tardio sobre a mesma resistência foi dado por Louis Jouvet, que, ainda em 1937, sentia falta das iluminações dos lampiões Quinquet dos palcos dos teatros antigos:

> As sombras criavam os próprios fantasmas da peça, esses fantasmas errantes com os quais o diretor moderno procura povoar os bastidores por meios artificiais. A luz criou o vazio no palco! Misericordiosa obscuridade, favorável penumbra em que a atenção redobrava, em que a imaginação tomava parte ativa na cena, em que o espectador via muito mais e muito melhor que atualmente. Que progresso nós fizemos?... de conforto e nada além de conforto. Seria inexato dizer que o teatro beneficiou-se com o acréscimo da luz quando levamos em consideração tudo que ele perdeu. Ele adquiriu, como cada um, as vantagens em seus hábitos domésticos, atualizou-se, mas perdeu da sua penumbra e, conseqüentemente, um pouco do seu mistério e de sua magia.[20]

QUANDO A CIÊNCIA NOS PASSA A PERNA

Crua e bruta, a luz elétrica é, com certeza, a luz do século XX, cruel e brutal. Pela primeira vez, a luz produzida pelo Homem tornou-se tão radiante quanto o Sol e impossível de ser olhada diretamente. Após o entusiasmo cientista dos anos 1900 pela fada Eletricidade, eis lâmpadas nuas nos calabouços, lâmpadas voltadas para os olhos dos suspeitos e choques elétricos para torturá-los, projetores varrendo os pátios de prisão e dos campos de concentração — ainda que verdadeiros *retornos das chamas* continuem alimentando símbolos arcaicos (as tochas e as fogueiras das cerimônias nazistas, o símbolo do Front National, sem esquecer da tocha olímpica). Ao afresco deferente de Dufy para o Palais de la Découverte, celebrando com cores alegres a ciência da eletricidade e suas luzes, corresponde, exatamente no mesmo ano, em 1937, a lâmpada negra e branca com a qual Picasso ilumina o massacre de Guernica. Um outro pintor atesta-o: Rebeyrolle, o incandescente, que não hesitou em intitular *Falência da ciência burguesa* uma de suas séries. Em suas telas, dolorosas e risíveis lâmpadas nuas, associadas à ferrugem das divisórias de ferro, às grades das gaiolas, iluminando o abandono do mundo, a miséria das coisas e o sofrimento dos corpos.

Um outro aspecto da radical transformação histórica que constitui a passagem da chama à lâmpada vale ser assinalado. Pois, velas ou lampiões Quinquet, as lâmpadas a combustão são objetos individuais e independentes, uma vez que cada um é senhor (ou não) de sua própria iluminação. Por outro lado, a luz elétrica depende de uma rede coletiva de distribuição da corrente que faz da iluminação um fenômeno essencialmente socializado. A comodidade do abastecimento e a agilidade do uso a tornam evidentemente irreversível. Resta que é preciso medir a dependência que assim se instituiu em relação ao coletivo. Como Bachelard expressa de forma eloqüente: "Entramos na era da luz administrada."[21] As grandes panes de eletricidade (*blackouts*) constituem uma revelação eloqüente; aliás, é divertido constatar que, apesar das lanternas a pilha, ainda encontramos na maior parte das casas um estoque de velas — pois nunca se sabe... Esses cortes de energia, falhas técnicas ou conseqüências de uma violenta destruição são a ocasião de se ter plena consciência do grau da transformação histórica e do seu impacto sobre nossas representações. Assim, Wilhelm Hausenstein, historiador alemão, escreveu em setembro de 1944, em conseqüência dos bombardeios dos Aliados sobre as cidades alemãs:

> Nestes últimos tempos, a luz elétrica é cortada com freqüência. Dependemos então de algumas velas que tínhamos juntado. [...] Nós nos apercebemos então que, sob a luz mais fraca da vela, todos os objetos adquirem um outro relevo, ou seja, mais profundo e mais marcado — o da verdadeira essência do objeto. Sob a luz elétrica, esse relevo se perdeu, pois, mesmo que as coisas nos pareçam mais nítidas, na realidade, a luz elétrica reduz esses objetos, mergulha-os em um excesso de luz [...]. À luz das velas, as sombras adquirem mais importância, estão ligadas aos objetos por um verdadeiro poder criador, e as coisas recebem apenas a luminosidade que lhes é necessária para serem da melhor forma possível aquilo que são — inclusive a sua poesia.[22]

Semelhantes reflexões serão encontradas na meditação de Bachelard sobre a chama de uma vela, quando, por exemplo, ele escreve: "A lâmpada elétrica jamais nos dará os devaneios desse lampião vivo que, com o óleo, nos fornecia a luz."[23]

Ao menos as lâmpadas incandescentes clássicas têm algo em comum com o Sol e com as chamas que ali produzem a luz pela excitação térmica dos átomos: são luzes quentes, até mesmo abrasadoras, e, aliás, pouco eficazes, uma vez que boa parte da energia é inutilmente dissipada em calor, reduzindo em muito o rendimento luminoso. Uma verdadeira revolução, tanto mental quanto técnica, acontece com o aparecimento dos tubos de descarga ("néons"), fontes de luz fria, sem mencionar os feixes de laser. Além do mais, esses novos emissores permitem o domínio das cores da luz, pois os tubos fluorescentes podem ser violeta, azuis ou verdes, tons jamais vistos nas chamas naturais. Os artistas modernos não deixaram de explorar essa inovação (ver, por exemplo, a obra de Dan Flavin ou alguns trabalhos de François Morellet). Por fim, nossas iluminações modernas não provêm mais somente de fontes pontuais, ou em todo caso localizadas, mas também, graças ao uso de materiais difusores translúcidos, podem ser produzidas por amplas áreas, modificando assim completamente o regime tradicional das sombras projetadas por um corpo em um plano qualquer.

Ao contrário dessa deslocalização das fontes luminosas, uma outra transformação radical já acontecera várias décadas antes com o surgimento dos feixes luminosos direcionais. Os projetores dos faróis marítimos e então, mas de forma um tanto banal, os dos carros (os primeiros modelos ainda usavam lanternas, como as carruagens), sem deixar de lado os holofotes da defesa antiaérea varrendo o céu, trocam a difusão da luz, efluência concêntrica em todo o espaço, por uma propagação canalizada. Ainda que Jouvet duvidasse da contribuição dos projetores ao teatro, a arte emblemática do século XX, o cinema, apóia-se de forma absoluta na própria noção de *projeção*.[24] Assim, concretizam-se em larga escala os raios luminosos da ótica clássica, até então cômodas ficções teóricas ou artefatos de laboratório. Essa luz concentrada e dirigida torna-se uma ferramenta e rapidamente uma arma. Em meados do século XX, a ciência física impulsionaria essa lógica até o seu limite, produzindo uma nova luz científica, a do laser, saída direto da teoria quântica e sem equivalente natural. Os feixes desses lasers, a princípio pesados aparelhos de laboratórios, caros e frágeis, hoje em dia miniaturizados e produzidos em massa, servem para a leitura das gravações musicais e audiovisuais dos nossos DVDs e CD-ROMS. Mas sua potência pode conduzi-los, na indústria, a cortar tecidos e metais. Se, nos maçaricos dos soldadores, a luz emitida não passa de um subproduto inútil do calor emitido por uma combustão química, em um laser é a própria luz que traz a energia destruidora. Não admira que os militares lhe peçam para concretizar o raio da morte, anteriormente imaginado pela ficção científica; nenhum espanto quando ao vermos os feixes de laser constituírem a lâmina dos sabres de *Star Wars* — cujo caráter bastante imaginário decepciona os jovens êmulos dos Jedis.[25]

A física já espalhara sobre o mundo uma luz ainda mais violenta, as das explosões nucleares — mais de 1.500 até hoje! Quando Robert Oppenheimer, dirigente científico do programa de concretização da arma nuclear (o Projeto Manhattan), viu pela primeira vez uma dessas explosões

(Trinity Test, em 16 de julho de 1945, no deserto do Novo México), foram os seguintes versos do *Bhagavad-Gita*, poema sagrado dos hindus, que lhe vieram ao espírito:

Si la lumière de mille soleils
Éclatait dans le ciel
Au même instant, ce serait
Comme cette glorieuse splendeur...*

Mas, quando a nuvem do mortal cogumelo elevou-se acima do "ponto zero", um outro verso lhe veio à memória:

Je suis la mort, qui ravit tout, qui ébranle les mondes.**

Por isso existe uma certa ironia no fato de o "ano internacional da física", pois 2005 foi assim batizado, ter intitulado um de seus projetos "A física ilumina o mundo"; essa operação, bem banal, que viu um sinal luminoso emitido em 18 de abril de 2005 a partir de Princeton (onde Einstein morreu em 18 de abril de 1955) dar a volta ao mundo, não tem exatamente a intensidade dos clarões emitidos sobre o mundo pela física do século XX... A propósito, o título inglês para a operação, *"Physics enlightens the world"* ["A física ilumina o mundo"], contribui ainda mais para essa ironia por sua referência explícita às Luzes (*Enlightenment*). Einstein, que é invocado como o santo padroeiro, teria apreciado; ele cuja teoria da emissão estimulada subentende o funcionamento do laser e cuja

* Se a luz de mil sóis/Explodisse no céu/No mesmo instante, seria/Como esse glorioso esplendor... (N.T.)

** Eu sou a morte, que tudo arrebata, que sacode os mundos. (N.T.)

famosa fórmula de equivalência entre massa e energia está envolvida nas reações nucleares, ele que, no final de sua vida, consagrou o essencial de suas forças para impedir que o fogo nuclear incendiasse o mundo.[26]

Considerar a sombra

A Razão especulativa dos filósofos, libertadora e crítica, transformou-se em raciocínios aplicados, instrumentalizados e práticos. De fato, se as Luzes do século XVIII quiseram ser as da emancipação dos humanos, as luzes do século XX terão sido muitas vezes as de sua servidão. E talvez as sombras por elas projetadas, e que doravante são fixas, sejam a melhor ilustração deste século. Sua imagem emblemática, e que marcou para sempre o coração histórico, não é representada pela sombra daquele transeunte volatilizado em 5 de agosto de 1945, em Hiroshima, e cuja marca permaneceu fixada na pedra protegida das radiações por essa carne frágil e efêmera? Essa fotografia, tirada por um flash nuclear e gravada em uma parede em ruína, *revela* efetivamente uma novidade radical: a capacidade humana, não somente de destruir o homem, mas também de se aniquilar — graças à ciência. O desaparecimento absoluto desse desconhecido é o símbolo da destruição do homem, desde Auschwitz até... — a lista, a partir de então, seria demasiado longa. E a sombra de Hiroshima é o testemunho de todos aqueles que a negação de sua humanidade reduziu a uma sombra de si mesmos.

* * *

Mas, se a ciência mostrou capacidades destrutivas inimagináveis, ainda falta muito para que ela tenha apenas começado a nos tornar "donos e senhores" de uma natureza realmente bem mais poderosa e complexa do que imaginava Descartes. Ainda compreendemos muito pouco a biologia do câncer; não dominamos nem os terremotos nem os ciclones; só demos uma voltinha sobre a Lua e não deixaremos tão logo nosso berço terrestre em direção às estrelas. Mesmo quando algumas técnicas conheceram avanços inesperados (a clonagem dos mamíferos, os novos materiais), foi, de modo geral, de forma essencialmente empírica, pouco ou nada dominada conceitualmente, o que nos leva à época do artesanato autônomo anterior à revolução científica. E, se podemos utilizar a fusão nuclear para fabricar terríveis engenhos de destruição em massa, não sabemos ainda, após meio século de trabalhos, transformá-la em uma fonte de energia civil. Garantir o futuro da pesquisa intelectual tendo como base suas promessas materiais depende, portanto, de uma aposta no mínimo arriscada, que poderia se voltar contra ela se, como é provável, houver uma decepção. Por isso, para perpetuar essa bela aventura humana representada pela ciência, talvez valha mais a pena se manter em uma perspectiva mais modesta, mais sábia e, definitivamente, mais segura — justamente aquela dos enciclopedistas, pois, como não podemos exigir que o conhecimento consiga satisfazer nossas necessidades, regozijemo-nos de que ele possa responder aos nossos desejos. Reivindiquemos, portanto, o prazer de saber, mesmo que dele só retiremos um frágil poder.

Mas nem por isso devemos imaginar que tal conhecimento possa constituir uma iluminação universal. Como pudemos esquecer de que, quanto mais forte é a iluminação, mais densas são as sombras refletidas? Apenas um mundo vazio pode ser integralmente iluminado. Nenhum ser, nenhuma coisa e nenhuma idéia podem ser iluminados sem projetar sombras. Aliás, o próprio plural de Luzes, que nem compreendemos muito bem, exigiria que substituíssemos a imaginária positivista da bandeira da Razão iluminando o Universo pela visão de múltiplas mechas com alcance limitado deixando subsistir entre elas vastas áreas obscuras, imagem no fundo bem mais em conformidade com o caráter diverso e esparso do conhecimento científico. As fronteiras entre a sombra e a luz não são, aliás, tão definidas quanto poderíamos acreditar: ao dar continuidade aos trabalhos de Fresnel, o matemático Poisson demonstrou, em 1819, que a teoria ondulatória da luz conduzia a uma conclusão surpreendente: no centro da sombra circular de um disco opaco, deveria aparecer uma pequena mancha luminosa, o que Fresnel confirmou experimentalmente.[27] Para aquele que sabe ver, existem outras luzes inesperadas na obscuridade, e o adeus à Razão não é uma renúncia à razão.[28] É agradável, no entanto, reconhecer que a teoria de Fresnel deve muito aos trabalhos de D'Alembert, que, com sua equação das cordas vibrantes (1747) — para ele, sem dúvida, uma descoberta "meramente curiosa" e "simplesmente agradável" —, elaborara um formalismo matemático que foi aplicado meio século mais tarde na propagação das ondas luminosas, e de forma mais geral nas ondas eletromagnéticas, mediadoras das telecomunicações modernas.

*

* *

Ainda que a sombra seja a morada das ameaças, ela também pode ser propícia aos engendramentos e aos desenvolvimentos. É nas trevas que germinam os grãos e que se metamorfoseiam as larvas. Nem todas as forças noturnas são destruidoras. Desejemos ao século XXI que ele não se deixe cegar pelas luzes, nem se perca nas sombras. E deixemos a última palavra, de uma sombria e talvez profética ironia, mais uma vez a D'Alembert:

> [...] tudo tem revoluções regradas, e a obscuridade se terminará por um novo século de luz. Seremos mais tocados pela luz do dia depois de termos estado algum tempo nas trevas. Elas serão como uma espécie de anarquia bastante funesta por si própria, mas algumas vezes útil por suas conseqüências. Evitemos, no entanto, o desejo de uma revolução tão temida: a barbárie dura séculos, parece que esse é o nosso elemento; a razão e o bom gosto apenas passam.[29]

Todas as velocidades

Das velocidades da luz às da sombra

DAS VELOCIDADES DA LUZ...

Um diálogo entre A., amador em ciência, I., engenheiro eletrônico, e P., físico teórico.

I. Nossa, você que vive reclamando que tudo está tão acelerado, viu essa notícia no jornal: os físicos teriam conseguido diminuir a velocidade da luz até um deslocamento a menos de 100 km/h! Um carro conseguiria ultrapassá-la...

A. Você está falando sério?

I. Sim, estava em um artigo da renomada revista científica *Nature*.

A. Não estou entendendo; há quase um século, enchem nossos ouvidos com a idéia de que a luz tem *sempre* a mesma velocidade, e Einstein fez disso a pedra angular de sua teoria da relatividade...

I. Veja, sou apenas um engenheiro e não um físico; quando se trata de questões fundamentais, é melhor perguntar a um verdadeiro teórico. Aliás, olha quem está chegando, é o P.

P. Posso confirmar essa informação, e também a de que conseguimos fazer ainda mais, já que alguns laboratórios anunciam ter "parado a luz" e "congelado" provisoriamente em algum lugar a informação por ela transportada.

I. Mas imagino que isso não seja tão fácil assim.

P. Claro que não. São necessárias condições experimentais das mais sofisticadas para obter tais resultados. De fato, esse fenômeno é observado em um meio bastante particular, de condensados de átomos a uma temperatura próxima do zero absoluto que exibem propriedades quânticas no mínimo especiais.

A. Mas é a questão de princípio que me preocupa! Li muitas vezes que o *quantum* luminoso, o fóton, só poderia, em razão de sua massa nula, deslocar-se a uma velocidade-limite, os sacrossantos 300.000 km/s, sem que se possa acelerá-lo ou diminuí-lo.

I. Mas você também sabe que a luz só tem "sua" velocidade, os famosos 300.000 km/s, apenas quando ela se propaga no vazio. Em um meio transparente, ela vai menos rápido; no vidro, por exemplo, sua velocidade não passa de 200.000 km/s.

A. É verdade, aprendi isso no colégio; contudo, de repente, não compreendo mais esse comportamento tão comum. Como pode acontecer que a luz vá menos rápido em um corpo transparente, que, por definição, a deixa passar, do que no vazio?

I. A transparência não significa uma ausência de interação, pois o vidro ou a água, por mais transparentes que sejam, refratem a luz, desviam-na, o que quer dizer que agem fortemente sobre ela. Basta ver um arco-íris para se convencer disso! Portanto, também não compreendo a natureza profunda desse fenômeno de desaceleração.

P. É porque a transparência de um meio, ou sua opacidade, ou então, para um metal, a sua reflexividade resultam de um complexo mecanismo: os fótons luminosos incidentes são absorvidos pelas cargas elétricas do meio (os elétrons dos átomos, em essência) colocando-os em ação; essas cargas reemitem então novos fótons etc. É somente o resultado desses repetidos processos de absorção e de reemissão que permite, portanto, estabelecer se e como o corpo deixa passar ou bloqueia a luz.

I. Se estou entendendo bem, os fótons que entram em uma placa de vidro não são aqueles que saem.

P. Isso mesmo. Houve uma renovação completa desses constituintes da luz no interior do material, mesmo que algumas propriedades coletivas, como a freqüência da onda, tenham se mantido. Que a luz se propague na água a dois terços de sua velocidade no vazio, ou a cem milésimos dessa velocidade em meios quânticos estranhos, o fenômeno fundamental é o mesmo.

A. Estou começando a compreender por que não estava compreendendo: é porque, quando se diz, como você acabou de fazê-lo, "a luz se propaga em um meio", a tendência natural do pensamento é imaginar a luz como uma substância permanente, segundo o modelo usual daquilo que se compreende quando se fala do deslocamento de um objeto material. E não é bem esse o caso, como você acabou de nos mostrar. Mais uma vez, vocês, físicos, permitem-se o emprego de uma linguagem no mínimo aproximativa, para a qual os seus próprios conceitos demonstram a inadequação!

P. Mas você não gostaria que empregássemos apenas termos técnicos incompreensíveis para os leigos! Eu poderia falar em termos de "livre percurso médio", de "seção eficaz de absorção", de "amplitude de probabilidade de emissão" etc., mas, com toda a razão, você não aprovaria o nosso esoterismo.

I. Tudo bem. Compreendo que você não possa agir de outra maneira e recorra a tais abusos de linguagem. Podemos ao menos pedir que você tenha consciência disso e assinale-os. E também que talvez faça um esforço para encontrar metáforas mais apropriadas.

P. Bom, eu me declaro culpado — mas é muito difícil livrar-se de séculos de mau uso e inventar imagens novas e mais fiéis!

A. Bem, vou lhe sugerir uma: por que não descrever a passagem da luz através de um corpo transparente usando o modelo de uma corrida de revezamento, em que os sucessivos fótons se passariam o bastão, que seria constituído, por exemplo, pela freqüência da vibração luminosa?

P. Muito bom, vou anotar! Em todo caso, voltando à "luz desacelerada", você percebe que de forma alguma isso questiona os fundamentos da física. O mesmo vale, aliás, para muitas descobertas supostamente revolucionárias apresentadas pela mídia.

A. Precisamente, o que aconteceu com aquela outra informação, que também foi manchete nos jornais há alguns meses, segundo a qual teriam sido postos em evidência fenômenos "mais rápidos do que a luz"? Nesse caso, ao menos, Einstein deve ter se revirado na tumba? De todo jeito, ele não disse que nada poderia ser mais rápido do que a luz?

I. Sinto muito decepcionar mais uma vez o seu legítimo apetite por novidades, mas, mesmo se pouco conhecida, inclusive por vários físicos, a velocidade da luz não é um limite absoluto! Segundo a relatividade de Einstein, nenhum corpo material nem qualquer informação podem efetivamente se propagar mais rápido do que...

A. ... a luz, foi isso o que eu disse, e que é contradito por essas experiências, não é?

P. Você me interrompe rápido demais. Eu ia dizer que existem fenômenos que não entram nessas categorias submetidas à limitação da velocidade.

A. Como?!? Mas o que poderia se propagar sem transportar massa, energia ou informação?

P. Um "fenômeno", precisamente, no sentido etimológico — uma aparência. Estou certo de que o engenheiro eletrônico sabe o que quero dizer.

I. Claro! A fase de uma onda, por exemplo?

P. Não vamos intimidar o nosso amigo com noções técnicas como a rapidez de fase. Há exemplos mais simples. Imagine uma guirlanda de Natal com pisca-pisca ou um painel luminoso no qual desfilam as notícias, com lâmpadas que se iluminam em turnos. *Nada* impede que essas lâmpadas se iluminem sucessivamente a uma velocidade tão grande quanto você desejar!

A. No entanto, é realmente a luz que se propaga nessa guirlanda ou nesse painel?

I. Não, não... A luz vai das lâmpadas aos seus olhos — sempre em sua velocidade normal. Quanto ao fenômeno de acender as lâmpadas, este não é luminoso, e sua velocidade é predeterminada pelo limite de tempo entre duas lâmpadas sucessivas, que você pode regular à vontade. Da mesma forma, o deslocamento de um ponto luminoso em uma tela de televisão ou de computador poderia muito bem ser mais rápido que a luz. Na realidade, aqui também, empregamos uma expressão — "deslocamento de um ponto luminoso" — que é falaciosa, pois não se trata de um ponto que se desloca, mas de uma sucessão predeterminada de aparições de luz em pontos diferentes e estáticos.

P. E o exemplo talvez mais divertido: a velocidade de deslocamento de uma sombra não é limitada por qualquer princípio da física. Imagine, por exemplo, um poste de iluminação projetando a sombra de um transeunte em uma parede; quanto mais distante estiver a parede, mais a sombra se deslocará rapidamente, e ela poderia em princípio ir mais rápido que a luz.* Diferentes efeitos astrofísicos supraluminosos foram compreendidos nesse contexto, como, aliás, as experiências de laboratórios às quais você fez alusão, e que são mais espetaculares que profundas.

A. Fiquei realmente muito animado com essa revelação — a sombra que pode ir mais rápido que a luz! —, mas também bastante decepcionado. Em minha resistência à aceleração generalizada do mundo, contava com os físicos para que lhe colocassem uma barreira intransponível. Finalmente, a natureza é como as rodovias: os limites de velocidade fixados são facilmente burlados. As leis físicas não são mais respeitadas que qualquer outra lei!

P. Ao menos quando são mal formuladas. Mas, de toda maneira, essa velocidade-limite é tão grande (300.000 km/s) que é praticamente infinita em nossa escala, e não conta muito na vida cotidiana.

I. Desculpe, mas não é bem assim. A tecnologia moderna realiza há algum tempo processos tão rápidos que o limite de Einstein começa a sentir os seus efeitos. Por exemplo, há dispositivos eletrônicos que trabalham na escala do picossegundo (milionésimo de milionésimo de segundo)... Durante tal

* Ver mais adiante, p. 43-53.

duração, as ondas eletromagnéticas percorrem menos de um milímetro. Os tempos de trajeto começam então a contar, e os futuros computadores óticos deverão levar isso em consideração e minimizar a lentidão das conexões.

A. E essas sensíveis diferenças de tempo, de uma fração de segundo, que percebemos nas comunicações telefônicas intercontinentais, não seriam também devidas a essa limitação?

I. Em geral, são antes os tempos de operação dos revezamentos na linha que entram em cena, mas você tem razão em princípio: por exemplo, uma comunicação que passa por um satélite geoestacionário, a 36.000 quilômetros da Terra, exige alguns décimos de segundo, o que pode ser perceptível. E nem vamos falar das comunicações com as sondas interplanetárias, que podem levar várias horas.

P. Quanto ao próprio Universo, é necessário à luz milhares de anos para percorrê-lo. Nessa escala, a luz não vai tão rápido assim!

A. Mas essa idéia de uma velocidade-limite, mesmo que ela só se aplique ao transporte efetivo de massa ou de informação, é bem difícil de engolir! O que impediria um foguete, uma vez que atingiu a velocidade da luz, de acelerar e ir ainda mais rápido?

P. Simplesmente o fato de que ele não pode atingir essa velocidade! A velocidade-limite é intransponível porque é inalcançável. Quanto mais nos aproximamos dela, mais a inércia de um corpo, sua resistência à aceleração, aumenta — indefinidamente.

A. Então, é como um horizonte, em todo caso, em uma eventual Terra plana: essa linha é vista, em uma direção definida, mas está no infinito e, portanto, inalcançável.

P. Exatamente, e, por sinal, os físicos utilizam muitas vezes uma outra maneira de medir a velocidade, válida para os valores muito altos, no campo da relatividade einsteiniana. Essa nova grandeza, batizada de "rapidez", tende para o infinito quando a velocidade usual tende para a velocidade-limite. Ou seja, a velocidade da luz, caso seja finita numericamente, pode ser considerada como infinita conceitualmente, o que dissipa, ou pelo menos atenua, os paradoxos usuais.[1]

I. Tudo bem. Mas uma outra questão me intriga: por que esse privilégio concedido à luz que tem de sua velocidade um padrão universal? Não seria porque a velha dimensão mítica da luz como um agente cósmico essencial continua a marcar a ciência? Einstein sustenta sua teoria sobre a análise de comunicações por sinais luminosos. Mas, se utilizássemos um outro método, não mudaríamos a nossa representação do espaço e do tempo?

P. As usuais apresentações da relatividade pendem efetivamente para esse ponto, você tem razão. Na realidade, sabemos hoje que a velocidade-limite possui um significado bem mais profundo e que ela é uma característica geral do espaço-tempo, independentemente do fato, mesmo assim contingente, de que é também a velocidade da luz. Por exemplo, seria melhor chamá-la de "constante de Einstein". De fato, a teoria da relatividade rege *todos* os fenômenos físicos, tanto nucleares quanto luminosos, por exemplo.

A. Tudo isso está ficando muito complicado e tenho medo de me perder. Afinal, com relação às minhas banais preocupações humanas, pergunto-me se a física tem algo a me dizer. Suas sutis variações sobre o conceito de velocidade poderiam me esclarecer quando desejo compreender por que tudo está tão rápido em torno de mim?

P. Não, realmente. Como você sabe, uma ciência, principalmente uma tão formalizada como a física, necessita, para exercer plenamente seu potencial intelectual, operar em um campo estreitamente circunscrito, e a maior parte dos problemas, de ordem filosófica ou política, não encontra qualquer luz nessas disciplinas cujo campo de validade é por natureza bem limitado.

I. Acho você muito pessimista. Talvez seja nos mostrando justamente a dificuldade em se pensar que a ciência representa um papel dos mais úteis, inclusive fora dos seus próprios campos. Para continuar na noção de velocidade, você nos mostrou muito bem como a física atesta a necessidade de detalhar e de diversificar as suas significações se não quisermos manter discursos tão gerais sobre "a" velocidade de forma que eles perderiam qualquer pertinência.

A. Sim, sem dúvida seria bom frear não somente a luz, mas também o pensamento? Talvez os caminhos da reflexão devessem ser mais bem assinalados: "Devagar, homens trabalhando."

... ÀS VELOCIDADES DA SOMBRA

> "Alguém já pensou simplesmente em calcular a velocidade da sombra?"
>
> ANNIE LE BRUN[2]

Às vésperas do eclipse do Sol de 29 de março de 2006, Claude, um (ou uma?) astrônomo(a), e seu amigo (ou amiga?) Camille conversam.

CLAUDE: Você vai ver o eclipse de 29 de março na Líbia?

CAMILLE: Sim, e estou contente demais. Mas, diga-me, você que já viu vários eclipses totais, no que se deve prestar atenção durante os breves minutos do fenômeno?

CLAUDE: Em muitas coisas que você encontrará explicadas nas revistas de astronomia. Mas me permito chamar a sua atenção para os segundos que precedem a fase de totalidade. Mesmo que esteja em um lugar não muito alto, verá literalmente cair sobre você, através da planície, a sombra da Lua vinda do fundo do horizonte. É muito impressionante!

CAMILLE: Ela é tão rápida assim?

CLAUDE: É, com certeza, o fenômeno mais rápido que se pode observar diretamente a olho nu sobre a Terra. Em relação a você, no meio do deserto líbio, a sombra da Lua se deslocará a aproximadamente 2.500 km/h, ou seja, duas vezes mais rápido que o Concorde.

CAMILLE: Nossa! E o que explica essa extrema velocidade?

CLAUDE: Simplesmente a velocidade real da Lua em sua órbita. Uma vez que ela gira em aproximadamente um mês em um círculo com cerca de 380.000 km de raio, é fácil calcular que sua velocidade orbital é de aproximadamente 3.400 km/h.* Mas, naturalmente, a Terra gira sobre si mesma, no mesmo sentido que a Lua em torno dela. A velocidade da sombra da Lua relativa à superfície da Terra se obtém ao se subtrair a velocidade do ponto considerado dessa superfície, ou seja, por volta de 1.700 km/h do equador** e 1.200 km/h nas latitudes médias. Obtém-se a ordem de grandeza que indiquei — mais ou menos, pois é preciso levar em conta os efeitos geométricos um pouco complicados (a sombra da Lua não segue um paralelo).

CAMILLE: Espere. Você está considerando que a velocidade da sombra da Lua sobre a superfície terrestre seria a mesma que a velocidade da Lua em sua própria órbita. Isso é evidente?

CLAUDE: Não, você tem razão. Isso só seria verdade caso a trajetória seguida pela sombra fosse paralela à trajetória real da Lua. Observe que o mesmo acontece com as nuvens, cuja

---

* Velocidade da Lua = circunferência da órbita/período da revolução = 2πx384.000 km/30x24horas = 3.400 km/h (aproximadamente).

** Velocidade de um ponto da superfície terrestre do equador: circunferência da Terra/duração do dia = 40.000 km/24 horas = 1.700 km/h (aproximadamente).

sombra no chão se desloca com a mesma velocidade — pelo menos quando se deslocam horizontalmente.

CAMILLE: Mesmo assim seria necessário que o Sol estivesse no infinito para que os seus raios fossem paralelos?

CLAUDE: Sim, mas você concorda que a distância real do Sol, que está quatrocentas vezes mais distante que a Lua, é suficientemente grande para justificar essa aproximação.

CAMILLE: Tudo bem. Mas a sombra da Lua no chão não se desloca em linha paralela à sua órbita senão quando nosso satélite está em seu ponto mais alto no céu, ou seja, no meio do dia. Isso supõe, portanto, que o eclipse deve ser observado lá pelo meio-dia? Caso ele aconteça de manhã cedo ou tarde da noite, a projeção sobre a superfície terrestre se faz obliquamente, e a sombra deve se deslocar de forma mais rápida?

CLAUDE: Exato. E, de fato, a velocidade da sombra da Lua pode ser bem superior quando o eclipse começa de madrugada ou quando acaba no crepúsculo. Dessa forma, para este do dia 29 de março, que começa na América do Sul, a sombra deixa a costa do Brasil um pouco antes das nove horas da manhã e se lança em direção ao Atlântico a uma incrível velocidade de 32.400 km/h.

CAMILLE: Então, no começo exato do eclipse ou no seu fim, no momento em que o cone de sombra é tangente em relação ao plano horizontal local, a velocidade da sombra sobre esse plano de projeção deve ser máxima. Ela seria de quanto?

Claude: Seu valor é idealmente infinito, no preciso instante do contato. Mas diminui imediatamente para alcançar os valores finitos que nós demos.

Camille: Mas, de todo jeito, durante um instante ele é superior à velocidade da luz.

Claude: Sem dúvida, e é fácil calcular que esse é o caso durante alguns milissegundos, o que não permite uma observação de campo muito confiável, infelizmente.

Camille: Mas espere, se a velocidade é infinita no primeiro ou no último contato do cone de sombra, no momento em que ele tangencia a superfície da Terra, esse fenômeno não é específico de um eclipse! Deveríamos ter o mesmo resultado para qualquer tipo de sombra, a de uma árvore, ou a sua, no nascer ou no pôr-do-sol.

Claude: Nossa, é verdade, nunca pensei nisso... [*Depois de um momento de reflexão e de alguns rabiscos no verso de um envelope.*] De fato, seria desse jeito se a irregularidade da superfície terrestre não interferisse completamente no fenômeno. Sobre uma Terra perfeitamente esférica, a sua sombra, digamos no pôr-do-sol, se estenderia até o horizonte leste, situado a alguns quilômetros, correspondendo à sua altitude, mais ou menos dois metros. E, nos últimos metros de seu comprimento, um pouco antes de o Sol se pôr no horizonte oeste, a velocidade da extremidade de sua sombra ultrapassaria efetivamente a da luz.

CAMILLE: Estou entendendo. Temos a mesma situação com um relógio de sol, não? Em um modelo comum em que o relógio é plano, em todo caso, no momento em que o Sol atravessa seu plano, a sombra da agulha se alonga indefinidamente, e sua velocidade deveria se tornar infinita.

CLAUDE: Com certeza. Mas ainda seria necessário que esse relógio tivesse um tamanho de vários quilômetros para que a velocidade da sombra atingisse a da luz. Você vê que não há a menor chance de se observar o fenômeno nessas condições.

CAMILLE: É o problema do princípio que me interessa. Você está dizendo que a velocidade de uma sombra pode ultrapassar a da luz?

CLAUDE: Efetivamente.

CAMILLE: E você não se incomoda que isso vá contra tudo aquilo que se vê escrito por aí, ou seja, que *nada* pode ir mais rápido do que a luz? No entanto, ao longo do ano passado, quando foi celebrado o centenário dos trabalhos fundadores de Einstein sobre a relatividade, não tive notícias sobre esse questionamento radical de um dos pressupostos de sua teoria da relatividade — ou, em todo caso, não por manifestações esotéricas do mundo microscópico ou cósmico, mas por um fenômeno tão banal quanto o movimento das sombras. Confesso que isso me choca!

CLAUDE: Acalme-se! O que deve ser questionado não é a teoria da relatividade, mas suas explicações usuais, demasiado simplistas. Mas, antes disso, posso tentar demonstrar que a possibilidade e mesmo a existência de velocidades supraluminosas são coisas bem banais?

CAMILLE: Continue.

CLAUDE: Imagine que você está andando por uma calçada e um lampião no muro que você ladeia projeta a sua sombra no muro do outro lado da rua. Vamos supor que você passe a um metro do lampião e que a rua tenha dez metros de largura. Como você vê, a sua sombra, que está dez vezes mais distante que você da fonte luminosa, irá se deslocar, o teorema de Tales obriga, dez vezes mais rápido do que você, digamos a 50 km/h.

CAMILLE: Concordo.

CLAUDE: O que impediria que você colocasse, na imaginação, o muro-tela cem mil vezes mais distante, de forma que a sua sombra se deslocasse a 500.000 km/h?*

CAMILLE: Meu Deus, é verdade... Mas é um puro exercício de imaginação.

---

* A aplicação simples do teorema de Tales vale, em todo caso, no momento em que a sombra é projetada perpendicularmente sobre o muro. Pois, se ela for projetada obliquamente, é preciso levar em conta o limite de tempo da propagação da luz, que é cada vez maior à medida que a sombra se distancia e que tem como efeito diminuir seu movimento efetivo. Pode-se mostrar (excelente exercício para o último ano do colegial) que, assimptoticamente, sua velocidade cai necessariamente abaixo da velocidade da luz. Outra possibilidade para simplificar o problema: considerar o deslocamento da sombra sobre um muro circular que tem uma lanterna como centro, caso em que sua velocidade é constante.

CLAUDE: Não tenha tanta certeza disso. Basta considerar as distâncias astronômicas. Voltemos ao nosso eclipse e imagine a sombra da Lua projetada, não na Terra, mas em um exoplaneta bem distante. A velocidade de sua sombra será amplificada em relação à sua velocidade orbital efetiva, ou seja, mais ou menos 1 km/s, na relação da distância desse exoplaneta, isto é, vários anos-luz, com a distância da Lua até o Sol, ou seja, por volta de oito minutos. Essa relação pode tranqüilamente atingir alguns milhões, de forma que a passagem da sombra da Lua sobre esse exoplaneta será bem mais rápida que a luz.

CAMILLE: Isso ainda me parece bem abstrato, pois, em uma situação recíproca, não estamos a ponto de observar a passagem de um exossatélite diante de sua estrela!

CLAUDE: Talvez não com um exossatélite, mas com um exoplaneta isso já acontece. Você sabe que começamos a detectar tais planetas pelo método dos trânsitos, ou seja, observando a baixa luminosidade por causa da passagem do planeta diante de sua estrela, o que não deixa de ser um exoeclipse. Claro que esse tipo de eclipse é sempre parcial, e é de fato um cone de penumbra que varre a Terra a uma velocidade prodigiosa. Considere, por exemplo, a estrela HD 209458, situada a alguns anos-luz. Detectamos pelo método dos trânsitos um exoplaneta que gira em torno dela em aproximadamente 3,5 dias...

CAMILLE: Estou entendendo. Esses dados são suficientes para estimar a velocidade da borda do cone de penumbra do exoplaneta quando ele passa sobre a Terra, ou seja, por volta de cem mil vezes a velocidade da luz!* Tudo bem, mas ainda continuamos em um campo bem distante da experiência cotidiana...

CLAUDE: Voltemos para a Terra e produzamos nós mesmos um fenômeno de velocidade supraluminosa. Projetemos então um feixe de laser sobre a Lua, operação rotineira em alguns centros de astrometria, e giremos o botão do laser a uma velocidade bem modesta de aproximadamente um giro por segundo. A mancha na superfície da Lua, ou mais precisamente o contorno da sombra que a delimita, se deslocará mais rápido que a luz!

CAMILLE: Entrego os pontos e não vejo como recusar a existência dessas velocidades supraluminosas. Mas então você precisa me explicar por que ainda se repete que a velocidade da luz é intransponível.

CLAUDE: Porque as meias verdades são mais fáceis de enunciar e repetir que as verdades completas!

CAMILLE: ... e, portanto, complexas, não é isso?

CLAUDE: Exatamente. Um enunciado científico só pode aspirar a uma certa validade — se você concordar, vamos evitar a palavra "verdade", um pouco pesada — se estiver protegido por uma bateria de condições de pertinência.

---

* A borda de um cone de penumbra, a uma distância da estrela igual à da Terra, percorre uma circunferência de 2πx150 a-1 em 3,5 dias, de onde uma velocidade de 2πx150 a-1/3,5 d = (2πx150x365/3,5) x c = 10^5c.

CAMILLE: Acho que estou entendendo. Como um exemplo elementar, creio que este será conveniente: em um triângulo retângulo, o quadrado da hipotenusa é igual à soma dos quadrados do ângulo reto SE o triângulo for traçado sobre um plano. Na ausência dessa restrição, com freqüência implícita, o teorema de Pitágoras, por exemplo, para um triângulo retângulo traçado sobre uma esfera, é falso.[3]

CLAUDE: É isso mesmo. Da mesma forma, no campo da teoria einsteiniana, é necessário dizer que a velocidade da luz é um limite intransponível *para qualquer transporte de matéria (massa-energia) e de informação*, e não para qualquer movimento. Um exemplo mais elementar, pois puramente geométrico, é fornecido pelo paradoxo das tesouras. Imagine o ponto em que se cruzam as lâminas de um par de tesouras. Quando fechamos as tesouras, esse ponto se distancia do pivô. É fácil observar que sua velocidade pode ultrapassar a da luz — se pelo menos as lâminas forem suficientemente longas (bastaria que elas alcançassem alguns quilômetros para que o efeito fosse real).

CAMILLE: Concordo de bom grado com você que uma sombra não é material e não transporta energia. E, nesse sentido, ela escapa à sua restrição. Mas, e quanto à informação? Não posso utilizar a passagem da sombra sobre uma superfície como vetor de um sinal?

CLAUDE: Por exemplo?

CAMILLE: Bem, tomemos o caso do spot laser projetado sobre a Lua. Suponha que eu o faço percorrer, a uma velocidade supraluminosa, uma trajetória retilínea sobre a qual coloquei dois observadores, A e B. A passagem do spot em B não informaria o segundo observador que o primeiro o viu passar um instante mais cedo, em um espaço de tempo mais breve que o exigido por um sinal luminoso?

CLAUDE: Não! Imagine simplesmente que o laser tenha sofrido uma pane temporária e que tenha apagado no momento em que o seu spot deveria ter passado em A. B não saberia de nada, até o momento em que recebesse uma verdadeira mensagem de A, transmitida pelas vias usuais, dizendo-lhe que ele não observou nada.

CAMILLE: Mas A não poderia agir sobre o spot de forma que ele transmita essa informação, por exemplo, desligando-o assim que ele passasse em B?

CLAUDE: Para isso seria necessário que A agisse sobre a fonte do feixe. E como fazê-lo sem utilizar um verdadeiro sinal — infraluminoso ou, melhor ainda, luminoso?

CAMILLE: Você quer dizer que o spot não pode veicular informação de A a B, a menos que esteja modulado por A, e que essa própria modulação depende da limitação da velocidade do transporte de energia ou informação?

CLAUDE: Exatamente. Mesmo que você tente imaginar um dispositivo sofisticado, por mais elaborado que ele seja, você só poderá utilizar o deslocamento supraluminoso do spot para transmitir informação se já tiver suposto essa possibilidade. Como todos os enunciados de impossibilidade em física, aquele que afirma a existência de uma velocidade-limite (para a matéria e a informação, nunca é demais repetir) é autoprotegido pela coerência interna da teoria que o engloba, e não pode falhar — em seu campo de validade.

CAMILLE: Confesso que me decepcionei um pouco com a nossa conversa.

CLAUDE: O quê? Você dá tanta importância à afirmação usual da intransponibilidade da velocidade da luz?

CAMILLE: Não, claro que não. Mas o que me aflige é tomar conhecimento do caráter simplista dessa afirmação e, portanto, da maior parte dos livros de ensino ou das obras de vulgarização que a propagam.

CLAUDE: É isso mesmo. É o lado frustrante da comunicação das informações científicas: de tanto querer simplificar, acabamos por descaracterizá-las.

CAMILLE: Mesmo assim, você não vai retomar aquela velha conversa elitista de que a vulgarização seria impossível, até mesmo nefasta, pois necessariamente enganosa...

CLAUDE: Não, tranqüilize-se, minha visão é mais otimista, porém mais exigente. Acho que se pode compartilhar o saber, mas somente se, ao transmitir os conhecimentos, forem expostos também seus limites e suas condições tanto de validade como de pertinência. Ou seja, acrescentar aos enunciados positivos da vulgarização (o que a ciência diz?) as análises críticas (o que a ciência *não* diz?).

As *x* cores do arco-íris
ou O mistério do índigo

"Que tal aprender de cor as sete cores e recitá-las em coro?", diz a canção infantil. Quem não sabe efetivamente que o arco-íris tem sete cores? Essas sete cores são encontradas em todos os lugares. Por exemplo, em um livro infantil intitulado *La Lumière et la Couleur*, pode-se ler: "A luz parece branca, mas de fato é composta por sete cores." Todos os dicionários repetem a mesma cantilena — como o *Petit Larousse*: "As sete cores do arco-íris são..." O que não impede que esses mesmos dicionários, quando um pouco mais elaborados, também afirmem, a partir da frase seguinte, que na realidade o arco-íris apresenta uma infinidade contínua de tons. De fato, uma cor pura, como se sabe atualmente, é definida por um comprimento de onda preciso, enquanto o espectro solar apresenta um espectro contínuo de comprimentos de onda, desde as que correspondem ao(s) vermelho(s) até as que correspondem ao(s) violeta(s) — para falar somente dos raios visíveis.

Mas por que, apesar desse conhecimento científico adquirido há pelo menos dois séculos, que nos garante a existência de uma gama contínua de comprimentos de onda, e, portanto, de uma graduação infinita de nuanças no arco-íris, por que continuamos a falar das "sete cores do arco-íris"? Essa representação permanece dominante na publicidade, na pedagogia, na literatura;[1] é preciso se questionar tanto sobre sua origem quanto sobre as razões de sua pregnância. Por que então sete cores? E, aliás, quais são essas sete cores? A pergunta engendra muitas vezes uma certa hesitação e provoca em geral uma resposta do gênero: "Vermelho, azul, verde, amarelo; esperem... Ah, mas é claro, laranja, violeta e... ah!..." E a sétima? Nós a conhecemos, sem dúvida, ela está na ponta da língua, na nossa cara, mas mostra uma curiosa propensão a se fazer esquecida. Talvez você já tenha se lembrado, o índigo. Mas que tom misterioso é esse? Vamos propor alguns elementos de reflexão que nos permitirão esclarecer esse duplo enigma.

Os elementos de uma pesquisa

A primeira observação é de ordem lingüística. Na lista canônica das sete cores, nem todos os termos têm claramente o mesmo status. O *vermelho*, o *verde*, o *amarelo* e o *azul* — em francês, *rouge*, *vert*, *jaune* e *bleu* — pertencem primeiramente às velhas bases comuns da língua. Aliás, é muito interessante observar que, na língua francesa, esses nomes de cores, com exceção do verde, não provêm do latim, mas são de origem germânica. Esses quatro termos antigos são os "verdadeiros" nomes de cores, ou seja, esse é o seu sentido primeiro e específico. Dois outros termos secundários, o *laranja* e o *violeta*, são designações metonímicas: nomes de coisas, o laranja-fruta e o violeta-flor, empregados secundariamente para designar suas respectivas cores. E, finalmente, o *índigo*, cujo status é evidentemente particular, pois ele pertence a uma camada lingüística bastante diferente e mais recente. Os dicionários etimológicos datam do século XVI o aparecimento dessa palavra. Termo emprestado do português, que quer simplesmente dizer "índio", o índigo designa uma certa tintura vegetal azul que os navegadores traziam das Índias; o uso desse termo só se generaliza nas diversas línguas européias em meados do século XVII. Assim, antes dessa época, a palavra índigo não fazia parte da base lingüística, nem em francês nem em qualquer outra língua, e ninguém podia distinguir essa cor no arco-íris, por falta de uma palavra para designá-la.

Isso nos leva a passar da pesquisa lingüística a uma pesquisa histórica. Como então, antes do aparecimento ("*out of the blue*"?) do índigo, e em outros contextos culturais mais antigos, era descrito o arco-íris?[2] Podemos ler, por exemplo, na obra do filósofo grego pré-eleata Xenófanes de Cólofon (século VI a.C.): "O que se chama de Íris é uma nuvem que parece naturalmente violeta, vermelha e verde" (Íris, a mensageira dos deuses do Olimpo, é a portadora do arco-íris, dando-lhe o seu nome); mas ainda é preciso se questionar sobre essas palavras gregas que são traduzidas por violeta, vermelho e verde — sabe-se que, para Homero, o mar tem uma cor "vinosa"... O fato é que, para Xenófanes, só há três cores no arco-íris. Três séculos mais tarde, para Aristóteles, vermelho, verde e violeta ainda são as cores do arco-íris, ainda que, como ele escreve, "entre o vermelho e o verde, o laranja tenha sido visto com freqüência"; mas o seu arco-íris sempre tem três cores, e somente três, pois, para ele, "a aparência do amarelo é devida ao contraste, pois o vermelho é clareado por sua justaposição com o verde". Fica claro que esse número três corresponde para esses autores ao ternário fundamental de sua representação do mundo e reflete, portanto, uma prévia simbologia numérica. Isso é tão verdadeiro que para outros autores da Antigüidade (como os materialistas gregos Empédocles ou Demócrito), cujo modo de representação do mundo é essencialmente quaternário e baseia-se notadamente nos quatro elementos, o arco-íris tem quatro cores. Dessa forma, a história do arco-íris mostra que, durante toda a Antigüidade e a Idade Média, as descrições oscilam entre representações ternárias e representações quaternárias. Os autores árabes lhe atribuem em geral quatro cores; Alberto, o Grande, três etc. O sete aparecerá de forma progressiva, menos, aliás, na descrição erudita do arco-íris do que em algumas de suas associações simbólicas. Assim, Dante escreve: "Vi avançarem as labaredas, deixando o ar colorido atrás delas; elas pareciam bandeirolas, de tal forma que acima o ar estava marcado por sete ramos, com todas as cores que compõem o arco do sol e o cinturão de Diana."[3] E, se Maurolico, em 1553, dá sete cores ao arco-íris, é porque ele lhe atribui três principais e quatro secundárias, intermediárias.

Somente no século XVIII serão vistas de forma corrente sete cores no arco-íris. Mas ainda será necessário um certo tempo para que o sete se imponha. Por exemplo, o padre Régnault, da Companhia de Jesus, escreve em 1744 nos seus *Entretiens physiques d'Ariste et d'Eudoxe, ou physique nouvelle en dialogue qui renferme précisément ce qui s'est découvert de plus curieux et de plus utile dans la nature*: "Algumas vezes só aparece um arco-íris, algumas vezes aparecem dois ao mesmo tempo, mas cada um desses arcos tem três cores principais, o vermelho, o amarelo e o azul, que dão origem às outras cores." Ainda estamos no campo de uma descrição aristotélica — com uma escolha de cores que é a das "primárias" do pintor. No entanto, um século antes, Descartes dera uma explicação físico-geométrica da forma e da localização precisa do arco-íris. No século XVIII, sabe-se calcular a posição do arco-íris; ele passou da simples descrição para uma teorização elaborada graças a uma teoria física bem constituída: a ótica. Mas a descrição do espectro colorido permanece ambígua e variável, e o sete não ganhou a partida. Ainda no final do século, em 1780, em uma obra de ótica intitulada *Descobertas sobre a luz*, pode-se ler: "As cores primitivas limitam-se ao amarelo, ao vermelho e ao azul. Vemos as sete cores do espectro como primitivas porque ainda não pudemos decompô-las por meio de qualquer tipo de arte. Mas os vãos esforços daqueles que até hoje tentaram a empreitada devem-se unicamente aos maus métodos que eles usaram." Ou seja, segundo esse autor, conseguiu-se decompor a luz branca do Sol em sete cores, mas na realidade só há três que são verdadeiras, porque não se foi até o fim do processo de decomposição para as falsas cores primitivas. O autor em questão chama-se Jean-Paul Marat. Antes de ser revolucionário e assassinado por Charlotte Corday, ele era físico e médico, e foi o tradutor da ótica de Newton.[4] Mas nem por isso era menos antinewtoniano e só traduziu o ilustre físico para melhor refutá-lo.

Após essas considerações lingüísticas e históricas, uma observação psicofisiológica não é descabida. A gama das cores é contínua e corresponde a um espectro visível cujos comprimentos de onda, que os físicos medem com os seus modernos instrumentos, se estendem sem rupturas de 0,4 a 0,8 micrômetro; no entanto, o aparelho perceptivo humano observa nesse *continuum* saltos qualitativos e recorta-os em faixas. Não exatamente em faixas com bordas delimitadas como nas representações publicitárias, pois o sistema psicovisual percebe similitudes e tende a reagrupar alguns tons que ele interpreta como nuanças de uma "mesma" cor e, portanto, a organizá-los sob um mesmo vocábulo — verde, vermelho ou amarelo, de modo mais claro: verde-turquesa, vermelho-bordô, azul-marinho etc. É possível estudar como nosso sistema perceptivo recorta o espectro colorido, diretamente no nível neurobiológico, sem ser tributário das representações culturais (por exemplo, experimentando com crianças de alguns meses ou testando *in situ* as reações neurofisiológicas). Constata-se então que o cérebro opera um recorte espontâneo muito mais em quatro cores que em sete. Portanto, existe, ao mesmo tempo, no nível físico, uma continuidade perfeita das nuanças coloridas e, no nível perceptivo, uma classificação numérica, que, enquanto não for recuperada pela língua e pela cultura, é essencialmente quaternária, correspondendo às zonas do espectro caracterizadas como "vermelho", "amarelo", "verde-azulado", "violeta" — em francês. Depois da relativa universalidade das percepções, coloca-se a questão de sua descrição. Os lingüistas Berlin e Kay questionaram-se sobre a terminologia das cores nas diferentes línguas humanas[5] e tentaram classificá-las em função da riqueza de seu repertório colorido. Algumas línguas só empregam dois termos, um que corresponde aos tons que, na língua francesa, provêm do "escuro-quente" (vermelho, por exemplo) e outra do "claro-frio" (verde). Outras são mais ou menos ricas. A relação entre as categorias lingüísticas, as percepções visuais e o contexto cultural da visão das cores permanece objeto de intensos debates.[6] Mas, de toda maneira, o sete não possui qualquer privilégio natural, nem *a fortiori* qualquer espécie de "índigo", que permitiria explicar a descrição do arco-íris estândar — ou de como ela se tornou assim em nossa cultura.

O último elemento de nossa pesquisa é o lado artístico. Como os pintores vêem a representação do arco-íris? Seu objetivo não é evidentemente o de representá-lo de forma idêntica, e os imperativos estéticos não nos permitem esperar por figurações de uma fidelidade fotográfica, mas é notável que seja absolutamente impossível encontrar uma representação pictórica de um arco-íris com sete cores! Encontramos arco-íris em Breughel, Rubens, Constable, Turner, Millet, Pissarro, em um bom número de impressionistas e até mesmo em Kandinsky, mas *nenhum* tem sete cores.[7] Além da mera representação do arco-íris, os pintores, no século XIX, recusarão de forma explícita a classificação newtoniana das sete cores fundamentais, preferindo, no campo da teoria tricromática, uma escolha de seis cores (as três primárias conhecidas há muito tempo e as três secundárias).

A CHAVE DO ENIGMA

Já está na hora de revelar a chave do enigma e apontar o culpado: trata-se de Isaac Newton em pessoa. Em seu famoso tratado de ótica (*Opticks*) — aquele traduzido por Marat —, Newton trata de forma abundante da decomposição da luz "branca" do Sol em um espectro de cores elementares, por meio de um prisma. De modo bem estranho, coexistem nesse texto dois modos de representação. Por um lado, as passagens em que Newton se contenta em descrever seus procedimentos experimentais e suas observações. Sobre esse aspecto puramente empírico do texto, Newton narra, por exemplo, ao descrever o espectro obtido: "Essa imagem, ou esse espectro, era colorida: vermelho na extremidade menos refratada, violeta na extremidade mais refratada, com amarelo, verde e azul nos espaços intermediários." Da mesma forma, um pouco mais adiante, como se isso fosse natural: "As cores usuais do prisma, o vermelho, o amarelo, o verde, o azul e o violeta." Cinco cores, portanto, e nenhum traço do laranja nem do índigo. Mas, por outro lado, um pouco mais adiante no mesmo tratado, quando Newton passa de um ponto de vista empírico a uma perspectiva teórica, quando tenta classificar e não somente descrever, de repente, e sem qualquer indício sobre essa mudança, ele dá ao espectro sete cores. Estas são apresentadas pela primeira vez em uma figura (Figura 1) comentada da seguinte forma:

> Assim, depois de ter traçado em um papel o perímetro do espectro FAPGMT, fiz com que esse espectro coincidisse com a figura, de forma que a ele se adaptasse exatamente. Enquanto eu segurava o papel, uma pessoa cuja visão era penetrante *e que podia bem mais do que eu discernir as cores** traçava através do espectro as retas αβ, γδ, εζ etc., marcava os limites das cores: as do vermelho em MαβF, do laranja em αγδβ, do amarelo em γεζδ, do verde em εηθζ, do azul em ηικθ, do índigo em ιλμκ, do violeta em λGAμ. Essa operação foi repetida sobre o mesmo papel e sobre vários outros, as

* Grifo meu (JMLL).

observações pareceram concordar muito bem, e os lados retilíneos MG e AF encontraram-se divididos por essas linhas transversais na proporção dos comprimentos do monocórdio que *dão os sete tons do modo menor.** Para prová-lo: estando GM contido em x de forma que Mx seja igual a GM, imagine que Gx, λx, ιx, ηx, εx, γx, αx, Mx estão proporcionalmente entre si, assim como os números 1, 8/9, 5/6, 3/4, 2/3, 3/5, 9/16, 1/2, que representam uma terça menor, uma quarta, uma quinta, uma sexta maior, uma sétima e uma oitava. Isso posto, os intervalos $M\alpha$, $\alpha\gamma$, $\gamma\varepsilon$, $\varepsilon\eta$, $\eta\iota$, $\iota\lambda$ e λG serão os espaços ocupados pelas diferentes cores, o vermelho, o laranja, o amarelo, o verde, o azul, o índigo e o violeta[8] (Terceira Proposição).

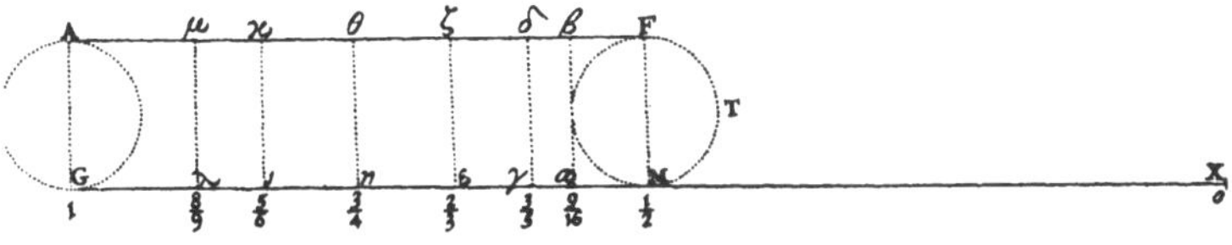

FIGURA 1. Newton, *Opticks*, p. 107, fig. 4.

Um pouco mais adiante, Newton evoca a mesma idéia utilizando o seu famoso círculo das cores, que lhe permite fazer predições sobre a mistura das cores (é uma lembrança agradável a demonstração que consiste em girar um pião com o tal círculo das cores; elas se misturam na nossa frente, produzindo o branco). Newton o descreve da seguinte forma (Figura 2):

* *Idem.*

Do centro O e pelo raio OD seja descrito o círculo ADF, cuja circunferência será dividida em sete partes, DE, EF, FG, GA, AB, BC e CD, proporcionalmente aos intervalos desses tons de uma oitava, sol, lá, fá, sol, lá, mi, fá, sol; ou seja, proporcionalmente aos números 1/9, 1/16, 1/10, 1/9, 1/16, 1/16, 1/9. Que DE representa o vermelho, EF o laranja, FG o amarelo, GA o verde, AB o azul, BC o índigo e CD o violeta, as únicas cores simples conhecidas[9] (Sexta Proposição).

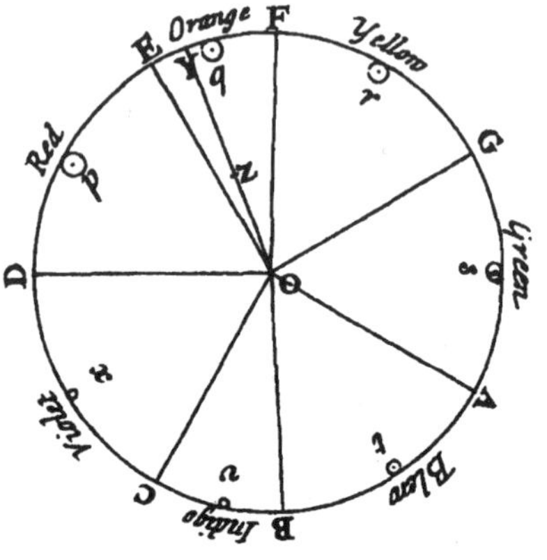

FIGURA 2. Newton, *Opticks*, p. 133, fig. 11.

É de notar a estranha escolha dos intervalos, sobre duas oitavas, que, aliás, não correspondem exatamente às proposições da Figura 1.

Encontramos, portanto, em Newton dois pontos de vista, quer se trate de descrição ou de teorização. Enquanto se limita a ver e descrever, ele se contenta com cinco cores e não recorre de forma alguma às cores híbridas, que são o laranja e o índigo. Mas, assim que teoriza e procura dividir o espectro, classificar suas cores, ele distingue sete cores — e de repente se vê obrigado a denominá-las e convocar um termo que é no mínimo pouco comum, o índigo, uma vez que, na época, o seu aparecimento na língua é bastante recente. Aliás, é tentador relacionar essa escolha com a importância econômica do índigo na indústria de tingimento inglesa.[10]

Quando se analisam em detalhe as proporções indicadas por Newton para os espaços ocupados no espectro por essas sete cores, observa-se que elas correspondem a uma gama um pouco estranha.[11] Mas isso se explica: considerando os intervalos sonoros com os quais Newton coloca em correspondência os intervalos coloridos, constata-se sem maiores surpresas que as quatro cores principais (vermelho, amarelo, verde, azul) correspondem aos tons inteiros e que as cores secundárias (laranja e violeta, cujos termos têm um status metonímico) correspondem aos meios-tons ou até mesmo a um meio-tom menor para o índigo. Ora, Newton procede a essa codificação numérica do espectro com pleno conhecimento da contradição entre a realidade e o seu desejo de uma rigorosa classificação em sete cores "simples" separadas. Ele sabe, no entanto, que o espectro é contínuo e aparece, segundo ele, como "tonalizado com essa série de cores, com todos os graus intermediários em uma sucessão que varia perpetuamente de tons". Aliás, é interessante notar que, em seus primeiros trabalhos sobre ótica, Newton não vê no espectro senão três cores fundamentais, as cores primárias do pintor.[12]

Além do mais, contrariamente às afirmações de Newton — ele pretendia, como se viu, ter conduzido suas experiências com cuidado e tê-las repetido várias vezes —, suas observações não podem ser consideradas como válidas. Quando são retomadas em condições diversas (com vidros diferentes, distâncias variáveis entre a tela e o prisma etc.), as respectivas larguras das diferentes faixas coloridas não são reproduzíveis de uma experiência à outra; elas dependem em particular da natureza do vidro com o qual é feito o prisma, que é mais ou menos refringente e mais ou menos dispersivo. A repartição geométrica das cores tal qual é observada não é de forma alguma uma propriedade intrínseca da luz: a difusão, a dispersão, a separação dessas cores dependem do instrumento com o qual se produz o espectro. Além do mais, a discriminação das faixas coloridas está submetida a uma ampla arbitrariedade e às sérias diferenças individuais, pois todos sabem que não há nada mais difícil do que estabelecer um acordo sobre as cores (... e os gostos, como diz o provérbio!) para os tons intermediários — o turquesa, por exemplo —, e, aliás, Newton confessa as suas deficiências nesse campo. Existe, portanto, apesar de Sir Isaac, alguma trapaça nessa história; no mínimo, os resultados são um pouco forçados... Essa experiência é certamente uma manipulação — em todos os sentidos do termo. É necessário que Newton tenha fortes razões para impor às suas observações uma pressão interpretativa que as encerra em uma golilha tão rígida. Essas razões tornam-se claras assim que tomamos conhecimento que se trata do Sete, esse número já tão repleto de sentido. É o Sete dos dias da semana (a da Criação), do Setentrião (as sete estrelas da Ursa Maior), das Maravilhas do Mundo, dos pecados capitais, do Apocalipse — e não nos esqueçamos das botas de sete léguas do Gato de Botas, nem dos irmãos do Pequeno Polegar;* é o Sete babilônico que continua presente em nossas representações simbólicas há quase três mil anos. Quanto às cores, é interessante notar

* Mas há nove Musas! Ver mais adiante "As Musas da ciência", p. 303-317.

que a heráldica medieval já conhecia sete delas — mas sem relação direta com as do espectro luminoso: ouro (amarelo), prata (branco), goles (vermelho), zibelina (preto), lápis-lazúli (azul), sinople (verde) e púrpura (violeta-cinza).

Mas o que vem fazer o velho mito do Sete na jovem ciência newtoniana?

É bom lembrar que, até agora, as obras completas de Newton ainda não foram publicadas. Pois elas comportariam aproximadamente um terço de física, um terço de alquimia e um terço de teologia. Mas, hoje em dia, *somos nós* que devemos distinguir nessa obra o que provém da verdadeira ciência, da falsa ou da religião! Para o próprio Newton, seu trabalho forma um todo coerente. Até mesmo nas partes mais formalizadas e mais matematizadas de sua obra (penso aqui nos *Principia Mathematica*), suas motivações vão muito além da própria física. É a mão de Deus agindo no mundo que ele quer ver, e o formalismo matemático não é senão um meio de passagem para um conhecimento superior, para ir da física a uma *meta*física ou até mesmo uma mística. Por isso não é de surpreender que esse elemento mitológico, o Sete, se encontre afinal no interior de seu trabalho. A crítica recente evidenciou a presença desses caracteres arcaicos (do ponto de vista da ciência moderna!) na obra de Newton.[13] Poder-se-ia, aliás, questionar a relação entre o termo "espectro", que o próprio Newton introduz para denominar a imagem colorida formada pela dispersão da luz branca, e a acepção mais clássica da palavra para descrever as aparições fantasmagóricas — como a do pai de Hamlet, em Shakespeare.

O mais surpreendente (para quem, em todo caso, acredita na validade absoluta do "método científico"...), e talvez o mais interessante (para os outros), é constatar até que ponto a pregnância do arquétipo do Sete nos trabalhos de Newton o conduziu a tomar algumas liberdades com o que seria o resultado de observações bem conduzidas, como já foi visto. Aliás, um outro elemento permite-nos evidenciar a fragilidade da base de observação da teoria newtoniana das sete cores. Com efeito, Newton estende sua descrição teorizada do espectro prismático, com suas famosas sete cores, a uma descrição do arco-íris. Pois foi justamente ele o primeiro, retomando a teoria cartesiana do arco-íris, a afirmar que este também apresenta sete cores. Mas, na verdade, as cores do arco-íris *não* são as mesmas que as de um espectro puro, tal como ele pode ser produzido por um prisma — como mostra qualquer observação um pouco mais atenta de um verdadeiro arco-íris.[14] Sem entrar nos detalhes (que, infelizmente, não são encontrados na maior parte da obras, de vulgarização ou mesmo de ensino, que ignoram em geral esse problema e mantêm a confusão), existem pelo menos três boas razões pelas quais a gama das cores do arco-íris difere das cores de um espectro prismático:

1. Na experiência do prisma, uma cor pura corresponde a cada ponto do espectro; ou seja, o prisma atribui uma direção e somente uma a cada comprimento de onda: se, em vez de iluminar um prisma pela luz "branca" do Sol, ele fosse iluminado por uma lâmpada de vapor de sódio, que emite uma luz amarela quase monocromática (como o demonstra uma simples observação em alguns túneis das estradas), obter-se-ia um traço amarelo, e não um espectro difuso. Mas a ótica geométrica do arco-íris difere da do prisma. Cada

cor, separadamente, é difusa: um arco-íris fabricado com um jato de água e com uma lâmpada de sódio não daria um traço fino, mas sim uma faixa. O que significa que, nos verdadeiros arcos-íris naturais, há a superposição das diversas cores, as faixas que correspondem às cores puras se sobrepondo: o vermelho se sobrepõe ao laranja, o laranja ao amarelo etc.

2. Por outras razões que vão além da ótica geométrica e provêm da natureza ondulatória da luz (fenômenos de difração), o espectro do arco-íris depende do tamanho das gotas que o engendram, sendo as cores mais ou menos vivas de acordo com esse tamanho.

3. Por fim, o arco-íris é iluminado por uma fonte que não é pontual, ou seja, o Sol, cuja dimensão aparente (um meio grau de arco) conduz a uma ampliação e a uma sobreposição adicionais das faixas coloridas.

Eis, portanto, três razões pelas quais um arco-íris não pode de nenhuma forma ter as mesmas cores que o espectro prismático puro. No entanto, Newton não se atrapalha com essas diferenças (ele percebe, contudo, o efeito nº 3 — ampliação das faixas devida ao tamanho do Sol —, mas ignora a conseqüente modificação das cores) e repete várias vezes que o arco-íris mostra exatamente as mesmas cores que o prisma; é verdade que, como ele reafirma explicitamente em uma carta ao seu amigo Oldenbourg datada de 7 de dezembro de 1675, antes da publicação dos seus trabalhos sobre ótica: "*My own eyes are not very critical in distinguishing colours.*"

Arcaísmos fecundos

Portanto, em sua própria constituição, a ciência moderna permanece presa na rede das mais antigas representações culturais. É tentador considerar tais aspectos míticos como escórias aberrantes que testificam uma época passada e superada da história das ciências; ou, de uma forma mais indulgente, poder-se-ia reconhecer que a própria ciência deve trabalhar com a língua comum, mas pensar que é necessário que ela se desvencilhe das representações que essa língua carrega. Nos dois casos, é um julgamento essencialmente negativo que estaria sendo feito sobre as marcas arqueológicas do saber. Mas isso significa dar prova de uma visão demasiado curta, pois, por mais arcaicos que sejam esses elementos, eles podem em algum momento revelar uma surpreendente carga positiva e se antecipar a desenvolvimentos posteriores — e prepará-los. Dessa forma, essa pregnância do Sete em Newton, que o conduz a desejar a qualquer preço ver sete cores no arco-íris como há sete notas na escala musical, é perfeitamente contingente, exterior, em todo caso, à racionalidade específica do problema estudado (é de notar que a escala em questão é evidentemente a escala da música clássica ocidental; um Newton chinês jamais teria visto um arco-íris com sete cores...). Contudo, nesse caso, esse elemento mítico coloca Newton na pista de uma intuição extraordinariamente fecunda para o futuro. É claro que Newton não foi o primeiro a imaginar uma relação estreita entre sons e cores. Essa idéia já havia sido amplamente explorada na Idade Média, no rastro de uma referência a Aristóteles.[15] Mas Newton, ao afirmar — ao impor — o sete na cor *como* há o sete na música, transforma essa analogia em uma homologia matemática, que se tornará produtora e fértil, entre luz e som, conduzindo a nada menos que à natureza ondulatória da luz!

O próprio Newton não poderá desenvolver essa concepção, pois não dispõe das ferramentas teóricas necessárias. A noção de onda está apenas começando a emergir a partir das ondas concretas que são as ondas sobre a água e o som no ar; será necessário esperar por D'Alembert e principalmente pelo começo do século XIX para que as teorias ondulatórias adquiram a sua plena extensão. Mas Newton pressente esses desenvolvimentos e enuncia, no final de *Opticks*, entre as "Questões" abertas que dão uma singular grandeza a esse texto, o que aos nossos olhos se tornou mais do que uma analogia e constitui bem mais uma homologia estrutural entre as teorias do som e as teorias da luz:

> QUESTÃO XIII. Os raios heterogêneos não produzem vibrações de grandezas diferentes, e tais vibrações não excitam as sensações das diferentes cores; aproximadamente da mesma maneira que as vibrações do ar causam, em razão de suas grandezas diferentes, as sensações dos diferentes sons? [...]
> QUESTÃO XIV. A harmonia e a discordância das cores não podem vir da relação das vibrações propagadas até o cérebro pelos nervos óticos; da mesma forma que a harmonia e a dissonância dos tons vêm da relação das vibrações do ar? Há certas cores que se combinam bem, como a do ouro e a do índigo [*sic*], outras que não se combinam de forma alguma.[16]

Serão necessárias algumas décadas para que a expressão meio vaga "relação das vibrações" seja substituída por freqüência e comprimento de onda. Mas existe aí uma intuição extremamente fecunda. Vê-se como, a partir de um traço arcaico e mítico, Newton pôde promover uma conjectura portadora de futuro. Vale a pena refletir sobre um desenvolvimento desse tipo que vai evidentemente na contramão de toda visão positivista e linear da história das ciências.

Se a ciência labuta para alcançar a objetividade que reivindica, vale a pena constatar que podem ajudá-la as práticas culturais às quais não se atribuiria automaticamente uma virtude de rigor crítico. No caso das sete cores, são os homens de arte, pintores e críticos, que expressaram, bem mais que os físicos, as mais vivas reservas diante da pretensão newtoniana em impor o séptuor colorido. Familiarizados há muito tempo com a possibilidade de reconstituir qualquer cor a partir das três primárias, os artistas aceitarão de bom grado uma classificação das cores nas seis fundamentais (as três primárias mais suas três misturas secundárias). E expressarão uma clara recusa em dar ao índigo um status privilegiado. Como escreve Charles Blanc, em 1867, na obra *Gramática das artes e do desenho*:

> Newton quis ver sete cores no prisma sem dúvida por ali encontrar uma poética analogia com as sete notas da música; ele introduziu então de forma arbitrária, sob o nome de índigo, uma sétima cor que é, contudo, apenas uma nuança do azul. Isso representa um deslize que o seu gênio poderia perdoar.[17]

CLASSIFIC(A)ÇÕES?

Não há evidentemente ciência que não compreenda, e muitas vezes em sua fase inicial, uma atividade de classificação. É que o real, tal qual nos é dado imediatamente, é tão confuso que a razão não poderia percebê-lo sem que um pouco de ordem fosse trazida a esse caos aparente.

Mas a primeira lição que podemos tirar da descrição newtoniana do arco-íris e de suas cores é que toda classificação, por mais científica que seja, é sempre tributária da língua comum. Mesmo quando essa classificação pretende se apoiar em um formalismo exterior estabelecido — no caso, as notas da escala musical —, ela não pode jamais se ater a uma linguagem totalmente matematizada. A ciência deve sempre se submeter às palavras.[18] Claro que ela se dedica a torná-las tão transparentes quanto possível, a libertá-las de suas aderências ao senso comum; mas é bem mais difícil esgotar as suas significações implícitas do que esvaziar o tonel das Danaides. Esse trabalho de depuração jamais acaba, inclusive nas terminologias mais construídas. Poder-se-ia utilmente analisar aqui o exemplo da química. De fato, a maior lição de Lavoisier e seus colaboradores (depois de Lineu no campo das ciências dos seres vivos) é que para se chegar a uma classificação correta é necessário refazer a terminologia.[19] Ora, mesmo nesse campo específico, não se poderiam criar palavras *ex nihilo*; elas permanecem pelo menos tributárias de sua etimologia, e não se pode escapar às representações e às imagens que elas transportam, às vezes enganosas, mas às vezes — ao mesmo tempo — fecundas. Em outros termos, toda ciência comporta necessariamente uma parte irredutível de ficção.[20] Impossível, portanto, resistir à idéia de que a ciência, quando classifica, produz *classificções.*

De maneira geral, todo processo de classificação está imerso em um contexto que o supera, exterior ao campo científico no qual se opera a classificação — contexto a um só tempo cultural e natural. Nossa visão do arco-íris é tributária ao mesmo tempo de nossa cultura e de nosso aparelho perceptivo. Essa cultura (ocidental) nos impôs as sete cores; mas uma visão menos mitificada nos teria ao menos fornecido uma descrição em quatro faixas coloridas. Nossa visão das cores é essencialmente fundada em um sistema tricromático (nossa retina possui três pigmentos coloridos). Mas alguns animais, os pombos em particular, têm uma visão das cores mais aguçada, fundada em um sistema tetracromático. Nós confundimos algumas cores que esses pássaros não confundem; ou seja, em relação aos pombos, nós somos daltônicos! Um Newton pombo poderia então ter proposto uma visão do arco-íris muito mais sutil. Muitas vezes é difícil escapar à aparente naturalidade de esquemas classificatórios e compreender o seu caráter fortemente relativo.

Além do mais, uma classificação é sempre provisória. A lista das cores newtonianas mostra-o bem. Além das suas contingências culturais, ela se limita àquilo que sabemos atualmente ser uma pequena gama de raios; aquém do vermelho, há o infravermelho; além do violeta, há o ultravioleta. E a classificação amplia-se o tempo todo, pois, além do ultravioleta, há os raios X; além dos raios X, os raios γ etc. As classificações, por mais pertinentes que sejam, devem sempre permanecer abertas. Assim, acreditou-se por muito tempo que havia na natureza dois tipos de seres vivos: o animal e o vegetal; atualmente, tornou-se comum distinguir-se pelo menos cinco reinos de seres vivos (dois para os organismos unicelulares, um para as plantas, um para os animais e um para os cogumelos)![21] A mesma observação vale para os estados da matéria; antes aprendíamos que existiam três: sólido, líquido e gasoso. Ou é demais ou é de menos. Demais, pois na realidade a diferença entre líquido e gasoso é menor do que se acreditava. Poderíamos pensar que há somente dois estados: fluido e sólido. De menos, pois, quando se entra no detalhe, são inúmeros os estados intermediários: todo mundo ouviu falar dos cristais líquidos, eles próprios de diferentes tipos...

Dessa forma, para a ciência, a classificação deve ser concebida como uma atividade dinâmica que pouco a pouco refaz seus critérios, confirmando assim uma das únicas definições razoáveis da ciência, devida a Bertolt Brecht:

> Haveria muitas vantagens em descrever a ciência como o permanente esforço em evidenciar o caráter não científico das afirmações científicas.[22]

[Agradeço a Bernard Maitte, Georges Roque e François Demay pelos comentários e sugestões.]

A natureza tomada ao pé da letra

seguido de Leis da natureza

"Mas o que são esses signos cabalísticos que você não se cansa de rabiscar?", os meus amigos às vezes comentam ao me verem *fazer* física teórica, o que consiste essencialmente em *escrever*, por exemplo, coisas como:

$$i\hbar \frac{\partial}{\partial t} \Psi (x, t) = -\frac{\hbar^2}{2m} (\frac{\partial^2}{\partial x^2} + \frac{\partial^2}{\partial y^2} + \frac{\partial^2}{\partial z^2}) \Psi (x, t) + V (x) \Psi (x, t).$$

E se surpreendem ainda mais que esses signos, tão evidentemente contingentes e culturalmente condicionados, possam abarcar a realidade física, no caso a estrutura dos átomos, pois esse é certamente o papel dessa equação (dita de Schrödinger).

A física mantém com a escritura uma relação bem particular. Para se convencer disso, basta folhear um manual estândar ou uma revista de pesquisa, em que se alternam os parágrafos escritos em língua comum (vamos deixar de lado o jargão profissional) e as linhas de símbolos matemáticos (Figura 1). É certamente por sua relação particular com a

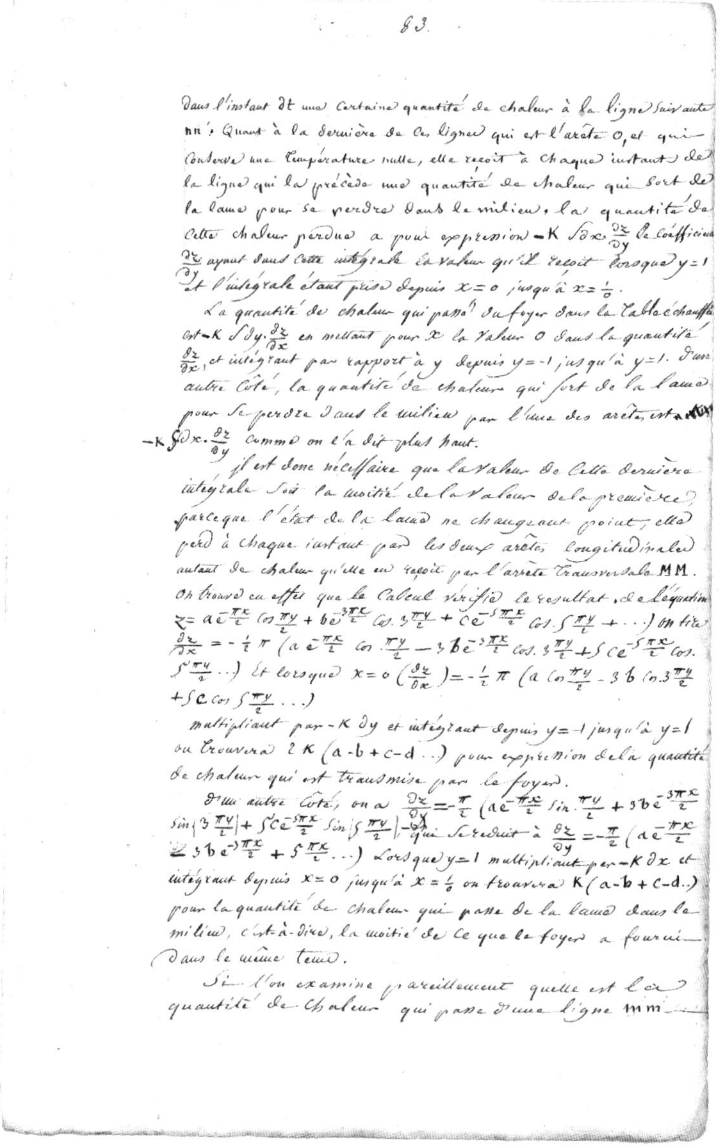

83.

dans l'instant ∂t une certaine quantité de chaleur à la ligne suivante nn'. Quant à la dernière de ces lignes qui est l'arête o, et qui conserve une température nulle, elle reçoit à chaque instant de la ligne qui la précède une quantité de chaleur qui sort de la lame pour se perdre dans le milieu. la quantité de cette chaleur perdue a pour expression $-K \int \partial x \frac{\partial z}{\partial y}$ le coëfficient $\frac{\partial z}{\partial y}$ ayant dans cette intégrale la valeur qu'il reçoit lorsque $y=1$ et l'intégrale étant prise depuis $x=0$ jusqu'à $x=\frac{1}{0}$.

La quantité de chaleur qui passe du foyer dans la table échauffée est $-K \int \partial y . \frac{\partial z}{\partial x}$ en mettant pour x la valeur 0 dans la quantité $\frac{\partial z}{\partial x}$, et intégrant par rapport à y depuis $y=-1$, jusqu'à $y=1$. D'un autre côté, la quantité de chaleur qui sort de la lame pour se perdre dans le milieu par l'une des arêtes, est $-K \int \partial x . \frac{\partial z}{\partial y}$ comme on l'a dit plus haut.

il est donc nécessaire que la valeur de cette dernière intégrale soit la moitié de la valeur de la première, parceque l'état de la lame ne changeant point, elle perd à chaque instant par les deux arêtes longitudinales autant de chaleur qu'elle en reçoit par l'arrête transversale MM. On trouve en effet que le calcul vérifie le résultat. de l'équation $z = a e^{-\frac{\pi x}{2}} \cos \frac{\pi y}{2} + b e^{-\frac{3\pi x}{2}} \cos . 3\frac{\pi y}{2} + c e^{-5\frac{\pi x}{2}} \cos . 5\frac{\pi y}{2} + \ldots)$ on tire $\frac{\partial z}{\partial x} = -\frac{1}{2}\pi \left(a e^{-\frac{\pi x}{2}} \cos . \frac{\pi y}{2} - 3 b e^{-3\frac{\pi x}{2}} \cos . 3\frac{\pi y}{2} + 5 c e^{-5\frac{\pi x}{2}} \cos . 5\frac{\pi y}{2} \ldots\right)$ Et lorsque $x=0$ $\left(\frac{\partial z}{\partial x}\right) = -\frac{1}{2}\pi \left(a \cos \frac{\pi y}{2} - 3 b \cos . 3\frac{\pi y}{2} + 5 c \cos 5\frac{\pi y}{2} \ldots\right)$

multipliant par $-K \partial y$ et intégrant depuis $y=-1$ jusqu'à $y=1$ on trouvera $2K(a-b+c-d\ldots)$ pour expression de la quantité de chaleur qui est transmise par le foyer.

D'un autre côté, on a $\frac{\partial z}{\partial y} = -\frac{\pi}{2}\left(a e^{-\frac{\pi x}{2}} \sin . \frac{\pi y}{2} + 3 b e^{-\frac{3\pi x}{2}} \sin\left(3\frac{\pi y}{2}\right) + 5 c e^{-\frac{5\pi x}{2}} \sin\left(5\frac{\pi y}{2}\right) \ldots\right)$ qui se réduit à $\frac{\partial z}{\partial y} = -\frac{\pi}{2}\left(a e^{-\frac{\pi x}{2}} - 3 b e^{-3\frac{\pi x}{2}} + 5 \frac{\pi x}{2} \ldots\right)$ Lorsque $y=1$ multipliant par $-K \partial x$ et intégrant depuis $x=0$ jusqu'à $x=\frac{1}{0}$ on trouvera $K(a-b+c-d\ldots)$ pour la quantité de chaleur qui passe de la lame dans le milieu, c'est-à-dire, la moitié de ce que le foyer a fourni dans le même temps.

Si l'on examine pareillement quelle est la quantité de chaleur qui passe d'une ligne mm ...

FIGURA 1. Um trecho do manuscrito da obra de Joseph Fourier, "Sobre a propagação do calor", relatório apresentado na Academia em 29 de outubro de 1809.

matemática que a física se singulariza. É a única das ciências da natureza que mantém com a matematização uma relação verdadeiramente constitutiva e não unicamente instrumental: as matemáticas são para a física não uma simples ferramenta, mas a forma mesma de sua conceitualização. Não abordarei aqui a natureza dessa especificidade,[1] mas gostaria de examinar as questões que ela coloca à textualidade da ciência física.

A TIPOGRAFIA DO LIVRO DA NATUREZA

Partamos da célebre citação de Galileu, em O *Ensaiador* (1623):

> A filosofia é escrita nesse gigantesco livro que se abre continuamente diante de nossos olhos (falo do Universo), mas não se pode compreendê-lo se antes não se aprende a compreender a língua e a conhecer os caracteres com os quais ele é escrito. Ele é escrito em linguagem matemática, e os caracteres são triângulos, círculos e outras figuras geométricas, sem as quais é impossível compreender uma palavra. Desprovido desses meios, percorre-se de forma vã um labirinto obscuro.[2]

A "filosofia" de que fala Galileu é evidentemente a "filosofia natural" — que se tornará nossa física. A grande novidade desse texto não reside na imagem do mundo como um livro, que tem sua origem na Idade Média e encontra-se tanto em Montaigne quanto em Campanella. A idéia dos "caracteres matemáticos" é que é totalmente original, e Galileu está tão preso a ela que a retomará, quase nos mesmos termos, em uma de suas últimas correspondências (carta a Fortunio Liceti, janeiro de 1641). Ora, se muitas vezes os aspectos inovadores e programáticos da concepção galileana foram enfatizados, o paradoxo que ela enuncia não foi de modo algum destacado. Pois a assimilação das figuras aos caracteres e da geometria à língua é no mínimo duvidosa. Se for verdade que os textos da física do século XVII, e os de Galileu em primeiro lugar, são abundantemente ilustrados com esquemas geométricos (Figura 2), não se poderia considerar esses próprios traçados como pertencentes ao texto, nem seus elementos (círculos, triângulos etc.) como caracteres. Trata-se de imagens, certamente abstratas e não puramente figurativas ou representativas, mas que não têm, por si próprias, uma função descritiva, narrativa ou argumentativa que lhes conferiria um status textual. Elas não podem existir sem o texto, que, ao subentendê-las, as explicita, conferindo-lhes sentido — e lhes permite em troca ilustrá-lo. De fato, simplesmente, as figuras geométricas desses textos não se lêem ou, de modo mais preciso, não se dizem.

Durante cerca de um século, até o final do século XVII, essa será a situação. Ainda na obra de Newton, nos *Principia Mathematica*, a física será feita *more geometrico*, com a ajuda de palavras, certamente apoiadas em figuras, mas não em uma "linguagem matemática" original. Aliás, como poderia ser de outra forma, uma vez que, fundamentalmente, além da aritmética, as matemáticas ainda se reduziam à geometria? Mas a própria geometria vai progressivamente se algebrizar, ou seja, se literalizar, com Descartes, e no fim do século XVII conhecerá a revolução do cálculo infinitesimal (diferencial e integral), com o próprio Newton e principalmente Leibniz. Será este último que, independentemente de

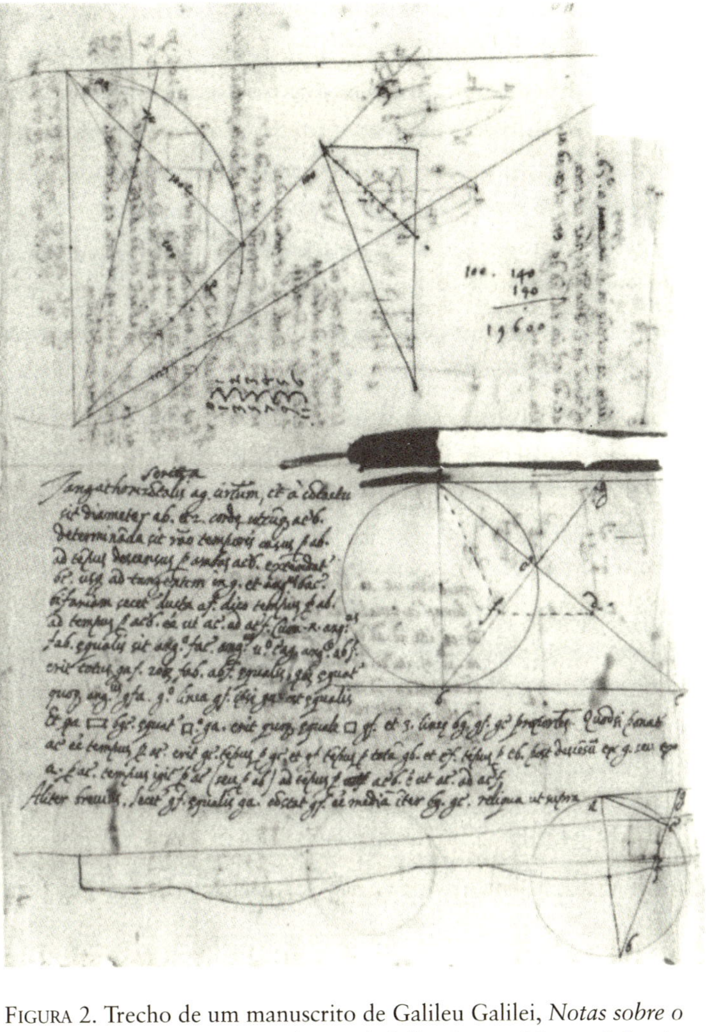

FIGURA 2. Trecho de um manuscrito de Galileu Galilei, *Notas sobre o movimento* (Supplemento agli Annali dell'Istituto e Museo di Storia della Scienza, Florença, 1979, fascículo 2).

sua famosa querela de prioridade com Newton sobre a criação das novas matemáticas, desenvolverá suas notações. Leibniz está na origem da maior parte dos símbolos matemáticos que permitirão uma verdadeira escrita matemática, ao mesmo tempo autônoma e integrada à textualidade da língua comum.[3] Esses símbolos serão muitas vezes letras do alfabeto, porém dotadas de uma significação mais ampla que o seu mero valor ortográfico, ou ainda signos originais, inventados *ad hoc*. A partir dos anos 1700, Varignon (re)escreve os *Principia* newtonianos no novo formalismo.[4] Ao longo do século, Bernoulli, Euler, D'Alembert e Lagrange aperfeiçoarão essa mudança que transformará os escritos de física, a partir de então não mais textos de língua esburacados por figuras, mas seqüências contínuas de frases e fórmulas, ou até mesmo, na escala local, de palavras e signos que, indissoluvelmente, constituem o texto.*

Contra aqueles que pudessem argumentar que o texto verdadeiro limita-se ao encadeamento normal das palavras da língua e não quisessem conferir às linhas de equações ou aos símbolos isolados que o escandeiam senão um status ilus-

---

* Notemos, no entanto, que se assiste atualmente a um poderoso retorno da figura no texto científico, particularmente na física. Não se trata apenas do desenvolvimento de técnicas de iconografia elaboradas que nos fazem ver fenômenos considerados até aqui inacessíveis aos nossos olhos, como as configurações atômicas ou o detalhe de um astro distante. É uma verdadeira ressurgência do modo geométrico e figurativo que se opera no próprio interior da teoria. Uma importante ilustração desse fato é encontrada no campo da dinâmica não-linear, mais popularmente chamada de física do caos, em que a representação dos "atratores estranhos", como a borboleta de Lorentz ou a ferradura de Smale, representa um papel essencial, ao mesmo tempo como ferramentas conceituais e como ícones simbólicos (até mesmo midiáticos).

trativo análogo ao das figuras geométricas ou das tábuas numéricas que se encontram igualmente nos artigos ou nos livros de física, basta ouvir um físico lendo suas páginas em voz alta: contrariamente às figuras ou tábuas, efetivamente as equações se lêem, enunciam-se oralmente, assim como as frases. Talvez o leigo aprecie uma transcrição fonética a título de exemplo. Um pouco menos banal do que a famosa frase de Einstein:

$$E = mc^2,$$

ou seja,

é-igual-eme-c-dois,

consideremos a equação de Schrödinger escrita na abertura deste capítulo, que todo físico poderia pronunciar sem hesitação:

i-agá-barra/dê-sobre-dê-tê/dê-psi-dê-xis-e-dê-tê//igual//menos-agá-barra-dois-sobre-dois-eme/dê-dois-sobre-dê-xis-dois/mais-dê-dois-sobre-dê-ípsilon-dois/mais-dê-dois-sobre-dê-zê-dois/dê-psi-dê-xis-e-dê-tê-mais/vê-dê-xis/psi-dê-xis-e-dê-tê,

aliás, essa transcrição reproduz muito mal uma prosódia bem particular, e que mereceria um pouco mais de atenção.

Desse modo, a afirmação galileana vale como uma petição de princípio que anuncia corretamente, mas enuncia erroneamente o papel das matemáticas na nova física: em sua época, trata-se de figuras geométricas, mas que não são caracteres; mais tarde, teremos os caracteres, que não serão mais figuras. Falta ainda tentar esclarecer de forma mais precisa a natureza desses novos signos.

Quando Galileu formula seu programa, os "caracteres" (geométricos) que ele evoca podem ser considerados como *pictogramas*, representativos da realidade que designam: os triângulos e os círculos remetem diretamente às coisas do mundo e representam as formas dos objetos sólidos ou as trajetórias dos pontos móveis. Mas os caracteres literários ou simbólicos da notação matemática não têm nada de figurativo; essencialmente abstratos, eles incorporam um considerável condensado de significações e são dotados de uma importante dimensão conceitual. Muito mais que de *ideogramas*, é de *semagramas* que se deveria falar aqui, caso se queira dar conta do rico conteúdo semântico desses signos. Esse aspecto é sem dúvida ainda mais importante na física matemática que nas matemáticas puras, na medida em que esses símbolos não remetem apenas aos conceitos gerais e abstratos (variável, função etc.), mas às grandezas físicas específicas e concretas (energia, corrente elétrica, amplitude quântica etc.) que revelam por trás de cada letra ou signo uma rica rede de significações. Esses grafismos, no entanto perfeitamente contingentes em sua origem (ligados, por exemplo, a uma língua particular: por que, então, m ser a notação de uma massa?), acabam contendo uma verdadeira carga ontológica, pois, na percepção de um físico, E *é* uma energia, v *é* uma velocidade etc. Para se ter certeza disso, basta ver a dificuldade em realizar uma lei física, mesmo elementar, a partir do momento em que as notações convencionais são modificadas, como, por exemplo, um problema banal de eletrocinética, baseado na simples lei de Joule, usualmente escrita $V = RI$, em que V é a diferença de potencial, R, a resistência, e I, a corrente elétrica, conduz à maior confusão se notarmos V como a corrente,

I, a resistência, e R, a diferença de potencial. Aliás, o jargão de trabalho do físico revela espontaneamente essa ontologização do signo: não é raro, diante de uma fórmula escrita no quadro-negro, ouvir uma determinada letra ser denominada "essa coisa", "esse negócio" ou mesmo individualizada como "esse cara" (em que a ambigüidade entre pessoa e signo, que, aliás, remete à da palavra "caractere", é tão significativa quanto involuntária).

Mas o novo modo de escrita da física tem igualmente como conseqüência que suas combinações de signos, longe de apresentar apenas um registro codificado, uma espécie de estenografia passiva das leis do mundo, constituem uma verdadeira máquina simbólica que põe em ação essas leis. Assim, o signo utilizado para as integrais, $\int$ (atribuído a Leibniz), e o signo ∂ empregado para as derivadas não designam somente seres matemáticos particulares, mas remetem de fato às operações de integração e de derivação executadas para produzir esses seres. Sem dúvida, poder-se-ia falar então de *tecnogramas*. Existe em cada fórmula uma mecânica algorítmica virtual pronta a se movimentar a qualquer momento entre as mãos do físico que vai aplicá-la a essa ou àquela situação concreta. Uma equação não é um enunciado estático, uma simples constatação, mas contém uma dinâmica de computação (de resolução) sempre pronta a produzir novos resultados numéricos ou conceituais. Poder-se-ia ilustrar esse ponto por meio de uma comparação detalhada entre as demonstrações dos *Principia* newtonianos sob a sua forma geométrica inicial e sua formalização analítica moderna — ou, de modo ainda mais eloqüente, pelo contraste entre a longa e árdua discussão verbal da noção de velocidade instantânea em Galileu e a escrita simbólica $\frac{dx}{dt}$, que se tornou convencional, que expressa de forma condensada a definição formal dessa noção e, de repente, praticamente automatiza o seu cálculo.

O sagrado caractere da física

À revolução galileana, que introduz a matemática no coração da conceitualização da física, segue-se então uma segunda revolução, a da formalização de sua escrita, que é a única que oferece seu pleno sentido ao programa galileano, embora o distancie de sua formulação inicial. Mas se revela aqui um paradoxo que ressalta a complexidade das relações entre ciência e cultura. Pois essa nova etapa só é transposta graças à ressurgência de elementos antigos, pertencentes à pré-história da ciência moderna, e que poderíamos acreditar que tinham se tornado caducos pela ruptura galileana — por exemplo, a concepção ideográfica da escrita.

Pode-se com certeza pensar que foi a escrita alfabética que tornou possível a ciência tal como a compreendemos.[5] Pela disjunção operada entre coisa e signo, ela teria permitido o trabalho de abstração, de desapego das aparências sensíveis, que constitui a própria base do conhecimento de tipo científico. Ao autorizar o acesso a uma escrita comum, fácil de se ensinar, de se praticar, de se reproduzir, ela teria favorecido a troca desses conhecimentos e, portanto, o seu desenvolvimento. É pelo menos um dos elementos que algumas vezes é apresentado como resposta à importante questão de J. Needham, ao se interrogar sobre a razão da emergência no Ocidente (Grécia/Islã/Cristandade), e não na China, da ciência — no sentido moderno do termo. Portanto, existe uma grande ironia quando se vê a noção arcaica de ideograma retornar a essa ciência pela janela da escrita, uma vez que a acreditávamos expulsa do pensamento desde o início. Mas não surpreende o papel representado nessa história por Leibniz, que foi, como já se disse, o mais inventivo e o mais fecundo criador de signos matemáticos — basta lembrar sua busca de um "alfabeto dos pensamentos humanos", essa "característica universal" com a qual ele sonhava. Também é conhecido o vivo e explícito interesse que ele dedicou, precisamente, à escrita chinesa. E deve-se ainda observar que não se trata evidentemente, neste assunto, de um simples retorno a uma ideografia clássica, mas de uma retomada específica e dinâmica de seu princípio.

E como não ver que, sob seu segundo aspecto, o da operacionalidade, a escrita formalizada moderna da ciência física reata com as mais antigas tentativas, como a da *Ars combinatoria*, ilustrado em particular pelos mecânicos algorítmicos divinatórios de Raimundo Lúlio, no século XIII, e aos quais, aliás, Leibniz referia-se abertamente. Por intermédio de Lúlio, retornamos então a um outro universo de pensamento e de escrita, o das línguas semíticas, árabe e hebraico. Nessas línguas, como se sabe, o status da letra é bem diferente daquele ao qual estamos habituados nas nossas, indo-européias, de alfabetos greco-latinos. Sem dúvida não demos a devida atenção a essa influência das ciências árabes sobre a forma dos conhecimentos produzidos pela revolução científica européia do século XVII, que vai além do seu conteúdo:

> O caractere da língua árabe teve como resultado inflectir os conhecimentos que ela expressava no sentido de um pensamento analítico, atomístico, ocasionalista e apotegmático. [...]

> Pode-se pensar que essa "algebrização" é uma espécie de "laicização nominalista" [...]. As vinte e oito letras do alfabeto árabe, além do seu valor aritmético, que pouco a pouco se eclipsa diante do crescente emprego dos algarismos indianos, possuem um valor semântico dentro da série das vinte e oito idéias-categorias que "hieroglifam" a *Weltanschauung* dos pensadores árabes. A época árabe representa, assim, o advento do raciocínio abstrato que "algebriza" por meio de alfabetos numerados: cada letra pode "colocar em movimento" o objeto cifrado pelo número inteiro que ela simboliza, por meio da adição dos elementos fracionários cujo total reproduz esse número inteiro. Observemos a esse respeito a surpreendente "máquina de pensar os acontecimentos" construída pelos astrólogos árabes sob o nome de *zarja*, estudada por Ibn Khaldoun, imitada por Raimundo Lúlio em sua *Ars Magna* e mais uma vez admirada por Leibniz.[6]

A ausência de notação das vogais na escrita das línguas semíticas tem como efeito distender o elo fonético entre o escrito e a fala, o que permite compreender que as letras (consoantes) sejam investidas de um status ao mesmo tempo simbólico e numérico essencial, conduzindo a práticas exegéticas e divinatórias literais (como a *gematria* hebraica). O impacto dessas concepções sobre o pensamento europeu do Renascimento foi tão profundo quanto o do neoplatonismo, com o qual formaram uma combinação explosiva. Mais especificamente, pode-se seguir o rastro da influência da Cabala hebraica da Idade Média, via Cabala cristã, em autores como Marsílio Ficino, Pico della Mirandola (e em outros lugares da Europa, Jakob Boehme e Robert Fludd) e, evidentemente, Giordano Bruno,[7] e a partir daí em alguns fundadores da ciência moderna.[8] Um aspecto particular merece ser mencionado, que nos diz respeito de forma muito especial, pois traduz claramente o impacto dessa antiga tradição pré-científica sobre um dos aspectos mais inovadores da escrita matemática moderna. Entre os fundadores da notação simbólica da álgebra tal qual a conhecemos, figura o matemático (e jurista) François Viète, contemporâneo do jovem Galileu, que será um dos primeiros a representar com letras as grandezas que figuram nas equações. Mas, para Viète, as consoantes serão reservadas aos coeficientes numéricos (conhecidos), e as vogais, às quantidades desconhecidas a calcular; é impossível de não ver aí um eco direto do status das letras nos alfabetos semíticos:

> Hoje em dia, quando contamos com menos orientalistas eminentes do que na época de Viète, é difícil não olhar sua escolha como uma indicação do renascimento das línguas semíticas, pois todos sabem que, em hebreu e em árabe, apenas as consoantes são dadas e que a partir delas as vogais devem ser encontradas.[9]

Será necessário mais de um século para que essa literalidade seja restituída na formalização da física. Mas, mesmo na fase inicial em que é "por figuras e movimentos" (Descartes) que se tenta decifrar o livro da Natureza, a concepção cabalística exerce sua influência. Dessa forma, Kepler pôde escrever:

> Eu realmente jogo com os símbolos e comecei um livro chamado *A cabala geométrica*, que tenta alcançar as próprias formas que considero. Pois nada pode ser provado unicamente com símbolos; nada do que está escondido na filosofia natural é alcançado por símbolos geométricos, a menos que se possa

> mostrar por meio de razões concludentes que não se trata somente de símbolos, mas de evidenciar os laços entre as coisas e suas causas.[10]

É a própria passagem para a ciência moderna que se vê acontecer entre essa passagem de Kepler e a de Galileu citada no início: ali onde, para Kepler, o símbolo (geométrico, por enquanto) não tem pertinência senão quando se colocam em evidência os significados escondidos, e disso Kepler, como já foi bastante dito, permanece tributário de concepções esotéricas, a figura se vê reduzida em Galileu somente ao único status de "caractere" formal. O paradoxo é que essa esoterização, por mais eficaz que seja, será de alguma forma tomada de revés pela formalização leibniziana que devolverá uma carga verdadeiramente esotérica aos seus símbolos. De todo modo, a visão kepleriana advém de uma incompreensão da tradição cabalística, na qual a figuração, por exemplo, aquela, clássica, do diagrama das *Sefirot*, só desempenha um papel secundário:

> Mesmo que esse diagrama compreenda as correspondências entre o alfabeto hebraico e os elementos, as estações, as partes do corpo, os dias da semana, os meses do ano etc., parece claro que o sistema é fundado menos sobre a forma do diagrama do que sobre a seqüência e o sentido das letras do alfabeto. A tradição aqui é muito mais literal, e talvez numeral, que figurativa.[11]

Como o demonstra, por exemplo, o estranho *Livro de Raziel*, que, com suas variações tipográficas, pretende reproduzir uma "escrita angelical" (Figura 3).

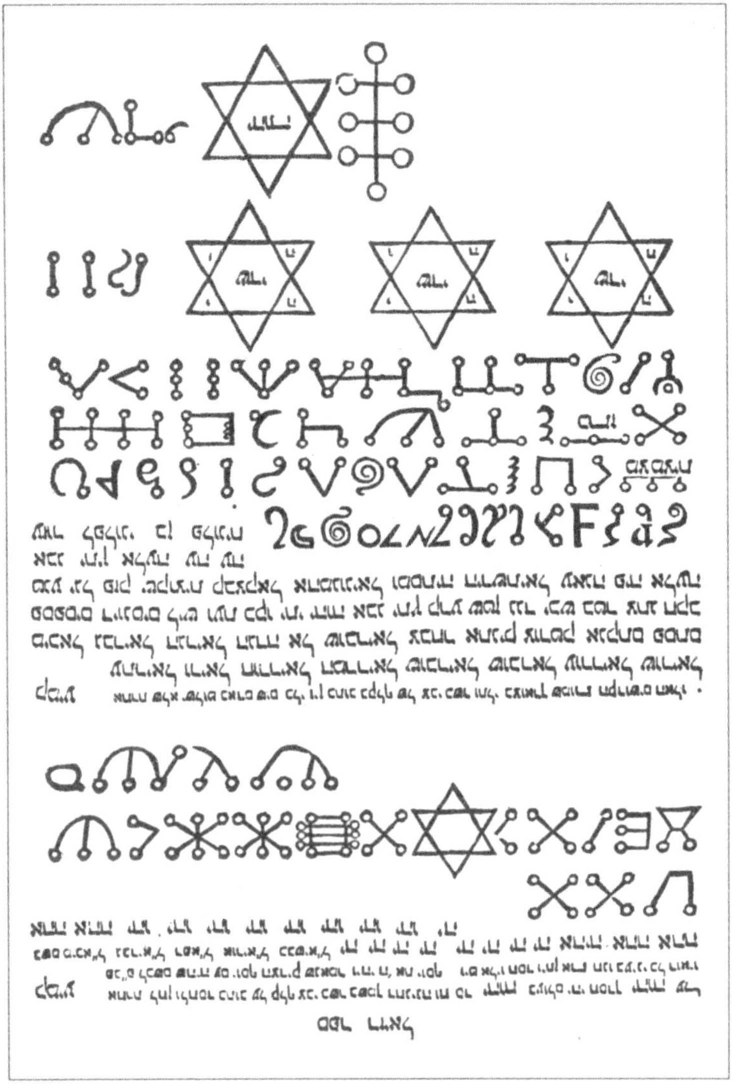

FIGURA 3. Uma página do *Livro de Raziel* (Países Baixos, século XVII) com os caracteres da "escrita angelical".

De fato, além de recorrer à letra, a pregnância da tradição hebraica se reconhece pelo status a um só tempo ontológico e dinâmico que lhe é implicitamente dado. Essa concepção encontra sua expressão essencial na idéia cabalística segundo a qual as letras foram ao mesmo tempo o material e o instrumento da gênese do mundo.[12] Já presente no *Sepher Yetsira*, essa idéia é longamente desenvolvida na passagem do *Zohar* que relata a criação do mundo com a ajuda das letras que lhe preexistem, e cujo papel resultará de sua importante carga de significação intrínseca:

> ... quando o Santo, bendito seja Ele, quis criar o mundo, as letras estavam enclausuradas. E, durante os dois mil anos que precederam a criação, Ele as contemplava e brincava com elas. Quando Ele decidiu criar o mundo, todas essas letras apresentaram-se a Ele [...]. A primeira a se apresentar foi a letra Tav. "Senhor dos mundos", disse ela, "que seja do Teu agrado me empregar na criação do mundo, pois sou o selo* de teu Selo que é a verdade (*Emet*). Tu mesmo tens por nome Verdade. Convém a um rei começar pela letra de verdade e dela se servir para criar o mundo." O Santo, bendito seja Ele, respondeu: "Tu és digna e justa. Mas tu não és apropriada para que seja a partir de ti que Eu crie o mundo. E isso [porque] tu és o selo da morte (*Mavet*). Tal como tu és, tu és imprópria para começar a criação do mundo." Tav logo se retirou. A letra CHin se apresentou e disse: "Senhor dos mundos, que seja do Teu agrado me empregar na criação do mundo, pois sou o começo do teu nome Chaddaï e convém criar o mundo com um nome santo." Etc.[13]

---

* "O selo", isto é, a letra final.

O importante dessa passagem é compreender por que a Gênese começa pela letra Beit — e não pela Aleph, a primeira; pois, uma a uma, todas as letras são eliminadas, em razão de suas conotações, até a letra Beit, irrepreensível, que se vê aceita:

> O Santo, bendito seja Ele, disse-lhe: "Certamente sim! É por meio de ti enfim que Eu criarei o mundo, tu serás o inaugurador da criação do mundo." A letra Aleph absteve-se de se apresentar. O Santo, bendito seja Ele, disse-lhe: "Aleph, Aleph, por que tu não te apresentaste diante de Mim como todas as outras letras?" O Aleph respondeu: "Senhor do mundo, vi todas as letras comparecerem diante de Ti sem resultado; o que eu poderia fazer? Além do mais, Tu deste esse presente precioso à letra Beit, e não convém que o Rei supremo retire o dom que acaba de fazer para concedê-lo a um outro." O Santo, bendito seja Ele, lhe disse: "Aleph, Aleph, apesar do fato de que Eu criarei o mundo com a letra Beit, tu serás a primeira de todas as letras do alfabeto, Eu só terei unidade em ti, e tu serás também o começo de todos os cálculos e de todas as obras do mundo.* Toda unificação repousará unicamente na letra Aleph." O Santo, bendito seja Ele, moldou a seguir as grandes letras do Acima e as pequenas letras do Embaixo.[14]

Segundo as palavras de Gershom Scholem:

> Deus gravou as letras e isso foi uma espécie de protótipo — o paradigma do mundo. Essa é uma idéia judaica.

---

* Como não comentar aqui que Cantor escolheu a letra Aleph como símbolo dos números transfinitos, que permitem um verdadeiro cálculo do infinito.

Essa idéia que faz do alfabeto "o objeto absoluto" encontra-se em ação na "ideologia espontânea" (Althusser) do físico (teórico, pelo menos), em que o símbolo de uma grandeza física é a sua própria essência. A fórmula que enuncia uma lei *é* a lei, e o escrito é um decreto. Toda vez que a fórmula é enunciada, ela restabelece a regra a que a Natureza deve obedecer. Se a maior parte dos grandes gênios da física tem certamente o sentimento demiúrgico de estabelecer as Leis da natureza bem mais que descobri-las, essa convicção implícita permanece a do mais modesto pesquisador, recopiando após tantos outros uma fórmula verdadeiramente mágica, que vai se impor ao real. Mas esse gesto fundador e ordenador, cujo agente é a letra, é o gesto mesmo do Criador. Como um teórico moderno não poderia se reconhecer nesse retrato de seus predecessores — traçado por um *homem de letras*:

> Os antigos cabalistas [...] confiavam nas palavras, nas sílabas, nas letras; eles esperavam a meia-noite quando o dia esgotou seu rigor, quando o espírito tem mais força e a carne menos veemência; eles acendiam então todos os lampiões do quarto mais silencioso e, com o coração exaltado pelo zelo, com a inteligência atenta pelo respeito, procuravam nos arcanos do alfabeto sagrado o meio de participar do jogo eterno que Deus joga com as esferas.[15]

Participar do jogo do mundo, certamente... Mas, se a escrita, em ciência também, torna-se assim um gesto de criação, o que acontece é nada menos do que uma subversão completa da metáfora galileana: simplesmente, o Grande Livro da Natureza não está mais, como antes e sempre, escrito "diante de nossos olhos" e pedindo para ser lido e decifrado. Doravante, somos nós que o escrevemos, tomando a Natureza ao pé da letra.

Leis da natureza

Eu escrevo: $\vec{F} = m\vec{\gamma}$
e a flecha voa.

Eu escrevo: $E_2 - E_1 = hV$
e a folha absorve o Sol.

Eu escrevo: $U = -G \dfrac{Mm}{|\vec{R} - \vec{r}|}$
e a Lua levanta a maré.

Eu escrevo: $\dfrac{dE}{d\omega} = V \dfrac{\omega^2}{\pi^2 c^3} \dfrac{\hbar\omega}{\exp(\hbar\omega/kT)-1}$

e o ferro na forja fica vermelho.

Eu escrevo: $dG = V\,dp - S\,dT + \mu dN$
e a geada cobre a janela.

Eu escrevo: $\Box A_\mu = j_\mu,\ F_{\mu\nu} = \partial_\mu A_\nu - \partial_\nu A_\mu$
e a luz É.

Eu escrevo: $i\hbar \dfrac{\partial\psi}{\partial t} = (-\hbar^2 \sum_k \dfrac{\Delta_k}{2m_k} + \sum_i \sum_j \dfrac{e_i e_j}{|\vec{r}_i - \vec{r}_j|})\,\psi$

e o sal vira cristal.

Eu escrevo: $P = \dfrac{RT}{V-b} - \dfrac{a}{V^2}$
e o vento noturno se levanta.

Eu escrevo: $\rho\,[\dfrac{\partial v}{\partial t} - (\vec{v}.\vec{\nabla})\vec{v}] = -\ \vec{\nabla}\rho - \rho\vec{\nabla}\varphi + \eta\Delta\vec{v} + (\eta+\eta')\vec{\nabla}\,(\vec{\nabla}.\vec{v})$
e a onda arrebenta.

Eu escrevo: $\sin i = n \sin r,\quad \theta = \pi + 2i - 4r,\quad \dfrac{d\theta}{di} = 0$

e o arco-íris se manifesta.

Eu escrevo: $(\dfrac{\partial^2}{\partial t^2} - c^2\vec{\nabla}^2)\,p\,(\vec{r}, t) = 0$
e ouço a sua voz.

Eu escrevo, eu descrevo, eu decreto.
O Universo se dobra à palavra.

J.-M.L.-L.

A ciência do Inferno e o inverso da ciência

De Galileu ao Prêmio IgNobel

Um aforismo, que Stephen J. Gould gostava de lembrar como apoio à sua maneira de abordar os importantes problemas da ciência a partir de exemplos que poderiam em um primeiro momento parecer acessórios,[1] afirma: "Deus está nos detalhes."[2] É essa estratégia que desejo seguir aqui, interessando-me, porém, por alguns detalhes esquecidos da história das ciências em que é antes o Diabo que iremos encontrar.

A termodinâmica infernal

A ciência, como qualquer atividade humana, possui um folclore. Cada disciplina dispõe de uma vasta doxografia — repertório de anedotas profissionais, fofocas sobre as celebridades, piadas eruditas —, cuja transmissão, essencialmente oral, constitui uma parte não desprezível da iniciação dos jovens pesquisadores na sua atividade.[3] Em física, encontra-se assim um farto material, cuja circulação interna é em geral reservada à profissão, imitando com maior ou menor sucesso o humor dos artigos sérios que constituem o comum da disciplina. Entre esses textos, um certo número confronta de forma divertida teorias científicas modernas e representações míticas tradicionais que tratam das propriedades físicas do Inferno.

Um clássico do gênero é o artigo publicado em 1972 na revista de alta seriedade *Applied Optics* sob o título "*Heaven is Hotter than Hell*" ("O Paraíso é mais quente que o Inferno").[4] O autor, anônimo, baseava o resultado anunciado em observações tiradas da Bíblia, às quais aplicava o raciocínio termodinâmico que se segue. Encontra-se em Isaías 30,26 a afirmação de que, no mundo celeste, "a luz da Lua é como a luz do Sol, e a luz do Sol é (sempre no mundo celeste) como a luz do Sol durante sete dias multiplicada por sete". O brilho luminoso no Céu seria então 50 (= 1 + 7 x 7) vezes mais intenso que a luz solar sobre a Terra. Basta então invocar a lei de Stefan, segundo a qual a energia térmica irradiada por um corpo é proporcional à quarta potência de sua temperatura absoluta. A partir disso, a temperatura do Paraíso, T_{Par}, e a da Terra, T_{Ter}, devem obedecer à relação $(T_{Par}/T_{Ter})^4 = 50$, o que fornece, a partir da temperatura terrestre média $T_{Ter} \approx 20°C \approx 290$ K, uma temperatura $T_{Par} \approx 780$ K$\approx 525°C$ para o Paraíso. Mas, por outro lado, lê-se em Apocalipse 21,8 que "... os descrentes, os horríveis, os idólatras [etc.], seu castigo está no ardente tanque de fogo e de enxofre que é a segunda morte". Assim, o enxofre encontra-se em estado líquido no Inferno, cuja temperatura T_{Inf} é, portanto, inferior àquela na temperatura de ebulição do enxofre, ou seja, 445°C. Conseqüentemente, $T_{Inf} < T_{Par}$. CQFD.

Esse resultado foi discutido segundo os cânones de uma pesquisa séria. Uma refutação apareceu alguns anos mais tarde, em uma publicação tanto científica quanto humorística, o famoso *Journal of Irreproducible Results.*[5] O autor, Tim Healey, amplificando uma crítica anterior,[6] observava que o cálculo precedente supunha implicitamente que a pressão no Inferno é igual à pressão atmosférica (uma vez que é somente a essa pressão que o enxofre ferve a 445°C). A termodinâmica, mais uma vez ela, sob a forma da lei de Boyle-Mariotte dos gases perfeitos (Pressão × Volume = Cste, em uma temperatura dada), permite estimar a pressão no Inferno, por menos que se conheça o volume total dos condenados, e, portanto, antes mesmo de se conhecer o número deles; veremos mais adiante que essa questão tem uma longa história. Healey presume, de forma bem razoável, que a vasta maioria dos humanos que realmente existiu encontra-se no Inferno, ou por seu paganismo, para a maioria, ou por seus pecados, no caso dos cristãos. Isso daria, em ordem de grandeza, uma população de aproximadamente 10 bilhões. Para um corpo humano médio que ocupa um volume de cerca de 50 litros, obtém-se um volume total inicial de 5.10^8 m^3 sob a pressão terrestre (antes da reclusão) de 1 atmosfera. Mas o vale de Geena, tendo uma superfície de aproximadamente 7.10^6 m^2 (segundo medições diretas feitas no terreno, em Jerusalém), quando se colocam ali duas camadas de condenados (Healey deixa claro: "Presumi que não há mais de duas camadas de condenados, pois senão aqueles das camadas intermediárias escapariam ao pleno rigor do Inferno"), chega-se a um volume total final de aproximadamente 10^7 m^3. Portanto, segundo a lei de Boyle-Mariotte, uma pressão de cerca de 50 atm. Ora, a temperatura de liquefação do enxofre aumenta rapidamente com a pressão, e, como Healey calcula a partir da equação de Clausius-Clapeyron, ela ultrapassa 525°C assim que a pressão ultrapassa 2,9 atm. Pode-se então ter certeza de que, se o enxofre é líquido no Inferno, é porque sua temperatura é amplamente superior. Por mais canicular que o Paraíso seja, ainda assim ele é (muito) menos quente do que o Inferno e continua sendo a melhor opção de uma estada eterna. A moral escatológica está salva.

Mais recentemente, dois físicos espanhóis observaram na *Physics Today* — revista profissional americana — que o cálculo inicial da temperatura do Paraíso baseava-se em uma interpretação errônea das Escrituras.[7] Após consultas ao bispo auxiliar de Madri, esses autores consideram que a passagem citada de Isaías indica um fator de 8 (= 1 + 7) somente entre as intensidades da irradiação sobre a Terra e no Paraíso; portanto, aplicando novamente a lei de Stefan, a temperatura paradisíaca $T_{Par} \approx 505$ K $\approx$ 232°C seria apenas superior à do chumbo derretido e, com certeza, inferior à do Inferno.

Por fim, segundo um rumor relativamente recente (1997?), certo dia um professor de física americano teria proposto aos seus estudantes o seguinte tema de exame: "O inferno é exotérmico ou endotérmico?" — ou seja, para os não-especialistas, ele produz ou absorve calor? A resposta, atribuída a um estudante particularmente brilhante, baseia-se em duvidosos jogos de palavras inglesas — está no Anexo 1, p. 116.

Esses raciocínios e cálculos provavelmente divertem apenas os especialistas (e olhe lá...), em todo caso aqueles que ainda têm um espírito de colegial. Entretanto, a (re)descoberta de trabalhos científicos anteriores sobre temas semelhantes, mas de um outro caráter, obriga a considerar com mais seriedade essas brincadeirinhas eruditas.

Galileu no Inferno de Dante

A primeira contribuição científica séria ao estudo do Inferno data de 1587. Trata-se de *Duas Lições sobre a forma, o lugar e a grandeza do Inferno de Dante*, defendida diante da Academia florentina por um promissor jovem erudito chamado Galileu Galilei.[8] Não há qualquer espírito zombeteiro ou imitador nesse trabalho realmente sério. Trata-se na realidade de um ensaio de exegese literária encomendado a Galileu em virtude de sua nascente reputação. Ele aproveita essa ocasião para que suas competências matemáticas sejam reconhecidas, excelente operação de promoção para um ambicioso de 24 anos, que, pouco depois disso, obterá uma cadeira de matemática na Universidade de Pisa. Após ter publicado suas primeiras obras científicas (o *De Motu* e *La Bilancetta*), Galileu quer mostrar que a física matemática não é simplesmente provedora de cálculos tecnicamente eficazes, mas pode dar sua contribuição aos mais nobres debates culturais e adquirir assim um status intelectual comparável ao das humanidades clássicas.[9] Galileu é de fato solicitado pelos acadêmicos florentinos para resolver uma controvérsia literária quanto à interpretação do *Inferno* de Dante. Em 1506, havia sido publicada uma descrição, atribuída ao florentino Antonio Manetti, da geografia e da geometria do Inferno como descritas por Dante — de modo muitas vezes obscuro. Tratava-se especialmente de estimar a validade das representações figuradas do Inferno propostas por Botticelli por volta da década de 1490 para uma suntuosa edição ilustrada, seguindo os primeiros esboços de Giuliano da Sangallo. Essas figuras baseavam-se em dimensões cifradas explícitas extraídas do texto de Dante — não sem cálculos complexos — e exigiam, dos círculos cultivados da época para os quais a *Divina Comédia* constituía uma referência central, que fossem cuidadosamente estabelecidas. Porém, em 1544, Alessandro Velutello, de Lucas, então rival de Florença, publicou uma severa crítica à obra de Manetti e propôs para o Inferno de Dante uma descrição bem diferente. Para decidir esse debate é que Galileu foi chamado; e ele o fez, de forma bem natural, em favor do florentino Manetti.

Vale a pena ler o programa que Galileu oferece, um verdadeiro *abstract*, como se diz hoje em dia para os artigos científicos:

> Primeiramente, consideraremos a forma e a grandeza totais do Inferno, tanto no absoluto quanto em comparação com toda a Terra.
> Em segundo lugar, veremos onde ele está situado, ou seja, abaixo de qual superfície terrestre.
> Em terceiro lugar, veremos em quantos níveis — diferentes entre si por sua distância maior ou menor do centro do mundo — ele está dividido, quais desses patamares são simples e quais são formados por vários patamares ou degraus, e com quantos.

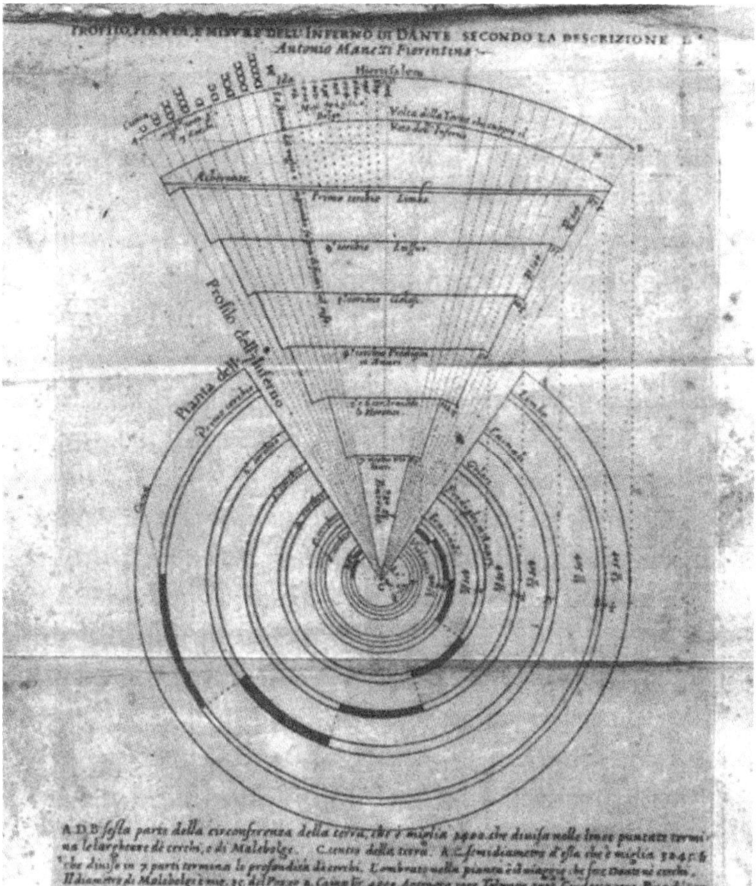

Corte do Inferno de Dante
segundo A. Manetti, Edição Crusca (1595).

> Em quarto lugar, mediremos os intervalos que se encontram entre um patamar e o seguinte.
> Em quinto lugar, encontraremos as larguras máximas de cada patamar, círculo e degrau.
> Em sexto lugar, após termos considerado os pontos essenciais sobre os quais acabamos de falar, contaremos de maneira breve a viagem feita por Dante ao Inferno, e, isso feito, mencionaremos alguns detalhes particulares, úteis ao perfeito conhecimento desse lugar.

Escolhendo com cuidado e comentando os versos adequados de Dante, Galileu começa confirmando a descrição de Manetti: o Inferno é uma cavidade cônica cujo cume se encontra no centro da Terra, e cujo eixo transpassa a superfície da Terra em Jerusalém (evidentemente...); o círculo que é a sua base tem um diâmetro igual ao raio da Terra,[10] o que significa dizer que, visto em corte, esse cone desenha um triângulo equilátero. E é nesse momento que Galileu coloca em ação todo o seu saber:

> Caso deseje conhecer [a] grandeza [do Inferno] em relação a todo o aglomerado de água e de terra, não devemos seguir a opinião daqueles que escreveram sobre o Inferno, estimando que ele ocupava a sexta parte do aglomerado;* de fato, se fizermos nossos cálculos de acordo com o que é demonstrado por Arquimedes em seus livros *Da esfera e do cilindro*, descobriremos que o espaço do Inferno ocupa um pouco menos do

---

* Sobre um corte central da Terra que passa pelo eixo do cone, o setor infernal ocupa de fato um sexto da superfície do disco. Alguns, leigos em geometria em três dimensões, poderiam, pois, pensar que a mesma proporção vale para os volumes. Ver Anexo 2, p. 117.

> que a décima quarta parte do [volume] do aglomerado. Digo isso mesmo que esse espaço chegasse até a superfície da Terra, o que não acontece, pois sua embocadura permanece coberta por uma imensa abóbada de terra, no cume da qual se encontra Jerusalém, e que tem como espessura a oitava parte do meio diâmetro.

Os tratados de Arquimedes eram então bem pouco conhecidos e faziam parte da matemática mais erudita, que os comentadores precedentes de Dante, literatos puros, certamente não dominavam. Seria interessante verificar rapidamente as avaliações de Galileu com a ajuda das expressões algébricas disponíveis atualmente (mas que permanecem de nível universitário — ver Anexo 2, p. 117).

Galileu, em seu comentário, não se considera simplesmente um matemático e faz uso igualmente de sua perícia de físico. É nessa qualidade que ele emitirá uma crítica devastadora contra os comentários de Velutello. De fato, este último concebia os sucessivos patamares do Inferno como porções de cilindro com paredes paralelas ao seu eixo comum. Galileu observa de forma muito justa que tais paredes não seriam de forma alguma verticais, dado que, para isso, deveriam ser formadas por um raio passando pelo centro da Terra: em dois pontos distantes, as direções das verticais locais não são paralelas, mas convergentes. Dessa forma, os penhascos que limitam tais patamares cilíndricos são de fato oblíquos em relação à vertical e com uma inclinação pronunciada, portanto absolutamente instáveis:

> Se [Velutello] supõe que a ravina se ergue entre margens eqüidistantes entre si, teremos as partes superiores sem suportes para mantê-las, e por isso, irremediavelmente, elas desmoro-

> narão. Sabe-se, com efeito, que, ao cair, os corpos pesados seguem uma linha que os conduz diretamente para o centro e, se nessa linha eles não encontram qualquer coisa que os detenha e os sustente, continuarão descendo e caindo.

Dessa maneira, o problema da queda dos corpos já ocupava o espírito de Galileu, mesmo quando lia Dante! Enfim, é a resistência dos materiais que ele invoca, como experimentador, para responder às objeções feitas contra a existência da abóbada que cobre o Inferno:

> [Segundo alguns], parece impossível que a abóbada que recobre o Inferno, tão fina quanto deve ser com um Inferno tão alto, possa se sustentar sem desabar e cair no fundo do abismo infernal, [...] caso não seja mais espessa do que o oitavo do meio diâmetro [...]. Pode-se facilmente responder que esse tamanho é realmente suficiente: de fato, quando se considera uma pequena abóbada, fabricada segundo esse raciocínio, que teria um arco de 30 braças, restar-lhe-ia como espessura 4 braças aproximadamente [...]; [mas se] tivesse apenas uma braça, ou 1/2, em vez de 4, ela já poderia se sustentar.

Aos olhos de uma teoria moderna da resistência dos materiais, como aquela iniciada pelo próprio Galileu cerca de 40 anos após a sua última obra-prima, os *Discursos sobre duas ciências novas,* o argumento não é muito válido (não mais do que aquele por meio do qual, em uma passagem pitoresca, ele tenta avaliar por homotetia a altura de Lúcifer — seu resultado é de 2.000 braças). Pode até ser que Galileu tenha rapidamente compreendido seu erro de raciocínio, devido a uma concepção puramente geométrica, não levando em conta as leis da escala que dizem respeito às propriedades físicas da matéria. E é a tomada de consciência desse desprezo que estaria na origem dos trabalhos de Galileu sobre a resistência dos materiais.[11] Dessa forma, as *Lições sobre o Inferno*, obra matemático-literária de juventude e de circunstância, talvez tenham tido uma importância capital na história da física. Em todo caso, essas considerações sobre a abóbada do Inferno mostram a vontade que Galileu tinha de garantir a coerência de sua descrição no plano não apenas da geometria, mas também da mecânica, e de utilizar para esses fins exegéticos o conjunto de seus conhecimentos científicos disponíveis.[12]

Claro, não se tratava de forma alguma, nem no início do século XV para Manetti ou Velutello e os seus leitores, nem no final desse mesmo século para Galileu e os seus ouvintes, de levar a sério a descrição de Dante do ponto de vista teológico. Simplesmente, a importância de sua obra para a cultura toscana tornava evidente a necessidade de comentá-la e compreendê-la sob todos os seus aspectos — inclusive topográficos —, de maneira a tornar mais fácil uma leitura tão difícil.[13] Aliás, estudos não menos apaixonantes podem ser realizados a respeito de um outro grande poeta, John Milton,[14] cuja visão do Inferno enseja uma geografia complexa e muitos outros aspectos físicos.[15] Notemos de passagem que o jovem Milton, em 1638, visitou o velho Galileu durante a prisão domiciliar deste em Arcetri, e que é citado explicitamente em seu poema.

A teologia natural do Inferno

Se Galileu encontrava no Inferno poética para fazer com que o valor cultural da ciência fosse reconhecido, alguns dos seus sucessores se lançariam na teologia, reivindicando o direito da ciência de se meter na religião. A leveza italiana cedia o passo à gravidade inglesa. De meados do século XVII a meados do século XVIII, toda a ciência inglesa será marcada pela vontade obsessiva de provar a sua compatibilidade com a religião, a obra de Newton fornecendo o primeiro exemplo. Galileu tinha afirmado a separação das duas esferas ("A ciência nos diz como se comporta o Céu, e a religião como chegar a ele", segundo sua fórmula). Apesar de sua viva reação inicial, a Igreja romana não tardará em conviver com essa posição. Por outro lado, na Inglaterra, uma poderosa corrente, ao mesmo tempo científica e religiosa, visava à recombinação desses campos, procurando estabelecer uma "teologia natural" em que o saber viria sustentar a fé, e a razão confortar a revelação. A questão do lugar e da natureza do Inferno apresentava-se então como um objeto de pesquisa científica perfeitamente admissível e tratado com muita seriedade.

Dessa forma, o reverendo John Wilkins (1614-1672) publicou, em 1638, uma obra propondo que a Lua é um mundo provavelmente habitado.[16] Com a finalidade de demonstrar sua tese, ele se dedicará a refutar a tese de um certo F. Ribera, que colocava o Inferno na Lua (segundo uma antiga gesta céltica de São Brandão), atribuindo-lhe um diâmetro de 200 milhas.[17] Wilkins apóia-se nas observações do jesuíta Lessius (que, no entanto, mantém o Inferno no centro da Terra), observando que as dimensões são certamente exageradas, uma vez que permitiriam a tal Inferno abrigar 800 bilhões de danados, ao passo que ele (Lessius) estima esse número em 100 bilhões. Wilkins acrescenta o seguinte comentário:

> O audacioso Lessius foi bem astuto ao supor que todos possam ter espaço suficiente no Inferno. A estranheza dessa conjectura mostra que ele preferiu se deixar levar pelo absurdo a aparentar falta de caridade ou de ciência. Lembro-me, a esse respeito, que Plínio narra como o matemático Dionisiodoro, uma vez morto, mandou do lugar de sua última morada uma carta a alguns de seus amigos informando-os sobre a distância entre o centro da Terra e a sua superfície. Ele pôde prevenir as posteriores controvérsias informando-os igualmente sobre a capacidade máxima do lugar.

Além do mais, Wilkins, que mais tarde se tornará secretário da Royal Society, escreveu uma obra de iniciação à ciência de seu tempo, que parece ter sido lida com paixão pelo jovem Newton — bem como aquele que se acaba de se citar.[18]

Newton, justamente, teve como assistente e sucessor em Cambridge William Whiston, autor de uma das obras mais emblemáticas da teologia natural, publicada em 1717.[19] Ele propõe uma das idéias mais engenhosas, que o cavaleiro Louis de Jaucourt, em seu excelente artigo "Inferno" da *Enciclopédia*, documentado e espirituoso, descreve da seguinte forma:

> Whiston propôs uma nova opinião sobre a localização do Inferno. Segundo ele, os cometas devem ser considerados

> como infernos destinados a conduzir alternativamente os danados para os confins do Sol, para que ali sejam grelhados pelo seu fogo, e transportá-los sucessivamente para as regiões frias, obscuras e horríveis para além da órbita de Saturno.[20]

Não seria nenhuma surpresa que, na visão de Whiston, os cometas também estivessem destinados a ser os agentes do Apocalipse.

Dez anos depois, em 1727, Tobias Swinden, pároco em Kent, publica *An Enquiry into the Nature and Place of Hell*, rapidamente traduzido para o francês.[21] Ele propõe uma outra solução para o problema, embora bastante natural. Mais uma vez, pegamos emprestado o enunciado de sua teoria de Jaucourt:

> De acordo com [as] idéias [de Swinden], o próprio Sol é o inferno local [...]. Swinden, para defender seu sistema, começa deslocando o Inferno do centro da Terra. A primeira razão alegada é que esse lugar não pode conter uma considerável provisão de enxofre ou de outros materiais ígneos para manter um fogo perpétuo e tão terrível em sua atividade quanto o do Inferno, e a segunda é que o centro da Terra deve carecer de partículas nitrosas que se encontram no ar e impedem que esse fogo se apague. [...] Ele alega ainda que não se encontraria de forma alguma no centro da Terra lugar suficiente para conter o número infinito de anjos maus e de homens proscritos.

É a química então que é aqui invocada para socorrer a teologia. Notar-se-á que a revolução de Lavoisier, algumas décadas mais tarde, teria reforçado o argumento de Swinden, caso ele ainda fosse discutido, ao mostrar que a ausência de oxigênio no centro da Terra impediria qualquer combustão — ainda que, mais tarde, a geologia derrube essa conclusão ao provar que o "fogo central" não tinha necessidade de carburante... Mas Jaucourt diverte-se em opor a Swinden argumentos tomados emprestado dos Padres da Igreja, Tertuliano e Santo Agostinho — "que afirmam que Deus, por um milagre, fornece ar ao fogo central" —, para acrescentar, sempre de forma irônica, que "a autoridade desses Padres, tão respeitável em matéria de doutrina, não é incontestável quando se trata de física". Ele prossegue discutindo o inevitável argumento demográfico que se encontra até nos pastiches citados no começo deste ensaio quanto ao número e ao volume dos danados. Citaremos novamente Jaucourt:

> Sabe-se que Drexelio confinou o Inferno no espaço de uma milha cúbica da Alemanha e que fixou o número de danados em cem mil milhões. [Swinden] conclui que é impossível colocar uma multidão tão grande de espíritos em um lugar tão estreito [quanto o centro da Terra] sem admitir uma penetração de dimensão, o que [para Swinden] é absurdo em boa filosofia, mesmo em relação aos espíritos, pois, se assim fosse, ele diz que não vê por que Deus teria preparado uma prisão tão grande para os danados, uma vez que eles poderiam ser empilhados em um espaço tão estreito quanto um forno de padeiro. Poder-se-ia acrescentar que, o número de proscritos devendo ser muito extenso e os proscritos devendo um dia queimar em corpo e em alma, é preciso necessariamente admitir um inferno mais espaçoso do que aquele imaginado por Drexelio, a menos que se suponha que, no Julgamento Final, Deus criará um novo suficientemente vasto para conter os corpos e as almas. Mas somos meros historiadores.

E Jaucourt conclui com uma prudente ironia:

> Deixamos ao leitor a apreciação de todos esses sistemas, e nos contentaremos em dizer que é bastante singular querer fixar o lugar do Inferno, quando as Escrituras, por seu silêncio, indicam-nos muito bem o que deveríamos reter sobre esse assunto.

Mais recentemente, em 1877, o argumento demográfico foi explorado por um livre-pensador belga, Neiht (?), a fim de demonstrar a inexistência do Inferno.[22] Ele desenvolve um cálculo — que, aliás, deixaria estupefato os estatísticos da população — que o conduz ao número de 34.326.414.259.684.461.000 humanos nascidos até o ano 2000, desde a Criação, que ele situa em 2107 a.C. (o que subestima seriamente o resultado de sua estimativa, uma vez que a datação bíblica canônica coloca a Criação em 4004 a.C.). Supondo, "caridosamente", ele diz, que todos os "papistas" sejam salvos, ou seja, 1/7 da população terrestre atual (ele faz, porém, as necessárias correções históricas), sobram mesmo assim 29.422.641.251.519.917.000 danados que devem ser colocados. Sendo o volume médio de um humano avaliado por Neiht em 1/20 m^3, o volume total dos danados, uma vez empilhados (o que represente talvez uma forma até então negligenciada dos tormentos deles), seria o de uma esfera com um raio de 705,504 km. E Neiht conclui:

> Como, no Juízo Final, reunir 34.326.414.260 bilhões de ressuscitados nos 60 milhões de metros quadrados do vale de Josafá para julgá-los e como, então, enfiar a 5.660 km de profundidade nas rochas os 29.422.641.251 bilhões de condenados à danação eterna?

Preocupado em dar conta de todas essas hipóteses, ele finalmente examina o caso em que, "de acordo com alguns naturalistas alemães", a origem do homem remontaria a 80.000 anos, o que exigiria para os danados um volume três vezes superior ao da Terra. Podemos nos tranqüilizar, pois a ciência moderna torna dessa forma ainda mais impossível a existência do Inferno.

Nas fronteiras da ciência

É fácil considerar hoje em dia que nem a geometria poética de Galileu, nem a física teológica dos eruditos ingleses, nem as piadas termodinâmicas dos físicos contemporâneos fazem parte da "verdadeira" ciência. Mas, a partir disso, não concluamos rápido demais que desapareceram definitivamente todas as suas implicações infernais.* Em 2001, o júri IgNobel, que todo ano recompensa os mais extraordinários trabalhos (até certo ponto) científicos,** atribuiu seu prêmio de astrofísica ao televangelista Jack Van Impe, por ter mostrado, em um programa de televisão e em seu website, que os buracos negros seriam atualmente os melhores candidatos para a localização do Inferno; aliás, a mesma idéia havia sido proposta em 1996 pelo reverendo Howard D. Armstrong, da First Electronic Church of America. E, por outro lado,

* Vamos nos abster aqui de qualquer comentário sobre suas *aplicações* infernais, sem, no entanto, deixar de observar que a referência ao Inferno é uma das metáforas mais freqüentemente utilizadas para descrever a guerra nuclear.

** A página oficial do Prêmio IgNobel na web indica que, para recebê-lo, é necessário ter publicado um trabalho "que primeiro faça rir e, depois, pensar".

uma referência ao Inferno continua sendo invocada em um dos campos mais modernos da astrofísica contemporânea. A comparação tornou-se até mesmo um verdadeiro clichê, quando se trata do planeta Vênus: seu solo esmagado pela pressão de 90 atmosferas de uma atmosfera de gás carbônico, conduzido a uma temperatura de 480°C, atingido por chuvas de ácido sulfúrico e fulminado 25 vezes por segundo, transforma-o, de fato, em uma estada bem infernal. Certamente é uma metáfora, mas há inocentes nesse assunto? Vale mais a pena aceitar ver aí a pregnância em nossas representações, e até no coração da ciência contemporânea, de arquétipos culturais mais profundos e mais estáveis que se acredita. Poder-se-iam, aliás, encontrar referências ao Inferno em muitos outros campos científicos. Somente como exemplo, lembremos que Darwin havia batizado as ilhas Galápagos, solo tão fecundo para a sua teoria da evolução, de "os jardins do Inferno".

Essa exploração sumária de um filão esquecido da história das ciências me parece em todo caso permitir alguma renovação do debate meio envelhecido sobre os critérios da cientificidade que aplicamos a esse ou àquele enunciado, a fim de lhe atribuir ou de lhe recusar o selo de "qualidade ciência". Nem a lógica da argumentação — contraditória, segundo as boas regras metodológicas —, nem o rigor dos cálculos ou a exatidão dos fatos de observação não fazem essencialmente falta nem aos sérios estudos infernais da teologia natural nem aos (mais ou menos...) engenhosos embustes da física moderna. Daí se vê que aquilo que caracteriza a admissibilidade de um enunciado no *corpus* científico advém menos de uma apreciação de sua validade do que de um julgamento sobre a sua pertinência. Aliás, a contraprova é fácil, dado que muitas das asserções da ciência tal como ela é feita

— a maior parte, sem dúvida — revelam-se errôneas sem, no entanto, desqualificar as pesquisas que as produziram, a partir do momento em que o seu interesse é reconhecido pela coletividade erudita. Desse ponto de vista, a oposição clássica entre uma história das ciências internalista, privilegiando as dinâmicas intrínsecas aos trabalhos disciplinares, e uma história externalista, privilegiando os efeitos do seu entorno social, perde muito de seu vigor. Pois a questão da pertinência reconhecida a esse ou àquele programa de pesquisa permite justamente estabelecer elos entre a organização conceitual de um campo de pesquisas e suas determinações culturais, ideológicas, econômicas ou políticas.

Dessa forma, a questão clássica da validação ou da refutação das idéias científicas perde em importância, em proveito de considerações sobre sua qualificação ou sua desqualificação. De fato, muitos trabalhos são abandonados sem jamais terem sido expostos a uma crítica explícita e anulatória; muitas vezes, é de modo insidioso que as vias da pesquisa tomam uma outra orientação, deixando de lado, à beira da estrada abandonada, terrenos explorados pela metade. Se poucos trabalhos científicos alcançam o Paraíso do reconhecimento definitivo, poucos também são condenados ao Inferno do esquecimento ou da rejeição absoluta. A maior parte se encontra no Purgatório.

[Este trabalho beneficiou-se de informações e comentários amavelmente dados por Chiara Basso, Marcel Blanc, Michel Blay, Lucette Degryse, Thierry Gontier, Thomas Settle e Nicolas Witkowski.]

Anexo 1. **O Inferno é exotérmico ou endotérmico?***

O professor S., da Universidade de O. (Escola de Engenharia Química), é conhecido por propor nos exames questões como: "Por que os aviões voam?" A primeira e única questão dada no exame de maio de 1997 de seu curso "Transferência de massa, de energia e de impulsão" foi: "O Inferno é exotérmico ou endotérmico? Desenvolva uma demonstração em apoio à sua resposta."
A maior parte dos estudantes baseou seu comentário na lei de Boyle ou alguma variante. Um deles raciocinou da seguinte maneira:

Qual a taxa de almas que entram ou saem do Inferno? Podemos, parece-me, levantar a hipótese bastante plausível de que, uma vez no Inferno, uma alma não sairá mais dali. Quanto às almas que entram no Inferno, consideremos as diferentes religiões existentes atualmente no mundo. A maior parte afirma que, se você não divide a mesma fé, irá para o Inferno. Mas, como há mais de uma dessas religiões e ninguém pertence a duas ao mesmo tempo, podemos deduzir que todos vamos para o Inferno. Dadas as taxas de natalidade e de mortalidade, o número de almas no Inferno não pode, portanto, crescer exponencialmente. Consideremos agora a variação do volume do Inferno. Segundo a lei de Boyle, há duas possibilidades:
1) se o Inferno se dilata a uma taxa inferior à da chegada das almas, sua temperatura e sua pressão crescerão de maneira infernal, e ele absorverá o calor (endotermia);
2) se, por outro lado, o Inferno se dilata a uma taxa superior, sua temperatura e sua pressão diminuirão até que ele congele e libere calor (exotermia).
Mas, em virtude do axioma de Theresa M., que no ano passado indicou-me que "haverá uma noite glacial no Inferno antes que eu durma com você", e levando-se em consideração que isso ainda não aconteceu, a hipótese 2 deve ser rejeitada.
Portanto o Inferno é endotérmico.

O estudante, Tim D., obteve uma menção Muito Bom.

---

* Existem várias versões dessa história (em inglês) na Internet. Elas são até mesmo repertoriadas em um site consagrado às lendas urbanas. Os nomes do professor e do estudante são diferentes de uma para outra, o que coloca uma séria dúvida sobre a confiabilidade da referência. Também foi por isso que suprimi esses nomes e adaptei o texto.

ANEXO 2. **A geometria do Inferno segundo Galileu**

Segundo Dante lido por Galileu, o Inferno é um abismo cônico cujo cume está no centro da Terra, e o círculo de base em sua superfície, o meio ângulo no cume valendo $\theta = 30°$.

Nessas condições, R sendo o raio da Terra, a altura do cone vale $h = R \cos\theta$ e o raio de sua base $r = R \sin\theta$.

A espessura máxima da abóbada que o fecha é $d = R\,(1 - \cos\theta)$, ou seja, numericamente $d/R = 0{,}134...$, um pouco mais de 1/8, conforme o que Galileu afirma.

Quanto ao volume do cone, ele é de $V_{\text{Inferno}} = \frac{1}{3}\pi r^2 h = \frac{1}{3}\pi R^3 \sin^2\theta \cos\theta$, ou seja, relacionado ao volume total da Terra $V_{\text{Terra}} = \frac{4}{3}\pi R^3$,

$V_{\text{Inferno}}/V_{\text{Terra}} = \frac{1}{4}\sin^2\theta\cos\theta$; numericamente, obtém-se

$V_{\text{Inferno}}/V_{\text{Terra}} = 1/18{,}46...$

Se o Inferno "chegasse até a superfície da Terra", e que não se levasse em conta o volume da abóbada que o recobre, o volume da cavidade seria $V'_{\text{Inferno}} = \frac{2}{3}\pi R^3\,(1 - \cos\theta)$, ou seja, $V'_{\text{Inferno}}/V_{\text{Terra}} = \frac{1}{4}(1 - \cos\theta)$; numericamente, aqui $V'_{\text{Inferno}}/V_{\text{Terra}} = 1/14{,}92...$, um pouco menos do que a décima quarta parte, como escreveu Galileu.

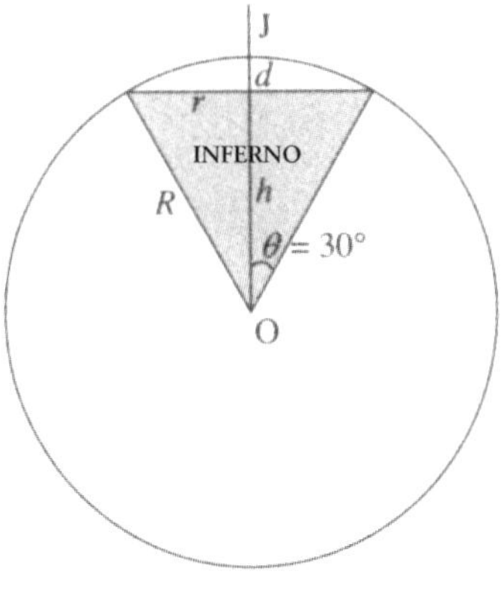

A Terra e o Inferno de Dante (em corte)

A legenda áurea da física moderna

Um folclore revelador

São inúmeras as anedotas que correm a respeito dos cientistas — muitas vezes os únicos elementos de sua vida ou de sua obra conhecidos pelos leigos. O folclore einsteiniano, cuja coletânea exaustiva preencheria alguns volumes, é um dos maiores exemplos,[1] como o são, há muito tempo, as narrativas que colocam em cena Arquimedes (pulando de sua banheira para correr inteiramente nu pela rua gritando "*Eureka!*", ou, demasiado absorvido em seus cálculos, recusa-se a responder à intimação de um soldado romano que então o trucida) ou Galileu (murmurando "*Eppur si muove!*" diante do tribunal da Inquisição). É uma verdadeira doxografia, comparável, guardada as devidas proporções, às *Vidas dos homens ilustres* compiladas por Plutarco na Antigüidade. Uma primeira função evidente dessas anedotas é constituir uma vulgata, muitas vezes caricatural, da atividade científica, considerada como esotérica por natureza. A maior parte dos clichês que caracterizam a representação comum da ciência (do cientista distraído ao cientista louco) encontra nelas inúmeras ilustrações.

Nesse contexto, a física moderna oferece uma mitologia bem particular. Essa ciência conheceu durante a primeira metade do século XX uma verdadeira Idade do Ouro. Por mais conveniente que seja essa expressão, é preciso dizer que ela se justifica plenamente. A revolução quântica, cujos prolegômenos fundadores remontam a 1900 (Planck, a termodinâmica da radiação), a 1905 (Einstein, o efeito fotoelétrico) e a 1913 (Bohr, a constituição do átomo), se desenvolveria de maneira impetuosa a partir dos anos 1920 (Heisenberg, Schrödinger, de Broglie, Dirac, Born, Pauli, Fermi, citando apenas os cabeças-de-chave) e, em apenas uma década, culminaria em uma teoria coerente e fecunda. A estrutura dos átomos, sua ligação química no interior das moléculas, como, em escala maior, as propriedades da condutividade (elétrica e térmica) dos sólidos cristalinos e, em escala menor, a combinação e a coesão dos núcleos, e depois a descoberta da antimatéria — levaríamos muito tempo para descrever as realizações desses "trinta anos que abalaram a física".[2] As poucas dezenas de físicos engajados nessa aventura intelectual tinham plena consciência de seu caráter excepcional. As singularidades de suas personalidades, muitas vezes poderosas e, em todo caso, demasiado diferentes, não os impediram de experimentar um forte sentimento de pertencimento a um grupo de elite. Como sempre em tais momentos, o coletivo se expressa, talvez bem mais do que nas obras propriamente ditas, pela narração de suas circunstâncias, em que rapidamente simples anedotas adquirem a forma de anais épicos. Em gêneros bem diferentes, poder-se-ia evocar aqui os exemplos da revolução artística do Quatrocentos italiano, que encontrou o seu chantre em Vasari (nas suas *Vite de' più eccelenti architetti, pittori e scultori italiani*, 1550) ou da gesta napoleônica. O que me interessa aqui é menos esse papel de alguma forma fundador de um episódio histórico novo pela sua lenda (que os exemplos citados do Renascimento italiano ou do Império ilustram) do que a função estabilizadora e normativa dessa lenda pela busca de um novo paradigma, artístico, político ou, como é o caso, científico.

Para a física da primeira metade do século XX, constituiu-se então um vasto conjunto de historietas, complacentemente relatado e certamente enfeitado, às vezes por seus protagonistas e, na maior parte das vezes, pelos seus comensais ou seus epígonos. Para além de sua função de representação destinada ao público, o efeito dessas lendas no próprio interior da coletividade científica também é importante e, sem dúvida, mais complexo. O caso particular do *corpus* relacionado ao "pai fundador" da teoria quântica (a expressão é comum entre os próprios físicos), Niels Bohr, foi tratado e analisado de modo minucioso por Catherine Chevalley em um artigo inovador.[3] Ali, ela indica como o mito doxográfico de Bohr ilumina o clássico problema epistemológico da aceitação das novas teorias mostrando "a utilização de uma referência aos indivíduos no estabelecimento da crença de que uma teoria é verdadeira".

Depois da Idade do Ouro da física moderna, as sucessivas gerações de físicos fundamentalistas, a partir dos anos 1940, conservaram cuidadosamente esse tesouro doxográfico e o enriqueceram, transformando-o em um elemento constitutivo da identidade profissional. O jovem pesquisador que, nos anos 1960, aprendia os arcanos da física moderna recebia, junto com os conceitos da teoria quântica, a saga de seus fundadores. A transmissão dessas narrativas iniciáticas acompanhava os cursos ou, muitas vezes, os momentos de sociabilização entre mestres e estudantes, na hora do chá do laboratório ou durante as pausas dos colóquios. Sua função social primeira era certamente a de garantir a integração dos aprendizes na comunidade pelo viés da aceitação de sua hierarquia. Mas, de modo mais profundo, tratava-se também de inculcar, de forma bastante implícita, um certo número de normas de comportamento profissional, pois, ao mesmo tempo que recomenda o exemplo dos mestres, exige dos aspirantes, e esse ponto é essencial, uma certa modéstia: como os santos, os grandes cientistas devem ser imitados — com plena consciência de que não podem ser igualados. Com o risco de diminuir o humor (aliás, muitas vezes, fraco ou duvidoso) de algumas dessas histórias, seria interessante, para uma melhor compreensão do funcionamento da coletividade, tentar explicitar o seu sentido.[4]

A ferradura da sorte de Bohr

Niels Bohr recebeu um dia um de seus colegas em sua pequena fazenda no interior da Dinamarca. Vendo uma ferradura da sorte pregada em sua porta, o amigo exclamou: "Não vai me dizer, Niels, que você, um espírito científico e racional, acredita nessas coisas?" "Evidentemente que não", respondeu Bohr, "mas, você sabe, parece que funciona mesmo quando não se acredita."*

---

* Niels Bohr (Copenhague, 1885 — id. em 1962), Prêmio Nobel de Física em 1922, fundador da teoria quântica moderna e mestre incontestável da física dos anos 1920-1930.

O inventor de uma nova idéia não tem qualquer razão para nela acreditar de imediato. Aliás, quanto maior é a sua cultura, mais numerosas são as objeções que surgem em seu espírito, as situações aparentemente inexplicáveis para essa idéia, as contradições irreconciliáveis com as idéias admitidas. Por isso, a marca de um gênio não é somente, e talvez não essencialmente, a capacidade de conceber uma teoria extraordinária, e sim o espírito de perseverança que conduz, contra toda expectativa racional, a explorar a estrutura e a desenvolver as conseqüências da teoria, na esperança de que aquilo funcionará *mesmo que ainda não se acredite naquilo*. Foi assim que Planck, levado a conjecturar uma descontinuidade radical nas trocas de energia entre matéria e radiação, fundando então a teoria dos *quanta*, referia-se a essa idéia como uma "hipótese desesperada"; mas seu desespero não o impediu de realizar com sucesso os cálculos fundados sobre essa hipótese. Com certeza, inúmeras idéias científicas revolucionárias foram, antes de serem enunciadas por seus célebres autores, imaginadas por outros, conhecidos ou não, que não tiveram a audácia de levá-las adiante e recuaram diante das primeiras dificuldades. No fundo, essa historinha contém uma lição pascalina: a fé não é dada de antemão. Calcule e você acreditará.

Pode-se também dizer que é a *má-fé* que o pesquisador deve muitas vezes mostrar diante de suas próprias idéias. É preciso que ele aja *como se* acreditasse nelas, apesar das evidências contrárias, e muitas vezes com base em pouquíssimos elementos. Esse acreditar-sem-(nisso)-acreditar foi observado com ironia, mas com pertinência, por Paul Claudel: "Os cientistas partilham com as crianças, das quais muitas vezes possuem a alma simples e astuta, essas qualidades simpáticas, sendo uma a devoção à idéia, e a outra, a sinceridade na má-fé."

Uma convicção sem prova

Richard Feynman, ao apresentar em um colóquio seus últimos trabalhos em física de partículas, anuncia um novo e surpreendente resultado. Após o seminário, um dos ouvintes o interroga: "Dick, é muito bom esse resultado, mas você o demonstrou?" E Feynman responde: "Mas por que você quer que eu o demonstre, uma vez que é verdade?"*

É incrível que semelhante história tenha sido relatada a propósito de Newton, simplesmente em relação à sua lei da gravitação universal. Quando anunciou a Halley que a forma elíptica das trajetórias planetárias decorria da lei da força do inverso do quadrado da distância, este último lhe perguntou: "Mas de onde você tirou essa idéia? Você provou?" "Não, mas eu sei! Se você me der alguns dias, encontrarei essa prova para você." E foi o que fez. A similitude dessas duas anedotas prova, sem dúvida, a existência de uma narração primitiva, de um arquétipo repetido de era em era, e remontando, quem sabe?, a Arquimedes.

Temos aqui o complemento da lição precedente: claro que não se é obrigado a *acreditar* em suas idéias, mas é necessário ter a convicção de sua veracidade. A fé e o conheci-

---

* Richard P. Feynman (Nova York, 1918 — Los Angeles, 1988), Prêmio Nobel de Física em 1965, foi um dos teóricos mais completos e mais originais do segundo terço do século XX, dotado de uma forte personalidade extrovertida. Junto com Einstein e Bohr, ele é certamente o herói de um dos mais importantes *corpora* doxográficos.

mento não caminham necessariamente juntos — mais uma referência a Pascal. Era também o que dizia de forma eloqüente Salvador Dalí: "Eu *sei* que vou morrer, mas não *acredito* nisso." O que vale para a verdade científica também vale para a existência de Deus, de acordo com o que Jung dizia: "Eu não preciso acreditar, eu sei."

A demonstração é secundária em relação à convicção. A argumentação racional certamente pode (e deve) defender o ensino e a difusão das novas idéias; ela não pode de forma alguma acompanhar sua concepção e sua eclosão. Como, de fato, justificar uma ruptura em nome da razão que, em sua essência, é discursiva e, portanto, continuísta? É exatamente isso que Feyerabend, que adoraria ser epistemólogo dadaísta, queria dizer com o seu famoso aforismo *"Anything goes"*, muito mal interpretado em geral como uma afirmação de relativismo desenfreado, mas que preferencialmente quer dizer "tudo é bom" (ou pode sê-lo), a partir do momento que se trata de produzir algo novo.[5]

A SOMA DA SÉRIE

John von Neumann era conhecido por sua energia e por sua incomparável rapidez de cálculo mental. Um dia lhe foi submetido o seguinte problema:*

---

* John von Neumann (Budapeste, 1903 — Washington, 1957), matemático e físico teórico, contribuiu tanto para o desenvolvimento da teoria quântica quanto para o da informática, sem falar de sua obra capital na matemática pura.

Dado que A e B são duas cidades distantes em 1.000 km, dois trens partem no mesmo momento, um (1) de A em direção a B, o outro (2) de B em direção a A, cada um a uma velocidade de 100 km/h. Uma supermosca, voando a 150 km/h, parte de A em direção a B no mesmo instante que o trem (1). Ela voa ao encontro do trem (2), faz meia-volta quando o encontra e então parte em direção (1), faz meia-volta quando o encontra e então parte em direção (2) etc. Queremos saber qual o comprimento total do trajeto percorrido pela mosca até o momento em que os trens se cruzam.

Há uma maneira idiota e uma maneira inteligente de resolver esse problema. A primeira consiste em calcular o comprimento de cada uma das etapas sucessivas do trajeto em ziguezague percorrido pela mosca, depois efetuar a soma dessa série (geométrica), o que, mesmo estando ao alcance de um aluno do último ano colegial, exige alguma reflexão e um certo tempo, principalmente se não tem nem lápis e papel. A segunda, imediata, consiste em observar que os trens se cruzam depois de terem percorrido a metade do caminho entre A e B, ou seja, 500 km, o que exigiu cinco horas; a mosca, durante esse tempo, terá então percorrido 5 × 150 = 750 km.

Ora, Von Neumann dá imediatamente a resposta correta. Decepcionado, seu interlocutor exclama: "Ah, pensei que você fosse calcular a soma da série!" "Mas eu calculei a soma da série!", respondeu-lhe Von Neumann.

O jovem pesquisador a quem se contou essa história não é Von Neumann e não faz o cálculo de cabeça em alguns segundos. Cabe-lhe então compreender que essa historinha é um apelo para que não se jogue de cabeça em cálculos complexos, por mais evidente que pareça essa maneira de resolver uma questão. É preciso que ele aprenda a observar o problema colocado e a discernir os vários caminhos de abordagem possíveis. John Wheeler enunciou o que se poderia chamar de um "Princípio zero da física teórica": "Jamais calcular antes de se conhecer o resultado!" Traduzindo: antes de começar um procedimento calculatório exato, mas complexo e contendo muitos riscos de erro, tentar avaliar o resultado esperado por meio de vários métodos aproximativos e heurísticos.

Pode-se, aliás, acrescentar que a detecção de seus próprios erros de cálculo é certamente uma das competências essenciais dos pesquisadores e um dos segredos mais bem guardados da profissão, uma vez que essas técnicas (sim, existem métodos provados a esse fim) praticamente jamais são ensinadas antes do nível de formação profissional.

A MARGEM DE ERRO

Piotr Kapitsa, recém-saído de sua formação em Moscou, desembarcou em Cambridge para ali tentar trabalhar no laboratório de Rutherford,** mestre da física nuclear, então no auge de sua glória. Rutherford o recebeu com indiferença;*

---

* Piotr Kapitsa (Kronstadt, 1894 — Moscou, 1984), Prêmio Nobel de Física em 1978, foi um dos mestres da física soviética; ele descobriu e estudou o fenômeno de superfluidade.

** Ernest Rutherford (Nelson, Nova Zelândia, 1871 — Cambridge, 1937), Prêmio Nobel de Química em 1908, descobriu a existência do núcleo atômico em 1913 e fez do laboratório de Cavendish, de Cambridge, o centro da física nuclear nos anos 1920-1930.

seu laboratório já estava superpovoado, e ele realmente não pretendia recrutar um novo pesquisador. "Mas quantos doutorandos trabalham com o senhor?", perguntou-lhe Kapitsa. "Pelo menos uns trinta." "E qual é a precisão média de suas experiências?" "Aproximadamente de dois a três por cento." E Kapitsa, radiante, exclamou: "Então, com essa margem de erro, o senhor nem mesmo notará um estudante a mais!" Ele foi efetivamente aceito.

O jovem Kapitsa provara efetivamente aos olhos de seu futuro patrão sua profunda competência de físico. A física só é uma ciência exata na medida em que ela conhece suas margens de erro, ou melhor, de incerteza.[6] Isso é o que deveria constituir um dos elementos essenciais do ensino rotineiro da física no ensino médio: uma iniciação ao bom uso dos números e de sua confiabilidade. Nenhuma medida experimental em física pode ser levada a sério (e nem é publicada) se os resultados numéricos não são acompanhados de sua margem de confiabilidade: o comprimento dessa mesa é de 125 cm, com meio centímetro para mais ou para menos.

Aprendi essa lição não pela anedota contada acima, mas por uma nota atribuída a um de meus trabalhos de física, na aula de matemática superior, e que me deixou desconcertado quando o recebi de volta. Um lindo zero, bem redondo, sancionava um problema, todavia, perfeitamente compreendido e para o qual eu fizera os cálculos com uma extrema precisão — seis ou sete décimos. E é aí que o sapato aperta: os meus resultados numéricos eram exatos demais para serem honestos, mais precisos que os dados iniciais sobre os quais eles eram fundados. Nenhuma outra nota alta foi mais útil do que aquela nota baixa.

O efeito Pauli

Wolfgang Pauli, um dos mais brilhantes teóricos de uma geração, no entanto rica, era conhecido por seu espírito sarcástico ("Não está nem mesmo errado!" era um de seus comentários favoritos diante de um artigo medíocre ou "Tão jovem e já um desconhecido!" a respeito de um iniciante sem talento). Puro teórico, ele tinha a reputação de provocar, por sua simples presença em um laboratório, o mau funcionamento da aparelhagem e o fracasso das experiências em andamento — era o chamado "efeito Pauli".*

Um dia, uma explosão destruiu o laboratório de física da Universidade de Berna. Um físico desse laboratório, ao encontrar Pauli alguns dias depois e lhe contar o incidente, observou: "Pelo menos, dessa vez você não teve nada a ver com isso!" "A que horas foi esse acidente?", perguntou Pauli. "Às onze horas da manhã; por quê?" "Bem, nesse dia eu ia para Zurique, e foi exatamente nessa hora que o meu trem passou pela estação de Berna."

O período heróico da física moderna foi a um só tempo o de um advento e de uma renúncia. Ao mesmo tempo que os físicos ensinavam a compreender a matéria com uma profundidade inédita e a manipulá-la com uma precisão inesperada, eles deviam, como indivíduos, renunciar a conduzir de forma conjunta essas duas tarefas. Iniciada já no fim do século XIX, a separação entre teóricos e experimentadores tornou-se absoluta e irredutível durante as primeiras

* Wolfgang Pauli (Viena, 1900 — Zurique, 1958), Prêmio Nobel de Física em 1945, trouxe contribuições essenciais para a física moderna; ele é conhecido pelo seu intercâmbio com o psicanalista Ernst Jung.

décadas do século XX. Somente alguém como Fermi iria ascender a um nível mais alto do que esses dois planos.

É preciso, portanto, no começo de uma carreira de pesquisador na física, escolher: ou os papéis ou as máquinas. Ou a mão na massa ou a cabeça.

A historieta anteriormente faz de Pauli o arquétipo do teórico que não apenas não pode, mas principalmente não deve sob qualquer pretexto tocar de perto ou de longe a aparelhagem. Ela assenta uma verdadeira norma comportamental para o jovem pesquisador. Curiosamente, essa anedota, que poderia parecer essencialmente depreciativa, é na maioria das vezes contada pelos teóricos com uma certa auto-satisfação ainda que de forma irônica pelos experimentadores. Assim é o prestígio, assimétrico, do puro espírito.

Adivinhem quem?

Richard Feynman foi um dos mais jovens físicos recrutados durante a Segunda Guerra Mundial no seio da brilhante equipe do Projeto Manhattan de construção das primeiras armas nucleares. O trabalho ali era controlado por severas normas de confidencialidade e cofres-fortes com segredo, cujos códigos eram mantidos pelas autoridades militares, guardavam pouco a pouco os resultados mais importantes. Feynman transformou-se em um especialista em descobrir esses códigos e em abrir as fechaduras, deixando no cofre um pequeno recado manuscrito: "Adivinhem quem?"*

---

* Ver anteriormente, p. 124.

Essa é a questão colocada aos seus colegas por todo pesquisador quando decodifica os segredos da Natureza e descobre uma combinação até então desconhecida que abre a porta de um novo compartimento do saber. Mas o trabalho científico é hoje em dia tão coletivizado e banalizado que sua singularidade individual foi praticamente banida. O que ainda pode significar, com efeito, a noção de autor, quando, como se tornou comum na física de partículas e até mesmo na bioquímica, um artigo é assinado por uma centena de mãos? A assinatura dos artigos nas revistas especializadas tem apenas como função atestar aos olhos das instituições que empregam os pesquisadores a realidade do trabalho efetuado. Raríssimos são aqueles cujo nome permanecerá sob a forma de um efeito X, ou de uma fórmula de Y, ou de um método de Z. E mais raros ainda são aqueles cuja assinatura seria inútil, tanto o seu estilo singular os denunciaria imediatamente. Feynman foi um dos raros nesse caso: ele não tinha necessidade de assinar para ser reconhecido. No fundo, não há autoria que valha, caso ela não traduza uma autoridade.

Uma célebre brincadeira de George Gamow* ironicamente já levantava essa questão. Com seu colaborador Robert Alpher, em 1948, Gamow se preparava para publicar um artigo sobre a cosmogênese que se tornou precisamente célebre, uma vez que previa a existência da radiação cósmica fóssil, observada mais tarde (Penzias & Wilson, 1965), e que consolidou a teoria dita do Big-Bang. *In extremis*, Gamow acrescentou aos nomes dos autores o de seu amigo

---

* George Gamow (Odessa, 1904 — Boulder, Colorado, 1968), além de suas incríveis contribuições à física nuclear e à cosmologia, concorreu de maneira amável para a vulgarização da física moderna com sua série *Mister Tompkins*; ver também a nota 2, p. 328.

Hans Bethe,* que não havia participado de forma alguma do trabalho (mas que, como físico de grande renome, poderia ter...). Foi um esplêndido golpe de publicidade, uma vez que esse artigo de Alpher, Bethe, Gamow tornou-se imediatamente célebre sob o evidente acrônimo de $\alpha\beta\gamma$.

Zorro e o observador

*Bohr,*** *mais uma vez, adorava cinema, especialmente os* westerns *ruins, e para lá levava muitas vezes os seus jovens colegas. Na saída de uma projeção, ele considerava a história pouco verossímil: "Que o bandido fuja levando a moça como refém, tudo bem. Que a ponte desabe no exato momento em que a carruagem a atravesse é pouco plausível, mas por que não? Que a jovem fique suspensa acima do precipício é ainda menos provável, mas até posso admiti-lo. E até mesmo que Zorro, a cavalo, chegue nesse exato momento e a salve. Mas que, durante esses acontecimentos, tenha justamente um cara com uma câmera filmando tudo isso é uma coincidência extraordinária demais para que eu possa aceitá-la."*

Essa anedota remete evidentemente ao intenso debate epistemológico que envolveu os primórdios da teoria quântica ao longo dos anos 1920-1930 e mais especialmente à insistência dada por Bohr e seus colaboradores ao papel ativo do observador. Segundo a doutrina daquela que foi chamada mais tarde de Escola de Copenhague, não há obser-

---

* Hans Bethe (Estrasburgo, 1906 — Ithaca, N.Y., 2005), Prêmio Nobel de Física em 1967, deu importantes contribuições à física nuclear, particularmente aplicada à astrofísica estelar.

** Ver anteriormente, p. 122-124.

vação neutra e passiva, e qualquer medição efetuada em um sistema físico necessariamente o perturba. Não se pode, portanto, olhar o operador da câmera como exterior à ação que ele filma, e ele deve ser considerado sob o mesmo plano que os personagens da cena. É simplesmente a questão da objetividade que é assim colocada; segundo uma frase-chave atribuída a Bohr e repetida com freqüência (mas sem uma referência confiável!), "somos ao mesmo tempo atores e espectadores no teatro do mundo".

O caráter inovador da teoria quântica exigia uma profunda reinterpretação epistemológica para que ela pudesse se impor. É surpreendente ver como essa reinterpretação, pelo menos em sua forma inicial, abriu seu caminho na consciência dos físicos por vias distintas, certamente por discussões abstratas dos conceitos fundamentais, mas também por metáforas concretas (o microscópio de Heisenberg, o gato de Schrödinger, entre as mais célebres) e historietas agradavelmente pedagógicas, como essa que acabamos de contar. Que essas narrativas emblemáticas tenham muitas vezes como protagonista ou narrador Niels Bohr, o profeta da nova doutrina, não surpreende; seria muita ousadia aproximá-las das parábolas do Novo Testamento? Em todo caso, tornadas quase canônicas, tais narrativas participaram por muito tempo da formação profissional dos jovens quânticos. Mas o ponto de vista da Escola de Copenhague, antes constitutivo de uma doxologia epistemológica dominante, perdeu hoje em dia muito de sua força e, em todo caso, de sua hegemonia, o que talvez explique o relativo esquecimento do gênero.

O TÁXI E O NOBEL

Richard Feynman, mais uma vez, após ter recebido o Prêmio Nobel (em 1965), foi evidentemente assediado pela mídia. No dia seguinte a uma breve entrevista televisionada sobre seus trabalhos, ele tomou um táxi. "Estou lhe reconhecendo", diz o motorista; "o senhor não é o cara do Nobel?" "Sim, sou eu." "Eu o vi ontem à noite na televisão, mas não entendi nada do que o senhor disse." "Sinto muito, mas é muito difícil de explicar." "Não fique chateado! Esses jornalistas que lhe pediram para contar suas descobertas em cinco minutos, se eu fosse o senhor, eu os teria mandado passear, dizendo-lhes que, se pudesse isso ser contado em cinco minutos, não mereceria o Prêmio Nobel."*

Isso serve para tranqüilizar o pesquisador hoje em dia mais e mais solicitado a "comunicar" sobre os seus novos trabalhos na mídia — pela própria instituição à qual ele pertence, preocupada com a visibilidade e com a valorização. Uma boa parte da coletividade científica mantém uma forte resistência passiva a essas imposições, e se fortalece na viva consciência do caráter, por natureza esotérico, dos trabalhos de pesquisa, em sua grande maioria tão especializados e tão tecnicizados que sua vulgarização parece muitas vezes uma missão impossível. É indiscutível que o conhecimento científico no estado nascente, ainda frágil e mal estruturado, não é demasiado apto à transmissão e vale muito mais ter sobre ele uma percepção lúcida do que se lançar às cegas em operações de vulgarização definitivamente ilusórias.

---

* Ver anteriormente, p. 124.

Mas o fato de que a anedota associa essa lição ao nome de Feynman permite mostrar também que a extrema dificuldade do compartilhamento do saber não basta para concluir sobre sua impossibilidade e para eliminar a questão. Pois Feynman é, com toda a razão, conhecido não somente por seus trabalhos inovadores em física teórica, como também por seu talento de vulgarização fora de série. Tanto seus célebres cursos de iniciação à física quanto suas conferências dirigidas a um público amplo caracterizam-se por uma capacidade excepcional de livrar de toda tecnicidade supérflua os aspectos mais profundos das teorias físicas. Portanto, a conclusão real de seu encontro com o motorista de táxi é a de que isso não pode ser contado em cinco minutos, claro, mas não há pressa: temos todo o tempo para nos explicarmos — e isso realmente vale a pena!

A ARTE DE (NÃO) RESPONDER

Paul Dirac um dia faz um seminário. No final, a tradicional sessão de perguntas começa. Um ouvinte levanta a mão e o presidente da sessão lhe dá a palavra: "Não compreendi muito bem como o senhor passou daquela expressão, acima à esquerda no quadro-negro, para a fórmula que está bem abaixo." Ausência total de reação por parte do orador, o silêncio se prolonga, incomoda a audiência, e o presidente acaba por intervir: "Professor Dirac, o senhor não quer res-*

* Paul Adrien Maurice Dirac (Bristol, 1902 — Tallahassee, Flórida, 1984), Prêmio Nobel de Física em 1933, espírito original e solitário, foi um dos fundadores da teoria quântica.

ponder à pergunta do nosso colega?" "Mas", replica Dirac, "não é uma pergunta, só uma constatação."

Expor oralmente os seus trabalhos em seminários ou colóquios é uma das inevitáveis tarefas profissionais do pesquisador. É incrível que uma atividade tão exigente, que requer, além de um grande domínio conceitual das idéias a serem desenvolvidas, uma séria competência linguageira e uma compreensão das relações humanas com o auditório, jamais seja praticamente objeto de uma formação explícita, e permaneça a maior parte do tempo abandonada a um aprendizado feito de forma improvisada. No mínimo algumas anedotas, como essa (que expressa também o temperamento mais que reservado e introvertido de Dirac), chamam a atenção dos jovens cientistas para as dificuldades desse exercício. É uma arte, com efeito, saber responder (ou não responder) às questões de um auditório nem sempre acolhedor.

O mesmo vale para as tarefas de ensino, uma vez que inúmeros pesquisadores também são universitários. Não existe, no entanto, qualquer tipo de curso para formar os professores do ensino superior, paradoxalmente bem menos preparados para a sua profissão do que os do ensino médio e fundamental. É muito justo que, para preveni-los contra algumas transgressões didáticas, várias historietas bem conhecidas circulem quanto ao comportamento nem um pouco pedagógico de célebres cientistas diante dos seus estudantes. Por isso, essa do célebre professor (segundo algumas versões, pode se tratar do matemático Hardy, de Norbert Wiener ou de outros mais), que, após ter escrito uma longa equação no quadro-negro, declara "agora é evidente que..." e começa a escrever a linha seguinte; no final de alguns minutos de reflexão silenciosa, seu rosto se ilumina, ele retoma "sim, é realmente evidente", e continua sem qualquer explicação.

Uma outra historieta, com o mesmo objetivo, evidencia, em um caso extremo, a arte teórica que o orador deve mostrar ao longo (e principalmente no final) de uma apresentação oral, diante de um público que dessa vez é leigo. Muitas vezes, o mais difícil não é não responder às perguntas, mas *não* estar ali para respondê-las.

Um grande físico (não definido, ainda que, às vezes, Einstein seja citado — mas só se empresta aos ricos), tendo recebido o Prêmio Nobel, parte para uma longa turnê de conferências. Por comodidade, ele viaja de carro com um motorista que o acompanha a todos os lugares. Uma noite, cansado de repetir sempre o mesmo seminário, pede ao seu motorista que o substitua. "Mas, Professor, como poderei fazê-lo?" "Você ouviu minha conferência tantas vezes que já a conhece de cor, e de qualquer maneira eu lhe passo o texto. Eu lhe pagarei o dobro dos meus bons honorários." "Mas, e se houver perguntas?" "Você bem viu, são sempre as mesmas, você também conhece as respostas!" O motorista deixa-se convencer, troca o seu uniforme pelo terno do cientista e instala-se na tribuna. Sentado, com o seu boné, na última fila, o físico desfruta sua noite de repouso, ao passo que a conferência transcorre tranqüilamente — bem no momento em que, no final, um ouvinte perverso levanta uma questão realmente difícil. O falso cientista não perdeu a linha: "Ah, é uma pergunta tão fácil que até mesmo o meu motorista, ali no fundo da sala, pode respondê-la!"

*

* *

Teríamos ainda que compreender a especificidade, no tempo da história das ciências e no espaço de suas disciplinas, desse folclore físico. Parece, com efeito, que essa cultura oral tem diminuído consideravelmente entre os jovens físicos ao longo das últimas décadas, e que as outras ciências, mesmo as mais eminentes, como a biologia molecular, jamais viram o desenvolvimento de uma tradição tão arraigada. Não se pode deixar de ver aí o efeito da tecnicização e da especialização extremas que afetaram esses campos. A física moderna da primeira metade do século XX considerava-se, e por isso era considerada, como um campo de prestígio, cujos atores usufruíam de um status intelectual privilegiado, que as lendas aqui relatadas afirmavam e ampliavam. A submissão tanto da física quanto da biologia a uma tecnociência pesada e os problemas colocados à consciência coletiva por essa transformação têm, evidentemente, acarretado uma forte diminuição do reconhecimento social da pesquisa fundamental, inclusive entre os seus praticantes. Essa depreciação do meio tem como efeito natural a degradação de seus mecanismos de autovalorização. Uma prova *a contrario* é fornecida pela matemática, em que o sentimento elitista permanece muito vivo, e cujo folclore profissional, sem dúvida ainda mais vasto e mais antigo que o dos físicos, parece ainda vigoroso. Portanto, a doxografia dos físicos que esboçamos revela muito de sua disciplina até mesmo em sua decadência.

Rapsódia einsteiniana

Duas ou três coisas que sei sobre Albert

> "A única coisa que deveria ser ensinada, martelada, enfiada a golpes de cassetete 'internetário' nos crânios dos terráqueos, tanto pelos importantes acadêmicos quanto pelos importantes cientistas [*sic*], é a relatividade geral da existência e tudo que gira em torno: o espaço, o tempo, a vida, a morte, o sofrimento, a felicidade, a liberdade, a verdade, a beleza, a matéria. Mas também: o aumento do preço da gasolina, Claudia Schiffer na *Elle* e na *Lui*, o real salário dos falsos jornalistas etc."
>
> *Le Vilain Petit Canard* ("Jornal do debate filosófico na cidade", n.º 31, setembro-outubro de 1999).

O ano 2005, centenário da publicação dos célebres artigos de Einstein, foi decretado pela Unesco "ano mundial da física". A obra e a vida de Einstein foram então celebradas sob todos os ângulos — ou quase. As nótulas que seguem são uma espécie de diário desse ano passado na companhia obrigatória da "pessoa do século",* que tenta revelar alguns aspectos menos conhecidos ou menos divulgados sobre sua figura e o seu legado.

O PESO DO MITO

Vá até a rua e peça a um(a) transeunte que lhe dê o nome de um(a) cientista — sem precisar a nacionalidade, a disciplina, a época. Com certeza, você terá como resposta "Einstein". O Google atesta de forma eloqüente a extrema celebridade do pai da relatividade. Procure na rede o número de páginas consagradas a este ou àquele personagem.** Antes de se entregar a esse exercício, você gostaria de fazer uma aposta sobre os três primeiros colocados? Sim, Einstein está entre eles, mas em terceiro lugar: com um pouco mais de 60 milhões de páginas, pela ordem, encontramos Harry Potter, Cristo e Einstein. Os outros competidores estão bem atrás. É preciso descer abaixo de 30 milhões de páginas para encontrar, com mais de 20 milhões, Hitler, Napoleão, George Bush e — até mesmo — Bach e Mozart. Entre 20 e 10 milhões, Galileu (o segundo cientista da classificação), Platão, Kant, Picasso, Leonardo da Vinci, Freud. As outras figuras importantes do século XX, Chaplin, Marilyn Monroe, De Gaulle, Churchill, Che, situam-se entre 5 e 10 milhões.

---

* ... considere-se do século XX, segundo a classificação do *Time* no ano 2000.

** Com certeza, esse critério é discutível, não somente por causa do domínio anglo-saxão na rede, mas também porque ele não distingue as páginas consagradas ao indivíduo daquelas que enviam aos lugares, às instituições ou às marcas que possuem o mesmo nome. Mas, afinal de contas, esses dados remetem à notoriedade do personagem.

Quanto aos cientistas, eles estão bem atrás: nem mesmo Newton chega a ter 5 milhões, Marie Curie está um pouco atrás, com 4 milhões, Copérnico, Pasteur, Bohr ultrapassam apenas 2 milhões, e Maxwell deve se contentar com menos de 1 milhão. Em número de páginas de imagens, e só considerando o século XX, Einstein só perdeu para Marilyn Monroe.

Naturalmente, a publicidade se apossou de seu ícone. Mesmo que, a esse respeito, não seja demasiado surpreendente a competição de diversas empresas de informática e de tecnologia (Apple, iGrafx, Nikon, Tatung, TNBC etc.) — bem como da indústria farmacêutica (Abbott) —, talvez seja divertido ver vendedores de bebidas (Coca-Cola, Carlsberg, Perrier) lucrar com a famosa foto de Einstein mostrando a língua — de sede... —, ou uma marca da moda utilizar a mesma foto (com um Einstein vestindo uma jaqueta jeans) por causa do seu anticonformismo. São incontáveis os sites na Internet que vendem camisetas, bonés, gravatas e até mesmo macacões para bebês com a efígie de Einstein, ou então exibindo a equação $E = mc^2$ — sem contar os inúmeros *gadgets* e ímãs, figurinhas e bonecas, cartazes e cartões-postais etc. Façamos uma menção especial aos selos com a efígie de Einstein, emitidos em diversas datas comemorativas (1955, 1979, 2005, em particular); eles são calculados em muito mais de uma centena, e não há país no mundo que não os tenha imprimido. Não será nenhuma surpresa saber que os direitos e licenças de utilização da imagem de Einstein são gerenciados cuidadosamente por um importante escritório jurídico e financeiro americano — aquele que vela igualmente pelos interesses comerciais ligados ao uso do nome e da imagem de Rodolfo Valentino e de Maria Callas. Para quem quiser provar que a física fundamental tem importantes conseqüências econômicas, valeria a pena avaliar o lucro dessa imensa empresa coletiva.

O mundo editorial não fica atrás. Existem atualmente mais de 2.000 livros cujo título tem o nome de Einstein. Além de um fluxo contínuo de obras de vulgarização e de ensaios de filosofia e de história das ciências — com uma fornada muito especial em 2005 —, inúmeros romances (especialmente os policiais e os de ficção científica) e novelas usam Einstein como protagonista.* No teatro também: antes mesmo de *Einstein on the Beach*, famoso espetáculo de Bob Wilson (com uma música de Phil Glass com o mesmo título), o grande dramaturgo suíço-alemão Friedrich Dürrenmatt, em sua peça tragicômica *Os Físicos*, colocava em cena um (falso) louco que pretendia ser Einstein; e sabe-se que o último projeto teatral de Brecht, apenas esboçado, teria sido consagrado a uma *Vida de Einstein*, seqüência e, sem dúvida, aprofundamento de sua obra *Vida de Galileu*. Várias outras peças vieram a seguir.

Nem a música popular negligenciou esse filão, principalmente no ano comemorativo de 2005. Daremos apenas alguns exemplos. Dois físicos, W. Smith e M. McKenzie, escreveram três canções einsteinianas: *Divine Einstein*, *The Photon and the Wave* e *The Relativity Song* (tendo como base a melodia da *Pequena Sereia* de Walt Disney...); dois cantores já tinham de forma independente consagrado uma canção ao cérebro de Einstein.** E foi com a bênção do Institute of

* Encontra-se no Apêndice (p. 178-179) uma lista (bem seletiva) de alguns dos mais interessantes entre essas obras de ficção.

** Essas canções (de N. Caswell e L. Harrison, respectivamente) inspiraram-se no livro de M. Paterniti, cuja referência está na bibliografia no Apêndice.

Physics britânico que o rapper londrino DJ Vader escreveu uma canção (de amor!), *Einstein, not Enough Time.* Alguns grupos de rock escolheram como nomes "Forever Einstein" (título de seu recente álbum: *Racket Science*...), "$E = mc^2$" (dois grupos: no Canadá e na Polônia) ou (na França, há pelo menos uns quinze anos) "Einstein", do qual vale a pena citar a letra da canção mais importante, intitulada *Albert*:

> Coloquei minha roupa de roqueiro para sair
> E então, na esquina da rua,
> Um velho homem num cartaz me mostrava a língua,
> O cara que elaborou a teoria da relatividade.
> Não sei como não me toquei antes
> Que ele realmente se parecia com um roqueiro!
> Que teria concebido uma teoria rock para me fazer viajar!
> $E = mc^2$, estou te dizendo: Albert era um roqueiro!
> Na escola, nunca pensei nisso,
> Mas, agora, sei que o rock é energia!
> É muito simples, é a mesma coisa,
> Estou te dizendo, este cara era um roqueiro!

Mas, sem dúvida, o cúmulo do paradoxo é atingido quando se vê Einstein, tão cioso de sua liberdade de pensamento e um individualista obstinado, dar seu nome a diversos softwares, e até mesmo transformado em robô pela tecnociência moderna, como o mostra essa recente nota da imprensa:

> O robô humanóide coreano Albert Hubo, que tem o rosto de Albert Einstein, tornou-se o astro do fórum da APEC

(Cooperação Econômica Ásia-Pacífico) que aconteceu em novembro de 2005 na Coréia do Sul. O humanóide mede 1,37 m e sua cabeça contém 31 motores que lhe permitem modificar a expressão facial; ele também pode rir, fechar e piscar os olhos, ou ainda ficar com um ar ameaçador quando é muito provocado. Esse robô fala a língua dos sinais graças aos seus cinco dedos articulados.

O cinema também aproveitou esse filão. Deixemos de lado os múltiplos documentários, documentários/ficções e filmes pedagógicos. Esqueçamos essa triste comédia sobre um cão cientista batizado de Einstein e a catastrófica palhaçada musical *Einstein Junior* (resumo: "Albert Einstein, quando jovem, viveu uma movimentada vida na Austrália, onde, apaixonado por Marie Curie, passava seu tempo inventando novas coisas, como o surfe, as bolhas na cerveja, a guitarra elétrica e, principalmente, o rock'n'roll"). Mas salvemos de um desmerecido esquecimento um filme do excelente diretor britânico Nicholas Roeg (que dirigiu Mick Jagger em *Performance* e David Bowie em *The Man Who Fell to Earth*). Em 1985, ele dirigiu *Insignificance* (baseado em uma peça de T. Johnson), que narra um encontro fortuito no começo dos anos 1950, em um hotel nova-iorquino, entre Einstein e Marilyn,* durante uma noite de insônia compartilhada (sem segundas intenções). Sua dor comum em carregar o fardo da fama subentende

* E também com o senador McCarthy, que promoveu a "caça às bruxas" anticomunista, e Joe Di Maggio, campeão de beisebol e primeiro marido de Marilyn.

uma troca espiritual e charmosa, que faz desse filme uma das mais justas reflexões sobre essas duas figuras emblemáticas do século XX.

Um mito de tal amplitude é evidentemente auto-alimentado. Talvez chegue um momento em que, para além das razões da fama de Einstein, científicas e outras, sem dúvida em vias de esquecimento (relativo...), a única coisa que poderá ser dita é que "Einstein é muito conhecido por sua celebridade".

Lendas einsteinianas

Não é de hoje que um emaranhado de lendas envolve e mascara a personalidade de Einstein. Mas os mitos têm sua função e seria muito interessante analisar o sentido de alguns dos apólogos einsteinianos. Consideremos assim, entre essas múltiplas anedotas, a maior parte apócrifa e algumas vezes fantasiosa, duas das mais extravagantes.

Einstein não foi uma criança prodígio. Pelo contrário, ele falou relativamente tarde e, como escreve a sua irmã, "seus familiares se perguntavam se um dia ele conseguiria falar".[1] A fábula diz que, até aproximadamente a idade de três anos, a criança não dissera uma palavra, quando uma noite, à mesa do jantar, ele de repente pede: "Mamãe, me passa o sal, por favor." Há uma grande emoção familiar: "Mas, Albert, você está falando! Por que você não dizia nada?" "É que, até aqui, a sopa não estava sem sal." Ao contrário da figura do gênio evidente e precoce (o pequeno Mozart), Einstein ilustraria a de um retardado mental com um potencial inesperado.* Mas essa historieta sugere que a característica do talento científico é a de reagir apenas às situações anormais; ela fortalece assim uma visão redutora da atividade científica, privilegiando as rupturas de paradigma em vez da rotineira, porém importante, "ciência normal" (segundo T. Kuhn). A essa anedota meio forçada, poder-se-ia preferir uma outra frase do jovem Albert, dessa vez relatada por sua irmã Maja, mas apenas um pouco mais verossímil, pois, como se verá, caso Maja estivesse realmente presente, ela não poderia de forma alguma ter uma lembrança direta. Trata-se, com efeito, do seu próprio nascimento. Quando o pequeno Albert, a quem se anuncia a vinda de uma irmãzinha com quem poderá brincar o quanto quiser, é levado diante do berço da recém-nascida, ele a contempla e então, decepcionado, diz: "Mas, onde estão as rodinhas?"[2] Pode-se ver, basta escolher, uma prova do precoce interesse de Einstein pela mecânica ou de seu (relativo) desinteresse, não menos precoce, pelos seres humanos, que ele, aliás, reconhecia: "Eu me vendi à ciência de corpo e alma. Fuga, para longe do *eu* e do *nós*, para perto do *isso.*" (Carta para Hermann Broch, 29 de setembro de 1945.)

Nos anos 1920, em Berlim, Einstein travou amizade com Emanuel Lasker, matemático, filósofo e campeão do mundo de xadrez de 1894 a 1921. Às vezes eles se encontravam no

---

* O próprio Einstein contribuiu para essa visão, escrevendo, por exemplo: "Um adulto normal jamais pára para pensar nos problemas do espaço e do tempo. São coisas sobre as quais ele refletiu durante sua infância. Mas meu desenvolvimento intelectual foi retardado, de forma que comecei a me interrogar sobre o espaço e o tempo quando já era adulto" — declaração que tomaremos com uma certa desconfiança.

Café Romain, freqüentado pelo mundo artístico e científico berlinense. Dizem que um dia, por volta de 1925, o importante físico Max Planck jogava ali uma partida amigável com Lasker, que evidentemente lhe era superior. Mas, dessa vez, a posição sobre o tabuleiro de xadrez estava visivelmente a favor de Planck. Tratava-se de um divertido complô fomentado por um espectador, Albert Einstein, de conivência com seu amigo Lasker. Durante a partida, Einstein escorregou para baixo da mesa e delicadamente amarrou uma na outra as botinas de Planck, sem que este, animado por essa partida que esperava ganhar, se apercebesse. Quando se levantou, Einstein piscou para Lasker, que logo estendeu a mão para o seu adversário em sinal de desistência. Radiante, Planck levantou-se rapidamente e, com as botinas amarradas, perdeu o equilíbrio diante da animada platéia.[3] Essa historieta é tão incompatível com a seriedade e a austeridade dos *Herren Professoren* da época (inclusive o Einstein dessa época) que não tem qualquer verossimilhança. Contudo, que Planck, representante da "velha física", seja aqui ridicularizado por um Einstein insolente (como Salieri ridicularizado pelo jovem Mozart) não é de todo ingênuo. É mais uma maneira de propagar uma concepção heróica da ciência que só avançaria por meio das sucessivas rebeliões de jovens revolucionários que faziam cair os velhos conservadores. Que o próprio Planck tenha contribuído com esse clichê, declarando que uma nova idéia científica não triunfa convencendo seus adversários, mas impondo-se depois da morte deles, e que o próprio Einstein tenha sido mais tarde classificado entre os tradicionalistas, só faz ampliar esse lugar-comum.

EINSTEIN, UM HERÓI DA GRANDE GUERRA...

Durante a Primeira Guerra Mundial, Einstein permaneceu resolutamente fiel às suas convicções pacifistas. Nomeado professor em Berlim às vésperas da guerra, ele se recusara a retomar a nacionalidade alemã, em princípio requisitada para tal cargo, que deliberadamente trocara pela nacionalidade suíça. Foi por isso que escapou à mobilização. Sozinho ou quase entre os importantes universitários germânicos, ele se recusa a endossar, em 1914, o demasiado chauvinista "Manifesto ao mundo civilizado" (que, por outro lado, foi assinado por célebres físicos, como Lenard, Nernst, Ostwald, Planck, Roentgen, Wien). E, no entanto, é paradoxalmente à guerra que ele deve em grande parte a sua celebridade. Antes (e durante, evidentemente), seus trabalhos não são conhecidos senão pelos físicos, e sua reputação não ultrapassa muito os meios científicos. Tudo mudará de forma brusca em 1919. O fator desencadeador é literalmente científico: é a verificação, ao longo de um eclipse, das previsões da relatividade geral quanto ao desvio gravitacional dos raios luminosos, observações efetuadas ao longo de uma expedição conduzida pelo astrônomo britânico Arthur Eddington. A data é menos fortuita do que parece. Eddington, com efeito, era quacre, portanto um pacifista absoluto, e, aliás, a sua recusa em pegar em armas lhe valeu muitos ataques no início da guerra. Mas foi justamente o pacifismo de Eddington que lhe permitiu, por sua obstinação em manter relações com os cientistas alemães, conhecer logo a relatividade geral desenvolvida em 1916 por Einstein em Berlim. E o pacifismo recíproco de Einstein também foi responsável pela decisão de Eddington de se tornar um defensor de suas idéias.[4]

Um fator explicitamente político influiu igualmente. Por mais que a Alemanha vencida tenha adotado, após a queda do Reich, um regime democrático, a jovem República de Weimar permanecia diplomaticamente isolada. As elites alemãs, bastante comprometidas com o nacionalismo prussiano, não podiam mais contribuir para o restabelecimento do prestígio da cultura germânica. Por isso, Walther Rathenau, ministro das Relações Exteriores, pediu de forma explícita a Einstein, de quem se tornara amigo, que aceitasse um papel oficioso de representação por ocasião de suas viagens ao exterior, que se tornariam freqüentes.

De forma mais ampla, a fama de Einstein está intimamente ligada ao horror geral da guerra atroz que acabara de terminar e à esperança de uma nova era da humanidade. Leopold Infeld, que foi um colaborador próximo de Einstein, explica nos seguintes termos o sucesso midiático do eclipse:

> Foi após o final da Primeira Guerra Mundial. As pessoas estavam cansadas dos maus momentos e das intrigas internacionais. As trincheiras, as bombas, os assassinatos tinham deixado um gosto amargo. [...] Todos esperavam um período de paz e queriam esquecer a guerra. Então esse fenômeno poderia impressionar a imaginação dos homens. Os olhos se voltavam de uma terra coberta de túmulos para um céu estrelado. Uma idéia abstrata que distanciava o homem da tristeza cotidiana para o mistério de um eclipse solar e para o poder da inteligência humana. Uma paisagem romântica, uma breve obscuridade, a imagem de raios luminosos desviados; uma coisa tão diferente da realidade esmagadora. E uma razão a mais, provavelmente a mais fundamental: o fenômeno tinha sido previsto por um cientista alemão e verificado pelos cientistas ingleses. Os físicos e os astrônomos que, pouco tempo antes,

estavam em campos opostos agora trabalhavam juntos. Não seria isso o começo de uma era de paz? O imenso desejo dos homens pela paz era, acredito, a principal razão da crescente popularidade de Einstein.[5]

As profundas raízes culturais do mito einsteiniano estão assim ligadas ao imenso apetite por novas idéias, ao furioso gosto pela inovação, ao sentido da ruptura, que marcam o pós-guerra, quando se propagam com rapidez as concepções mais radicais, até mesmo as mais deliberadamente provocadoras. Vários artistas e escritores testificam isso. Desde os anos 1920, a relatividade tornara-se uma fonte de inspiração — ou um procedimento de justificação — para as novas formas literárias; essa influência foi particularmente bem documentada na literatura anglo-saxônica. Assim, o poeta americano William Carlos Williams, fortemente impressionado pela visita de Einstein aos Estados Unidos, publica em 1921 um poema intitulado *St. Francis Einstein of the Daffodils* (São Francisco Einstein dos Narcisos). A seguir ele desenvolverá uma nova teoria poética fundada sobre o "pé variável", que ele justifica da seguinte forma:

> Como poderíamos aceitar a teoria da relatividade de Einstein, que afeta nossa concepção desses céus sobre os quais se escreve tanta poesia, sem assimilar seu aspecto primordial — a relatividade das medidas — em nossa atividade própria, no interior de um poema? [...] A relatividade se aplica a tudo.

Lawrence Durrell, em seu famoso *Quarteto de Alexandria*, multiplica as referências explícitas à relatividade. Em um prefácio, ele escreve:

> A literatura moderna não oferecendo qualquer Unidade, voltei-me para a ciência e tento acabar um romance em quatro estágios cuja forma é baseada na noção de relatividade. Três dimensões de espaço e uma de tempo constituem a receita desse caldo misto que é o *continuum*.

São encontradas em outros autores importantes, como M. Proust e J. Joyce primeiramente,[6] mas também em R. Frost, E. Pound, V. Nabokov, T. S. Eliot, E. E. Cummings, V. Woolf e W. Faulkner, alusões mais complexas e muitas vezes obscuras, mas interessantes para compreender as concepções estéticas desses autores.[7]

Quanto às razões do eco encontrado na cultura pela relatividade, Emmanuel Berl escreve em seu romance *Sylvia*:

> A guerra havia deixado um certo desespero no coração de todos; o pós-guerra foi, todavia, uma época de esperança, de fé secreta. [...] As tônicas, enfim, não faltavam: os revolucionários tinham Lenin; as indústrias, Ford; os cientistas, Einstein; os psicólogos, Freud.

Um dos companheiros de estrada do dadaísmo, o artista e escritor belga Clément Pansaers, fortalece esse ponto de vista:

> A guerra cortou de forma dura a continuidade de todas as especulações anteriores a 1914. Se Einstein estabeleceu de forma definitiva sua filosofia do Relativismo [*sic*], foi a guerra que lhe forneceu todos os seus elementos. Antes de 1914, podíamos ter a intuição de algumas linhas de força. A interrupção completa de todas as correntes comuns da vida e o seu desvio para a destruição, ou até mesmo para a autodestruição,

tornou tangíveis algumas vias inimagináveis no dédalo organizado do atavismo que a civilização havia criado.[8]

Por fim, talvez nada explique melhor tanto a importância quanto a ambigüidade das referências políticas à relatividade do que um curioso e pouco conhecido episódio da história ideológica do jovem fascismo italiano. O próprio Benito Mussolini, em 22 de novembro de 1921, consagrava um editorial de seu jornal *Il Popolo d'Italia* ao tema "relativismo e fascismo". Como um eco direto às conferências por demais midiatizadas dadas por Einstein em Bolonha um mês antes, ele escreveu:

> Se a relatividade é a mais avançada e a mais destrutiva das construções teóricas, [...] na Itália, ela é um fato. O fascismo é um movimento super-relativista, pois nunca procurou dar uma roupagem "programática" às suas concepções complexas e poderosas, mas procede por intuições e fragmentos. [...] Tudo que fiz e disse recentemente é relatividade intuitiva.

Mussolini chegou até a utilizar a relatividade como argumento contra a cientificidade do socialismo marxista:

> Se por relatividade compreende-se o fim do cientismo, o declínio do mito "ciência" compreendido como fonte de verdades absolutas, posso me vangloriar de ter aplicado esse critério ao exame do fenômeno socialista.

Mas o desamor chegaria rapidamente. Em janeiro de 1922, o pintor e escritor Ardengo Soffici publicou no mensal fascista *Gerarchia* um artigo intitulado "Relativismo e política", em que afirmava que "a doutrina relativista" havia sido fundada "por um grupo de alemães e de judeus, ou de judeus alemães, conduzidos por Einstein", como uma "ofensiva estética e intelectual" para vingar a derrota alemã, um "complô judeu premeditado contra nossa inteligência".

Que as múltiplas caixas de ressonância ideológicas e culturais oferecidas às novas concepções do espaço-tempo tenham-nas com freqüência vivamente deformado, confundindo relatividade e relativismo, atribuindo a Einstein uma ruptura com a intuição comum já presente na física desde Galileu, e celebrando o gênio individual no exato momento em que a ciência tornava-se uma aventura coletiva, tudo isso só fez contribuir para a mitologização da figura de Einstein. Os pontos de vista críticos sobre essa deriva foram raros. Por isso, é revigorante encontrar na pena de um jovem enraivecido, desde 1926, essa análise lúcida e soberba das vulgarizações desajeitadas e de sua exploração pela mídia:

> Eis o Mau Relojoeiro, o Calendário Desonesto, o Genealogista Gago, o Mecânico dos Trajetos inconciliáveis, o Maomé matemático, Einstein aureolado com cucos e com rodinhas! Ele semeia o desespero nas famílias com pequenos problemas que levantam dúvidas sobre a idade de Papai, Mamãe começa a correr para permanecer jovem, os Bebês não mamam mais na hora certa, é a anarquia, por fim. [...] Imaginem um carpinteiro que para expressar os segredos de profissão usasse de maneira contínua uma gíria própria às rendeiras; um moinho que, em vez de girar sua roda, preferisse balir para ser compreendido pelos carneiros. [...] O uso de termos concretos, entre os quais se organiza sob a preciosa luz de uma suposição absurda uma aventura paradoxal, foi inicialmente necessário para a propagação de noções físico-matemáticas novas, que

deveriam chamar a atenção. Depois, caindo da boca dos especialistas que não formulam as restrições, para eles naturais, que essas simples metáforas comportariam, nas orelhas de asno dispostas a todos os ecos da paisagem, esses nadadores atravessando a Via Láctea, esses viajantes sobre balas de canhão, esses barcos longos como um dia sem pão, simples expressões que eram fatos dificilmente objetiváveis, tornaramse eles mesmos fatos, o essencial da descoberta, a tal ponto que todos esses algarismos incompreensíveis parece que foram rabiscados apenas para explicar como os relógios não marcavam a mesma hora, enquanto, contrariamente, os relógios só foram atrasados para comentar as equações.[9]

A RELATIVIDADE NA IMPRENSA

Mais do que fazer uma escolha difícil entre as superabundantes citações que testificam há quase um século os erros aos quais a teoria da relatividade deu lugar, concentremos nossa atenção na visita que Einstein efetuou na França, durante a primavera de 1922. Foi um acontecimento tanto político e midiático quanto científico: pouco após o final da guerra, a chegada de um "cientista alemão" suscitou reações de um chauvinismo ultrajante, ao mesmo tempo que a agitação dos "anos loucos" traduzia-se por uma verdadeira paixão mundana.[10]

A documentação sobre essa visita pode começar por algumas palavras de espírito duvidoso quanto ao atraso do trem de Einstein: "Einstein não chegou na hora anunciada. Dadas suas teorias sobre a relatividade do tempo e do espaço, não há com que se surpreender" (*La Presse*, 28 de março de 1922), ou ainda: "Tudo é relativo, como se vê, até mesmo a hora da chegada do protagonista do relativismo" (*L'Intransigeant*, 29 de março de 1922).

Abaixo, as inevitáveis extrapolações sobre a noção de relatividade que vão muito além do campo da física:

> A relatividade das coisas, dos atos e das medidas que Einstein veio nos ensinar parece a muitos, como sabemos, bem incompreensível. Contudo, sem pretender escalar as alturas da teoria einsteiniana, inacessível a quem não faz parte da elite dos matemáticos, é fácil compreender a relação existente entre as corretas finanças e a economia, perceber a relatividade das despesas que autoriza uma situação próspera ou uma situação precária [*La France*, 7 de abril de 1922].

Mas os comunistas não deixarão o capital recuperar dessa forma Einstein:

> Toda a ciência moderna tem por base o *relativismo absoluto*. Não há verdade eterna: tudo é relativo. Augusto Comte, quando declarou não conhecer senão "relações", lhe dá um golpe mortal [...]. Darwin destrói o absoluto das espécies ao fundar o transformismo biológico. Karl Marx realizou uma tarefa ainda mais difícil. Ele fundou o transformismo social e econômico. Ele atinge o coração dos privilegiados sociais que se crêem eternos. Tudo se modifica. Tudo evolui. Nada é eterno. Nada é absoluto. Tudo muda. Tudo é relativo. É o eterno devir. [...] E o mérito imortal de Einstein, que renovou a face do mundo, é ter procurado e encontrado uma base matemática e física para essa filosofia do mundo que esteve no espírito de todos os criadores do pensamento antigo e moderno. Deixo aos outros a análise detalhada das idéias einsteinianas [Charles Rappoport, *L'Humanité*, 1º de abril de 1922].

Quanto aos turiferários da cultura tradicional, eles consideram essa mania com alguma condescendência, desde que de uma perspectiva anticlerical...:

> Assim fala Einstein, e está cientificamente bem estabelecido e logicamente bem deduzido de experiências de uma delicadeza infinita — mas não é muito novo. A descoberta do não-ser do tempo, os poetas — que são adivinhos — já o tinham feito antes dos cientistas. Quando Pierre de Ronsard dirigiu-se à Eternidade em um de seus cânticos, gritava, há quatro séculos: "Para ti, não há nem passado nem presente; tu não dizes isso foi ou será,/Mas o presente sozinho aos teus pés repousa", Ronsard já praticava Einstein. E quantos outros já não o tinham praticado, dissimulando, porém, o seu ceticismo em relação a essas noções ditas absolutas, para administrar a opinião e evitar as censuras eclesiásticas!" [Marcello, *La France*, 22 de março de 1922].

... ou em uma versão nacionalista antigermânica:

> Há dez dias, são encontradas em cada esquina das ruas pessoas literalmente prostradas sob o peso do Relativismo. Este lhes parece como um monstro enfurecido, uma espécie de besta do Gévaudan vagando e devorando [...]. Elas murmuram baixinho ou clamam desesperadamente [...]: "O que vamos nos tornar? Os dados da ciência desabam. Pois não há mais tempo, não há mais espaço, mais dimensões em número limitado, não há mais nada!" Mas sim, ingênuos assustadiços, há e sempre haverá alguma coisa, fora, na margem — acima do relativismo. É justamente aquilo que o Relativismo não atinge e que faz a dignidade da espécie [...]. Seu caráter revolucionário

> pode inquietar o realismo alemão que ignora os dados puramente intelectuais. Ele só pode, ao contrário, nos tranqüilizar e nos exaltar, pois aqueles dados são nosso patrimônio exclusivo. O gênio latino, de quem a França, a Itália e a Espanha receberam a herança, tem como riqueza essencial os Imponderáveis ao abrigo do tornado devastador. O Relativismo não poderia ameaçá-los, uma vez que procedem do não-relativo, do Irrelativo [*La Presse*, 10 de abril de 1922].

Qualquer comentário seria inútil.

Bons aniversários (e outros nem tanto)

Já deveríamos saber, após tantos números especiais de revistas e de programas de rádio ou de televisão, que o ano 2005 foi decretado pela Unesco o "ano internacional da física", por ocasião do centenário da publicação dos artigos fundadores de Einstein em 1905 e do cinqüentenário de sua morte. Mas outros aniversários são igualmente pertinentes para compreender o papel da ciência física no mundo moderno.

Sessenta anos antes de 2005, em 6 de agosto de 1945, uma bomba nuclear explodiu sobre Hiroshima e três dias depois sobre Nagasaki, marcando um novo capítulo na longa história das relações entre ciência e guerra.[11] Einstein também teve a sua responsabilidade quando aceitou assinar, em 1939, uma carta crucial ao presidente dos Estados Unidos, chamando sua atenção sobre a urgência de um programa de pesquisas destinado a avaliar a viabilidade de armas nucleares, que conduziu ao Projeto Manhattan e à fabricação efetiva das primeiras bombas atômicas. A nova carta que dirigiu em março de 1945 para suplicar ao presidente que recebesse os físicos contrários ao emprego da arma não teve o mesmo efeito. Hoje, ninguém poderia decentemente criticar aqueles que, no começo da guerra, diante do risco real (ou que parecia ser) de se ver os nazistas chegarem primeiro ao poderio nuclear, engajaram-se nesse caminho. Mas aqueles que, a partir de 1945, tentaram por todos os meios esconjurar a ameaça têm direito a toda a nossa estima. Entre eles, Einstein. Portanto, um novo aniversário, e lá se vão 50 anos, em 9 de julho de 1955, em plena Guerra Fria, 11 cientistas, entre os quais 10 prêmios Nobel, publicavam um célebre manifesto (chamado "Russell-Einstein" por causa de seus dois principais signatários) pedindo aos governantes do mundo uma resolução pacífica dos conflitos internacionais para evitar a qualquer preço uma guerra nuclear. Esse manifesto esteve na origem do movimento internacional Pugwash, que, reunindo cientistas do Ocidente e do Oriente, conduziu uma incessante ação a favor do desarmamento, e teve a sua importância na *détente* que começou ao longo dos anos 1960 e continuou com o desmantelamento, sem dúvida ainda muito limitado, do arsenal nuclear das grandes potências. O décimo primeiro signatário do Manifesto Russell-Einstein não tinha (ainda) o Prêmio Nobel: era um jovem físico britânico, Joseph Rotblat, que trabalhara no Projeto Manhattan de fabricação da arma nuclear, e foi o único a pedir demissão, em 1944, após ter se tornado claro que a Alemanha nazista não poderia dispor da bomba. Rotblat foi o cabeça do manifesto e o primeiro presidente do Pugwash.[12] Fez exatamente 10 anos em 2005 que seus admiráveis esforços foram recompensados pelo Prêmio Nobel em 1995 — o da Paz, evidentemente.

Enfim, esse mesmo ano 2005 viu o desaparecimento de dois importantes nomes da física, importantes não somente pela obra científica, mas também pela constância em assumir sua responsabilidade cívica. Hans Bethe, um dos mestres da física nuclear, também trabalhara no Projeto Manhattan e depois assinara o Manifesto Russell-Einstein. E, bem recentemente ainda, quase centenário, ele se opôs vigorosamente à política americana no Iraque. Philip Morrison, outro antigo participante do Projeto Manhattan, tornou-se depois astrofísico (e pioneiro na busca de uma inteligência extraterrestre), tendo seguido a mesma trajetória. Bem raros foram os cientistas que tiveram essa lucidez. Na França, Paul Langevin, conhecido por seus engajamentos progressivos, ao tomar conhecimento do bombardeio de Hiroshima, vê no fato primeiramente uma magnífica conquista da ciência. Em 8 de agosto de 1945 (dois dias após a explosão), Frédéric Joliot-Curie enviou à AFP (Agência Francesa de Imprensa) o seguinte comunicado: "O emprego da energia atômica e da bomba atômica tem sua origem nas descobertas e nos trabalhos efetuados no Collège de France pelos senhores Joliot-Curie, Alban e Kowarski em 1939 e em 1940. Os comunicados foram feitos, e as patentes, efetuadas nessa época." Porém, ele se engajou mais tarde na luta pelo desarmamento nuclear.

Como escreveu Oppenheimer, diretor do Projeto Manhattan, a física, em Hiroshima, conheceu o pecado. Saldemos, pois, com respeito àqueles que dele se arrependeram.

Albert, Henri e os outros

Destruir o prestígio dos grandes homens é sempre um esporte estimulante. Por isso, não é de todo surpreendente que, no ano do centenário das descobertas de Einstein, tenha florescido toda uma indústria editorial visando a depreciá-lo.[13] Afinal de contas, nada mais natural do que *relativizar* suas contribuições? Infelizmente, essas tentativas oscilam entre a ingenuidade e a mesquinharia. Que Einstein não tenha criado *ex nihilo* uma nova concepção do espaço-tempo e que seu trabalho venha coroar um longo esforço coletivo, só ficarão surpresos com isso aqueles que ainda são vítimas do mito do gênio solitário. A comunidade dos físicos, apesar do seu medíocre conhecimento quanto ao seu próprio passado, adotou há muito tempo a terminologia das "transformações de Lorentz", do "grupo de Poincaré" etc., para designar noções teóricas essenciais que formam o arcabouço da relatividade einsteiniana, homenageando dessa forma os seus predecessores. Mas alguns não se contentam em derrubar essa porta aberta e, retomando um antimito já antigo,[14] chegam até a acusar Einstein de ter simplesmente plagiado as descobertas de Poincaré, que seria o verdadeiro inventor da relatividade. Aliás, todo mundo sabe que as obras de Racine são de fato devidas a Corneille, e as de Shakespeare a Marlowe ou a um desconhecido (que também se chamava Shakespeare)... E como seria agradável se a física moderna do espaço-tempo tivesse sido fundada por um grande cientista do nosso país, e, ainda por cima, politécnico, e não por um inexperiente judeu-germânico. O chato é que Poincaré, apesar de um evidente mal-estar em relação a Einstein, nunca reivindicou essa prioridade — e com toda a razão: a contribuição maior de Einstein não consistiu na elaboração de um formalismo já bem conhecido, mas em uma transformação radical de sua significação física, em particular pela eliminação do éter, ao qual Poincaré jamais renunciou.[15] É interessante lembrar que Jacques Hadamard, sem dúvida o maior matemático francês da geração posterior à de Poincaré, fez em 1924 uma conferência intitulada "Como eu não encontrei a relatividade", na qual mostrava como os matemáticos não souberam, antes de Einstein, compreender o sentido físico de noções que, no entanto, emergiam no formalismo da teoria das ondas eletromagnéticas. Ele assim escreveu:

> Os progressos da física moderna obrigam geralmente os matemáticos a muita humildade. Quando, com Poincaré, tentamos enumerar os serviços mútuos que se renderam e se rendem à análise e à física matemática, constatamos, em inúmeras circunstâncias, que a primeira é incontestavelmente previsível e que seu ativo é bem escasso ao lado das inúmeras dívidas que ela contraiu em relação à musa vizinha.[16]

Na verdade, os respectivos papéis de Einstein, de Poincaré e dos outros já foram amplamente tratados pelos historiadores das ciências.[17]

Seria interessante relembrar a reação do próprio Einstein diante de tais imputações. Sua correspondência com Max Born exemplifica-o. Em 26 de setembro de 1953, Born, que estava em Edimburgo, onde terminava sua carreira, escreveu, com efeito, a Einstein:

> Caro Einstein, [...] o velho matemático Whittaker, que aqui se aposentou e é um bom amigo meu, fez uma nova edição de sua *History of the Theory of the Æther*,[18] cujo segundo tomo já foi publicado. Ela comporta, entre outras, a história da teoria da relatividade, com a particularidade de atribuir essa descoberta a Lorentz e a Poincaré, e que os seus trabalhos são apresentados como secundários. Mesmo que esse livro venha de Edimburgo, não temo que você imagine que estou por trás dessa história. De fato, há três anos faço o possível para convencer Whittaker a abandonar essa idéia, que ele alimentava há muito tempo e gostava de propagar. [...] Mas tudo foi em vão. Ele persistiu em afirmar que o principal já se encontrava em Poincaré e que Lorentz tinha uma idéia muito precisa da interpretação física. Ora, lembro-me perfeitamente do ceticismo de Lorentz e do tempo que ele precisou para se tornar "relativista". Disse tudo isso a Whittaker, mas sem sucesso. Contudo, essa história me incomodou, pois ele é uma autoridade nos países anglófonos e muitas pessoas acreditarão nele.[19]

A resposta de Einstein, datada de 12 de outubro, é de uma incrível equanimidade:

> Caro Born, não se preocupe com o livro do seu amigo. Cada um age como crê que deve agir ou (em termos deterministas) como deve. Se ele encontrar adeptos, o problema é dele. Quanto a mim, encontrei o apaziguamento em meus esforços, mas não considero racional defender os meus poucos sucessos como minha "propriedade", como um velho avaro defende as poucas moedas que custosamente juntou. Não lhe quero mal, e muito menos a você, evidentemente. Afinal de contas, nada me obriga a ler essa coisa.[20]

É sem dúvida mais coerente e mais honesto, se quisermos atacar Einstein, refutar em bloco a teoria da relatividade. Nobel contra Nobel. Foi nesse combate dom-quixotesco que se lançou uma de nossas glórias intelectuais;[21] ele não é físico, com efeito, mas politécnico (veja só...) e, portanto, competente por hipótese. Sem dúvida ele se sentirá seguro, como economista, por esse julgamento tão antigo de um outro adversário da relatividade:

> O Senhor Einstein nos faz muitas vezes pensar, na elaboração de suas idéias e intuições, em Karl Marx, com quem ele ainda tem em comum a brilhante imaginação judeu-oriental. Todavia, se os cientistas do Ocidente possuem menos dons de imaginação do que os seus colegas da Europa Central ou Oriental, [...] eles não poderiam ficar indiferentes ao espetáculo do "pensamento dedutivo" [...] que ameaça vencer até o ponto de abalar a confiança em todo trabalho científico.[22]

Ao mesmo tempo, não será uma surpresa constatar o papel ativo representado na atual propaganda antieinsteiniana por um organismo de extrema direita, o Club de l'Horloge* — um relógio que atrasa de forma considerável.

---

* O Club de l'Horloge (Clube do Relógio) é uma associação francesa fundada em 1974 por Yvan Blot, Jean-Yves Le Gallou e Henry de Lesquen que reagrupa altos funcionários, intelectuais, políticos e universitários franceses de direita e extrema direita, e define-se como um círculo de reflexão destinado a trazer idéias para a direita francesa. (N.T.)

A RELATIVIDADE, UMA SAGRADA TEORIA

As recentes controvérsias sobre as verdadeiras origens da relatividade (Einstein ou Poincaré?) soam como totalmente caducas diante de certas revelações. Assim, a velocidade da luz, constante fundamental, viu o seu valor fixado já no século VII de nossa era! De fato, lê-se no Corão (32,5): "Do céu à terra, Ele administra o assunto, que então sobe em direção a Ele em um dia, segundo uma medida equivalente a mil anos de vosso cálculo." Segundo uma exegese bem erudita,[23] é preciso compreender que a informação chega a Alá percorrendo em um dia a mesma distância que a Lua (cronômetro essencial para o Islã) em 12.000 meses. Uma rápida estimativa da velocidade correspondente, a partir do raio da órbita lunar (por volta de 400.000 km), fornece um valor promissor, da ordem dos canônicos 300.000 km/s. Porém, mais uma vez, não passa de uma aproximação grosseira. Agora é necessário efetuar um cálculo preciso — utilizando a duração sideral (e não sinódica) do dia terrestre e do mês lunar, estabelecendo precisamente a rapidez média da Lua (a partir dos dados da Nasa), eliminando o efeito gravitacional do Sol etc. Depois de ter levado em conta essas diversas e sutis correções, encontra-se enfim uma velocidade de 299.792,5 km/s, que se compara vantajosamente ao moderno valor da velocidade da luz, fixado em 299.792,458 km/s. E esse é só um primeiro sucesso! Outras suras do Corão estabelecem a dilatação relativista do tempo (tanto em um sistema em movimento quanto em um campo gravitacional) e prevêem a existência dos pulsars e dos buracos negros. Como afirma ainda o Corão (10,5), "Alá expõe os signos para as pessoas dotadas de saber".

Infelizmente, a querela de prioridade, que se acreditava assim regularizada, corre o risco de reaparecer. Com efeito, bem antes de Maomé, foi Moisés que, em sua célebre prece, o Salmo 90, exclamou: "Pois mil anos, a Teus olhos, são como um dia" (ver também, no Novo Testamento, 2 Pedro 3,8). Claro, o erudito autor da exegese corânica citada mais acima tem a seu favor a vantagem de ressaltar que essa citação bíblica refere-se apenas ao tempo e não ao espaço; pelo menos ela continua implicando a dilatação relativista do tempo![24] Mas leremos com interesse a rigorosa crítica epistemológica que nosso especialista islamita desenvolve em relação às pretensões científicas de seus êmulos cristãos.

No momento em que a ciência contemporânea está submetida ao fogo cruzado de fundamentalistas de todos os naipes, tanto nos Estados Unidos quanto no Oriente Médio, não seria tranqüilizador ver alguns espíritos religiosos esforçando-se em reconciliá-la com a Bíblia ou com o Corão? No entanto, quando os vemos concluir que a "teoria da relatividade prova que o Corão tem razão" ou que, para Einstein, "os Salmos foram reveladores da verdade", somos tentados a pedir a Deus e/ou Alá que protejam a ciência de seus novos amigos.

Progresso da relatividade e relatividade do progresso

Apesar de a história da teoria da relatividade começar bem antes de Einstein, ela continua depois dele. Não somente sua contribuição, por mais revolucionária que tenha sido, é tributária de muitas outras precedentes, mas também não fornece evidentemente uma forma final e acabada. No entanto, ainda falta muito para que todos os desenvolvimentos conceituais do último século sejam apreciados segundo o seu exato valor.

Um século depois de sua emergência, a teoria da relatividade ainda não é bem compreendida — e não somente pelos leigos! O próprio vocábulo que a designa ("relatividade") é totalmente inadequado. Seus enunciados corriqueiros abundam em imperícias semânticas e, portanto, em confusões epistemológicas. Paradoxo maior, essa teoria, apresentada como um ápice da modernidade científica, conserva inúmeros traços primitivos. Ora, as pesquisas recentes mostram de forma eloqüente que um sério aprofundamento de seus conceitos e de suas formulações pode resultar no retorno às suas origens, anteriores mesmo a Einstein. Mesmo o princípio da relatividade é mais bem compreendido quando o deslocamos da nova forma que tomou após Lorentz, Poincaré e Einstein, e o procuramos em Galileu e em Descartes. Mas, principalmente, o exame de inúmeros trabalhos dos séculos XVII e XVIII, injustamente esquecidos, colocam em evidência uma teoria particular da luz, embrionária na física newtoniana, que abre para a teoria moderna vias de acesso negligenciadas.[25] Essas considerações contrabalançam de forma útil o ponto de vista ondulatório tradicional e atenuam suas dificuldades.

Após a ruptura epistemológica efetuada por Einstein em 1905, muitos trabalhos aprofundaram seu significado. Vários pesquisadores dedicaram-se particularmente em compreender o papel singular que a velocidade da luz parece representar nessa teoria. Na construção einsteiniana, a invariância dessa velocidade é elevada à categoria de postulado e serve, pois, de base para a construção das propriedades do espaço-tempo. Não é curioso que a luz represente um papel crucial na definição de uma estrutura que rege o conjunto dos fenômenos físicos, inclusive aqueles que não têm uma relação direta com a luz (forças nucleares, gravitação)? Essa aporia incomodou muitos comentadores e constitui ainda um considerável obstáculo pedagógico para os estudantes. Ora, desde a década de 1910, os teóricos mostravam como uma análise mais aprofundada do princípio de relatividade (via estrutura matemática de grupo) permitia dispensar o "segundo postulado", como é comumente chamada a hipótese de invariância da velocidade da luz. Mas essa descoberta não obteve muita notoriedade. Negligenciada, ela foi redescoberta, e novamente esquecida por várias vezes, antes de começar há pouco tempo, depois de quase um século, a ser admitida[26] e a encontrar seu lugar nos manuais de ensino.[27] Mais uma vez, vê-se como um episódio pertencente a um passado tão antigo pode se revelar portador de uma verdadeira modernização do pensamento.

Por que a ciência escaparia ao que é uma constante da cultura: a renovação no passado como via de futuro? O Renascimento como um todo é uma prova disso, uma vez que esse vasto empreendimento que inaugurou na Europa a era moderna foi pensado por seus atores tendo como base um retorno à Antigüidade. E muitos criadores encontraram sua inspiração mais inovadora na companhia assídua de seus predecessores: Hugo passou por Shakespeare, Picasso por Velásquez, Stravinsky por Bach... Ninguém expressou melhor do que Verdi: "*Torniamo all'antica. Sara un progresso*" (Voltemos ao passado. Isso será um progresso"). Pode-se tranqüilamente apostar que a ciência contemporânea, em sua desesperada busca do novo, esqueceu muitas questões e idéias das quais ela poderia tirar um maior proveito.

Mas, se é verdade que o movimento do conhecimento científico não deve e não pode se limitar a um deslocamento em uma única direção, do passado para o futuro, logo a própria noção de progresso científico se transforma profundamente. Ora, ela serviu de modelo à idéia de Progresso: talvez seja efetivamente o único campo da atividade humana em que se pode sensatamente pretextar uma melhora indubitável. Por isso, depois de Bacon e Descartes, a Idade das Luzes fez da ciência o modelo canônico do progresso humano, até que o século XIX a considerasse como o seu motor.[28] Qualquer que seja a validade, bem relativa, dessa metáfora mecânica, ela vale a pena ser rastreada: um motor não é muito útil, como se sabe, sem embreagem, câmbio e marcha a ré. Aliás, usando uma outra imagem, nesse transporte comum que é a sociedade, os condutores, como nos ônibus, deveriam aconselhar com mais freqüência: "Por favor, um passinho para trás!"

EINSTEIN E ELAS

Não se pode dizer que o comportamento de Einstein em relação às mulheres tenha constituído o aspecto mais nobre de sua personalidade. Ele conheceu com Mileva Maric, sua primeira esposa, os encantos dos amores juvenis e uma grande cumplicidade intelectual.[29] Mas o casal se desfez, e Einstein tornou-se realmente odioso, como mostra um glacial memorando dirigido a Mileva em 14 de julho de 1918, às vésperas de sua separação:

A. Você fará de forma que
   1) minhas roupas e minha roupa íntima sejam mantidas em bom estado,
   2) que eu receba regularmente minhas três refeições, *em meu quarto*,
   3) que meu quarto e meu escritório sejam arrumados, e que minha mesa de trabalho seja reservada *só para mim*.

B. Você abandonará qualquer relação pessoal comigo, com exceção do estrito necessário às aparências sociais. Mais precisamente, você renunciará
   1) à minha companhia dentro de casa,
   2) às minhas saídas e às minhas viagens com você.

C. 1) Você não esperará qualquer intimidade de minha parte e de modo algum se aproximará de mim.
   2) Você não falará comigo, a menos que eu o peça.
   3) Você deixará o meu quarto imediatamente e sem protestar, caso eu peça.

É preciso reconhecer, no entanto, que, durante o divórcio, ele garantiu a segurança material de Mileva e de seus filhos, deixando-lhes (de forma adiantada) a integralidade do montante do seu futuro Prêmio Nobel.

Einstein rapidamente encontrará conforto junto à sua prima Elsa, não sem ter hesitado entre ela e a sua filha, Ilse; dizem que as duas mulheres decidiram entre si qual se casaria com Albert.[30] Elsa fechará os olhos para as aventuras extraconjugais de seu marido. Sem dúvida, sua magnanimidade e sua fidelidade deveriam lhe valer mais do que a reputação de uma dona-de-casa boazinha que lhe é geralmente atribuída. Sua morte, em 1936, ao que parece não mergulhou Einstein em uma profunda aflição. Bertolt Brecht, que, em 1955, o mesmo ano da morte de Einstein (e um antes da sua própria), pensou em escrever uma peça sobre ele, relata assim em uma conversa com Leopold Infeld, colaborador de Einstein nos anos 1930:

> Ao ser interrogado sobre Einstein, Infeld ressalta seu isolamento voluntário: "Vamos falar mais baixo hoje, minha mulher está morrendo ao lado." Infeld: "Einstein não é realmente uma pessoa de teatro; ele não tem qualquer parceiro; com quem o senhor quer que ele dialogue?"[31]

Essa distância teria sido confirmada pelo próprio Einstein, com um humor bem relativo, se é verdade que, no final de sua vida, por ocasião de um encontro com o grande cantor negro Paul Robeson, ele respondeu a este último, que indagava sobre sua saúde: "Estou razoavelmente bem — afinal, sobrevivi vitoriosamente ao nazismo e a duas esposas."

Se quisermos levar a história um pouco mais para o lado negro, poder-se-ia invocar o duplo mistério das filhas abandonadas de Einstein. A primeira, Lieserl, filha de Albert e Mileva, concebida fora do casamento, nasceu em 1902, na Sérvia, onde foi deixada; seu rastro se perde a partir de 1903. Einstein certamente não quis afrontar as conveniências burguesas de sua família, que já era hostil a esse casamento. Um mistério ainda maior envolve Evelyn Einstein, nascida em 1941 e considerada como a filha adotiva de Hans-Albert, o filho mais velho. Vários elementos tornam plausível que ela tenha sido fruto de uma ligação tardia de Einstein (aliás, viúvo havia quatro anos), que teria imposto ao seu filho criá-la.[32]

Mas Einstein seria punido justamente no campo em que pecou, pois uma organização feminina (e antifeminista) de extrema direita, a Woman Patriot Corporation, engajaria contra ele uma violenta polêmica em 1932, um pouco antes de sua chegada aos Estados Unidos.[33] Sua presidente, senhora Frothingham, submeteu ao Departamento de Estado um memorando pedindo que Einstein fosse proibido de entrar no território americano, acusando-o de ser o "líder mundialmente reconhecido do novo pacifismo militante", tendo uma "filiação direta com organizações e grupos comunistas e anarcocomunistas". Era-lhe censurado o fato de "conduzir e organizar atos de rebelião contra os oficiais dos Estados Unidos em tempo de guerra, [...] de encorajar a traição, a deserção e outros crimes contra a existência do governo" etc. — são dezesseis páginas (espaço simples) que fazem parte desse espetáculo. Einstein, assim que soube pela imprensa, replicou nas páginas do *New York Times*, em 4 de dezembro de 1932:

> Até aqui, nunca fui objeto de uma tal rejeição por parte do belo sexo, e, quando isso me aconteceu, nunca foram tantas ao mesmo tempo. Mas não é que essas cidadãs vigilantes realmente têm razão? Por que abririam as portas a alguém que devora os capitalistas sem coração com o mesmo apetite e prazer que antes teve o Minotauro para devorar as suaves jovens gregas? A alguém que, além do mais, tem o péssimo gosto de se opor a qualquer forma de guerra, salvo àquela, inevitável, com sua própria mulher? Por isso, ouçam bem estas sagazes patriotas e lembrem-se que a capital do poderoso Império Romano foi um dia salva pelo grasnar de suas fiéis gansas.

Com certeza, não foi semelhante resposta, que mostrava apenas um pouco mais de humor que senso de diplomacia, e beirava a indelicadeza, que evitou a Einstein as humilhantes ofensas no consulado americano em Berlim por ocasião do seu pedido de visto para entrar nos Estados Unidos, naquele mesmo mês de dezembro de 1932. E o relatório da senhora Frothingham será a primeira peça do dossiê que o FBI fará sobre Einstein e que será desenvolvido até a sua morte.[34]

O CÉREBRO DE EINSTEIN

Thomas Stolz Harvey nasceu em 1912 no Kentucky, no seio de uma família quacre pouco afortunada, da qual ele guardou a convicção religiosa e moral ao longo de sua vida — o que não o impediu de se casar e se divorciar três vezes. Após seus estudos de medicina, sua carreira se revezará entre cargos hospitalares e prática privada, sem que jamais conheça uma especial notoriedade profissional. Ela seguirá um caminho geográfico bem errático — mas isso não era raro nos Estados Unidos —, uma vez que trabalhará em Maryland, na Pensilvânia, em Nova Jersey, no Missouri, na Carolina do Norte, no Kansas e, por fim, novamente em Nova Jersey. Após sua aposentadoria forçada aos 67 anos, ele ainda deverá (pensões familiares obrigam) exercer penosos trabalhos manuais. E durante mais de 40 anos de errância, entre 1955 e 1996, Harvey carregará no porta-mala de seu carro, para deixá-la nas prateleiras de um subsolo ou atrás de um refrigerador de cerveja, uma caixa de papelão contendo o cérebro de Einstein, cortado em mais de 200 pedaços flutuando em dois vidros com álcool, mais uma dezena de caixas contendo algumas centenas de pedaços microscópicos.[35]

Em 1955, Thomas Harvey era médico patologista no hospital de Princeton, onde, em 18 de abril, Einstein morreu. A rotina hospitalar levou-o a autopsiar o célebre cadáver, sem que a família (praticamente reduzida ao seu filho mais velho, Hans-Albert) pudesse ou quisesse intervir. Einstein tinha expressado a clara vontade de ser incinerado e pediu que suas cinzas fossem jogadas em um lugar mantido secreto. Ele detestaria acima de tudo que seu túmulo se tornasse um lugar de peregrinação e não queria deixar qualquer traço material neste mundo. No entanto, Harvey não conseguiu confiar às chamas o cérebro mítico e guardou-o consigo, sem autorização formal nem da família nem do executor testamentário, Otto Nathan (que havia assistido à autópsia), nem da direção do hospital — e sem que qualquer uma dessas pessoas, que, tendo o direito, usasse-o para reclamar formalmente a restituição do cérebro durante os inúmeros anos que se seguiram. Harvey sonhava claramente em ser aquele graças a quem seria descoberto o "segredo" do gênio de Einstein, escondido em alguma parte de suas circunvoluções cerebrais ou na arquitetura dos seus neurônios. Não que ele tivesse as competências científicas adequadas: nem a neuroanatomia nem a psicofisiologia eram o seu forte. Mas ele fantasiou durante muito tempo a possibilidade de adquirir as bases necessárias. Depois, renunciando progressivamente a essa ambição, satisfez-se em ser o guardião autodesignado do tesouro. Ao longo dos anos, fez contatos episódicos com um ou outro especialista e, de acordo com sua boa vontade, começou a distribuir, aqui e ali, pedaços esparsos do cérebro de Einstein, que, na maior parte das vezes, não levaram a qualquer estudo contínuo, com duas exceções. Marian Diamond, neurofisiologista de Berkeley, publicou em 1985 um artigo em que anunciava que o cérebro de Einstein continha uma quantidade de células gliais (células sem função neural que garantem a coesão e a proteção dos neurônios) superior à média. Em 1998, Sandra Witelson, neuroanatomista canadense, celebrizou-se ao anunciar que era a própria arquitetura do cérebro de Einstein (uma fissura de Sylvius particular) que o singularizava. Essas duas publicações levantaram severas críticas metodológicas e continuam até hoje pouco concludentes. Não mais, em todo caso, que os eletroencefalogramas aos quais se submeteu Einstein em 1951, enquanto, a pedido dos médicos, pensava na resolução de equações quadráticas; de repente intrigados com alguns traços anormais, os experimentadores perguntaram a Einstein no que ele estava pensando naquele momento — ele acabara de se lembrar de que estava chovendo, mas que esquecera seu guarda-chuva em casa.

Durante essas quatro décadas, o cérebro de Einstein e o seu detentor errante foram pouco a pouco esquecidos e redescobertos pelos jornalistas em busca de sensacionalismo. Harvey e seus vidros conheceram várias aventuras, por exemplo, um encontro midiatizado com um professor de matemática japonês, Kenjii Sugimoto, colecionador obsessivo de lembranças einsteinianas, que praticamente desmaiou quando, ao descobrir o tesouro, recebeu um pedaço — cortado por Harvey com uma faca de cozinha em uma tábua de pão — diante das câmeras de televisão mobilizadas para a ocasião.[36] Ou uma épica travessia de carro pelos Estados Unidos para um intrigante e frustrante encontro com Evelyn Einstein.[37] E, já no fim de sua vida, Harvey resolveu se desfazer daquilo que fora a razão do seu viver e o seu fardo. Em 1996, ele levou o cérebro de Einstein, ou pelo menos o que sobrou, ao hospital de Princeton. Esses pobres pedaços de matéria cinzenta flutuando no álcool corriam o risco de atingir indefinidamente o único destino digno que poderia lhes ser reservado — a dispersão no Universo. Um outro pedaço do corpo de Einstein espera um destino similar: seus olhos, retirados por seu oftalmologista — sem nem mesmo pretextar um estudo científico interessante —, e que, de acordo com as mais recentes notícias, continuam na caixa-forte de um banco de Nova Jersey.

Einstein logo percebera o mecanismo de uma mitologização que estava fora de seu alcance:

> O culto dos indivíduos é sempre, de acordo comigo, injustificado. Claro, a natureza distribui de forma desigual seus dons aos seus filhos. Mas inúmeros são favoravelmente dotados, graças a Deus, e estou convencido de que a maior parte leva uma vida tranqüila e sem brilho. Parece-me injusto e mesmo chocante selecionar alguns deles como objetos de uma ilimitada admiração, atribuindo-lhes poderes intelectuais e psicológicos sobre-humanos. Esse foi o meu destino, e o contraste entre a avaliação popular de minhas capacidades e de minhas realizações, de um lado, e sua realidade, de outro, é simplesmente bastante grotesco.[38]

Mas ele ainda tentava se consolar disso caindo em um otimismo idealista bem ingênuo:

> A consciência desse estado de coisas seria insuportável se não houvesse uma agradável consolação. É um bom sinal ver uma

época comumente denunciada como materialista transformar em heróis homens cujos objetivos pertencem exclusivamente à esfera moral e intelectual. Isso prova que o saber e a justiça são julgados superiores à riqueza e ao poder por uma grande parte da espécie humana.

Mais tarde, por ocasião da morte de Einstein, Roland Barthes daria prova de mais perspicácia e de pessimismo ao analisar as fantasias que proliferavam em torno de seu cérebro:

> O cérebro de Einstein é um objeto mítico: paradoxalmente, a maior inteligência forma a imagem da mecânica mais aperfeiçoada, o homem demasiado poderoso está separado da psicologia, introduzido em um mundo de robôs; sabe-se que, nos romances de antecipação, os super-homens têm sempre alguma coisa de reificação. Einstein também: isso é expresso comumente por seu cérebro, órgão antológico, verdadeira peça de museu. Talvez por causa de sua especialização matemática, o super-homem é aqui despojado de qualquer caráter mágico; nele, nenhum poder difuso, nenhum mistério outro que mecânico: ele é um órgão superior, prodigioso, mas real, propriamente fisiológico. [...] A mitologia de Einstein faz dele um gênio tão pouco mágico que se fala de seu pensamento como de um trabalho funcional análogo à confecção mecânica das salsichas, à moagem do grão ou à pulverização do mineral; ele produzia pensamento, continuamente, como o moinho a farinha, e a morte foi para ele, antes de mais nada, a parada de uma função localizada: "O mais potente cérebro parou de pensar."[39*]

---

* Ver, a esse respeito, *Mitologias*, de Roland Barthes (Difel, 3ª ed., 2007). (N.T.)

Para além da odisséia do encéfalo einsteiniano, a vida de Thomas Harvey, que a ele se consagrou, é sem dúvida emblemática da pregnância extraordinária dos mitos midiáticos modernos. Andy Warhol afirmou que todos, no futuro, teriam seus poucos minutos de celebridade. É evidentemente um grande exagero, e a maior parte de nós só obterá formas menores de celebridade, por simples contágio: será necessário se contentar em ser o homem que teve em suas mãos o cérebro do gênio do século XX, ou o jornalista que interrogou esse homem e publicou sua pesquisa, ou o crítico que escreve este livro — seu criado...

Apêndice

Uma bibliografia das ficções einsteinianas

A seguinte lista foi extraída da interessante bibliografia sobre a figura dos cientistas, reunida pelo grupo Sélectif, sob a direção de J.-F. Chassay, da Universidade de Quebec, em Montreal: *Le Scientifique, entre histoire et fiction*, La Bibliothèque de "La Science se livre", Montreal, SPST, 2005. Ali encontraremos uma descrição e um comentário das obras apresentadas.

— Dino Buzzati, "Rendez-vous avec Einstein" (novela), in *Nouvelles*, t. 1, Laffont, 1989 (trad. do italiano).
— Pierre Boulle, "$E=mc^2$" (novela), in *Récits*, Julliard, 1957.
— Philippe Cousin e Maxime Benoît-Jeannin, *La Croisière Einstein* (espionagem), Stock, 1983.
— Friedrich Dürrenmatt, *Les Physiciens* (teatro), L'Âge d'homme, 1988 (trad. do alemão).
— Ron Elisha, *Einstein* (romance), Lansman, 1980.
— Franco Ferrucci, *La Création. Autobiographie de Dieu (romance)*, Payot, 1990 (trad. do italiano).
— Harald Fritsch, *$E=mc^2$, une formule qui change le monde* (romance), Odile Jacob, 1998 (trad. do alemão).
— Todd Gitlin, *The Murder of Albert Einstein* (policial), Farrar Straus Giroux, 1992.
— Stuart Kaminsky, *La Case de l'oncle atome* (policial), Gallimard, 1988 (trad. do inglês).
— Alexis Lecaye, *Einstein et Sherlock Holmes* (policial), Payot, 1989.

— Alan Lightman, *Quand Einstein rêvait* (novelas), Laffont, 1993 (trad. do inglês). Uma versão teatral foi montada em 2001 em Nova York.
— Michael Paterniti, *Driving Mr. Albert: A Trip Across America with Einstein's Brain* (narrativa), Dial Press, 2000.
— Gore Vidal, *La Ménagerie des hommes illustres* (romance), Payot e Rivages, 1992 (trad. do inglês).
— Jorge Volpi, *À la recherche de Klingsor* (romance), Plon, 2001 (trad. do espanhol).
— Kate Wenner, *Dancing with Einstein* (romance), Scribner, 2004.

O equívoco e o desprezo

Imposturas intelectuais ou incultura científica?

> "O que me faz rir é a maneira como os cientistas generalizam os seus resultados — ou se recusam a fazê-lo. Engraçado como eles convidam filósofos a extrair as conseqüências do questionamento da causalidade, garantindo, por outro lado, que, entre eles, o mesmo fenômeno verifica-se apenas em física atômica e não afeta o cozimento do filé-mignon nas casas dos pequeno-burgueses normais."
>
> BERTOLT BRECHT[1]

É preciso admiti-lo: os filósofos e os sociólogos puderam fazer da física e da matemática usos *discutíveis*. E ao virulento ataque, feito a partir de um "embuste", desencadeado por Sokal e Bricmont (S&B),[2] não faltaram pretextos.[3] Mas seria isso uma novidade, e a "pós-modernidade" estaria realmente em questão aqui? Na realidade, a história da ciência contemporânea — restringindo-se apenas a ela — é marcada por tais episódios. Mais do que uma polêmica meio ultrapassada, a questão merece debate, na medida em que ilumina as relações entre a ciência e o seu contexto cultural.

As incertezas da física

É de forma deliberada que nossa discussão começará por um caso que, embora exterior ao campo da controvérsia engajada por S&B, é emblemático. Um pretenso "princípio da incerteza" foi enunciado por Heisenberg há mais de três quartos de século, como elemento essencial da nascente teoria quântica. Esse princípio, cujo enunciado banalizado afirma a impossibilidade de se conhecerem simultaneamente a posição e a velocidade de uma partícula quântica, deu lugar a inúmeras exegeses, e entre elas a que se segue, atribuída a um antigo presidente da República (então em exercício), é típica:

> O princípio da incerteza de Heisenberg já tinha sugerido que a informação pode modificar o estado e que o conhecimento não é neutro. [...] Parece-me de fato que o sistema social também deve ser analisado sob um novo olhar.[4]

Encontram-se extrapolações análogas na pena de pensadores mais renomados, até mesmo na teologia vitalista de Teilhard de Chardin:

> Em um universo einsteiniano ou heisenberguiano, a quantidade de informação (porque alimentada continuamente pelo envolvimento de cada corpúsculo) varia e é suscetível de crescer indefinidamente por meio de um melhor arranjo do sistema. Não seria então, simplesmente, uma espécie de exutório a essa massa incessantemente acrescida de Indeterminado secretada pelo Universo que vem fornecer — em todo lugar onde ela é possível — a vitalização da Matéria?[5]

Nenhum campo do pensamento escapou à tentação de explorar esses resultados da física, da metafísica à economia e da sociologia à crítica literária — sem falar da própria literatura. Foi assim que um escritor que se vangloria de uma certa competência científica não hesitou em titular uma de suas recentes obras *O Princípio da Incerteza* e a ele se referir (bem como a outras idéias da física moderna) para ressaltar as vicissitudes e os riscos da existência humana; por exemplo:

> A criação artística é uma espécie de trajetória louca, um sistema não integrável por excelência. É uma pena que seus teóricos, bem como aqueles do comportamento humano em geral, não possam inspirar-se nos trabalhos de Poincaré, de Kolmogoroff, do famoso princípio da incerteza de Heisenberg, de Schrödinger e da mecânica quântica.[6]

Não foi, no entanto, na literatura, na filosofia ou nas ciências sociais que apareceram tão imprudentes interpretações, mas sim no seio da própria física. Seria fastidioso extrair dos manuais de física quântica ou dos artigos de vulgarização, e da pena dos mais célebres físicos, os inumeráveis comentários sobre o "princípio da incerteza", apresentando-o como a prova (científica, evidentemente) das limitações intrínsecas de nossas capacidades em conhecer o mundo. Já nos anos 1930, o grande astrofísico James Jeans (Sir) escreveu:

> Heisenberg mostra-nos que acima de tudo a natureza abomina a precisão e a certeza [...]. A imagem do Universo oferecida pela nova física dá, bem mais do que a velha imagem mecanicista, mais lugar à vida e à consciência, bem como aos atributos que lhes associamos comumente, como o livre-arbítrio e a

> capacidade de modificar um pouco o Universo pela nossa presença. Pois, até onde se sabe, segundo essa nova ciência, os deuses que representam o papel do destino dos átomos de nossos cérebros poderiam muito bem ser nossos próprios cérebros.[7]

E foi em uma obra de referência tão prestigiada quanto a *Enciclopédia Britânica* que um outro renomado físico escreveu:

> Esse princípio enuncia que é impossível especificar ou determinar simultaneamente a posição e a velocidade de uma partícula tão precisamente quanto se deseja. [...] O fato de existirem limitações intrínsecas à precisão da experimentação tem evidentemente profundas implicações filosóficas. [...] A conclusão mais certa é a de que o homem deveria manter sua humildade diante da natureza, uma vez que a precisão com a qual ele pode observá-la encontra limitações intrínsecas.[8]

A seguir, um texto originalmente em francês da pena de um Prêmio Nobel de Física:

> Se for verdade que qualquer observação em microfísica é por isso mesmo uma intervenção e, portanto, uma alteração do fenômeno observado, torna-se impossível afirmar que podemos alcançar uma realidade objetiva independente de nós. [...] Quanto a mim, seguindo o mesmo raciocínio, poderia dizer que o mesmo vale para a distinção entre a alma e o corpo, e que ganharíamos ao pensar em filosofia segundo esse modelo da complementaridade que N. Bohr introduziu na física.[9]

Seria, pois, infundado atribuir as transgressões literárias nesse assunto a uma incompreensão sistemática ou a uma exploração cínica dos enunciados científicos. É uma dificuldade para os próprios fundadores da teoria quântica discernir a essência que levou a uma tal interpretação. Como toda nova teoria, esta não pôde emergir senão tomada na ganga da conceitualização que ela tornava caduca. Por isso o enunciado original de Heisenberg exprime a inadequação da física clássica na sua própria linguagem — aquela em que a posição e a velocidade de uma partícula são necessariamente bem definidas —, em vez de substituí-lo por uma formulação própria à teoria quântica.[10] Sabemos hoje em dia que as "desigualdades de Heisenberg", como se diz doravante de maneira mais sóbria e menos comprometedora, exprimem de fato a dispersão intrínseca das grandezas quânticas, sua necessária extensão numérica, seu caráter "vago" (mas já desponta nesse último termo o risco de uma metaforização abusiva).[11] Não há ali nada que possa ser utilizado para caucionar a idéia de limites intransponíveis opostos pela própria natureza ao nosso desejo de conhecimento, nem mesmo de perturbações incontroláveis do mundo devidas à sua observação.

Aliás, essas interpretações duvidosas foram reforçadas pela introdução — devida aos próprios fundadores da teoria quântica — de uma terminologia inadequada e infundada de "incertezas", que permitiu há mais de meio século tantas explorações aberrantes. Examinando de perto a história dessa formulação tornada canônica, ver-se-ia que ela resulta primeiro de uma escolha lingüística um pouco... incerta por parte do próprio Heisenberg em seus escritos em alemão, seguido de traduções mal controladas em inglês e em francês.[12] Heisenberg utiliza primeiramente a palavra *Unge-*

nauigkeit, que corresponde efetivamente à palavra francesa "*incertitude*" [incerteza], antes de aderir a uma melhor escolha, do ponto de vista da significação profunda da noção que ele introduz, ou seja, *Unbestimmtheit*, isto é, "*indétermination*" [indeterminação]. Infelizmente, este último termo, bastante utilizado em francês nos anos 1930 e 1940, desaparecerá em proveito do primeiro, certamente sob o efeito da consagrada terminologia inglesa, *uncertainty*.

Não se trata aqui de críticas *ad hominem*. Pois as posturas epistemológicas dos criadores da física quântica não podem ser separadas do contexto filosófico e político de sua época, a dos anos 20 do século XX. Os historiadores das ciências contemporâneas, em trabalhos que hoje são bem conhecidos — exceto, sem dúvida, pelos próprios físicos –, mostraram como, por exemplo, as idéias de Bohr sobre a impossibilidade de um conhecimento específico e autônomo do mundo quântico estavam profundamente enraizadas em uma filosofia da renúncia que se origina em Kierkegaard, e como a concepção de Heisenberg sobre a indeterminação essencial do mundo emergiu de seu idealismo de jovem ativista reacionário após a Primeira Guerra Mundial.[13] De modo geral, as formas muitas vezes apressadas da necessária recusa crítica dos conceitos da física clássica estão mais próximas dos questionamentos culturais próprios da Alemanha de Weimar, onde se desenvolve em grande parte a jovem teoria quântica, para que se possa ver aí apenas uma coincidência.[14] Nenhum "relativismo" nessas análises, mas a simples demonstração de que a ciência, mesmo a mais formalizada, e sem que, por isso, a validade de seus enunciados seja contestada, não poderia se abstrair de seu contexto histórico.[15]

Uma ciência imatura

Esse episódio ilumina várias características negativas do desenvolvimento (que, de repente, se hesita aqui em chamar de "progresso") da ciência contemporânea que se encontra de forma praticamente sistemática em vários campos e, em particular, nas situações discutidas por S&B.

Se a miopia epistemológica das teorias científicas emergentes é inevitável, essa doença infantil passageira tende em nossos dias a se tornar crônica. É necessário então ressaltar a imaturidade da física contemporânea. Certamente, qualquer nova idéia nasce em uma inevitável confusão; ela não chega a uma relativa (e jamais definitiva) solidez conceitual senão em conseqüência de um trabalho de remodelagem, mais longo e mais complexo do que a fase "revolucionária" inaugural. Essa retomada (segundo a expressão de Bachelard), que deve suceder à ruptura inicial para validar e estabilizar a nova doutrina, não pode ser senão o efeito de pacientes e práticas coletivas de implementação e compartilhamento do saber. A física clássica, a do século XIX, soube, em geral, desmontar as indispensáveis, mas provisórias, estruturas necessárias à edificação de suas teorias, para fazer aparecerem claramente sua estruturação e sua conceitualização próprias. Um exemplo maior desse processo é fornecido pela emergência da noção essencial de "campo", desde os seus prolegômenos mecanicistas na obra do jovem Maxwell até sua ascensão à autonomia no *Treatise of Electricity and Magnetism* da maturidade. Mas nosso século, mesmo tendo visto o nascimento de campos teóricos de uma amplidão e de um interesse inegáveis (relatividade, quântica etc.), não conheceu realizações tão notáveis quanto ao seu domínio conceitual. Muitas das questões fundamentais colocadas desde os primórdios dessas investigações nem sempre receberam respostas satisfatórias, ou, ainda pior, vêem muitas vezes essas respostas ignoradas pela maior parte dos pesquisadores que alimentam concepções arcaicas sobre sua própria disciplina; é o caso da "não-separabilidade" quântica, tanto quanto da "origem do universo" em cosmologia. Essas defi*ciências* resultam sem sombra de dúvida da exacerbada divisão do trabalho que marca as práticas científicas modernas. A especialização ainda mais avançada dos campos de pesquisa, bem como a separação das tarefas de pesquisa das outras atividades científicas (ensino, difusão, valorização), inibem de maneira drástica os processos de retomada e freiam sua assimilação coletiva.[16]

Um aspecto maior dessa imaturidade é a mediocridade da prática linguageira da física moderna. Foram os próprios físicos que introduziram sem maiores precauções no seu campo teórico, para formular conceitos bem abstratos e específicos, vocábulos carregados de confusões epistemológicas. Isso foi observado a propósito das pretensas "incertezas" quânticas. Mas também é o caso da "relatividade" einsteiniana, tão mal designada do ponto de vista de sua concepção moderna, que valoriza as invariantes (absolutas) do espaço-tempo; aliás, o próprio Einstein acabara reconhecendo que essa formulação "relativista" de sua teoria era o resultado de uma escolha terminológica infeliz, e muito marcada, mais uma vez, pelo contexto cultural — o de Zurique de 1905, onde se cruzavam muitos dos futuros "desconstrutores" em vários campos: o próprio Einstein, Tristan Tzara, Lenin e outros.[17] A evolução da física desde essa época só agravou a situação. O uso atual, para designar fenômenos bem distantes da experiência comum, de termos de uma enganosa familiaridade e dotados de uma forte carga imaginária, como "big-bang", "buracos negros" ou "partículas charm", provém de estratégias midiáticas deliberadas mais que de uma concepção criativa, mas disciplinada da língua; lembremos, aliás, que o termo "big-bang" foi inventado por um adversário da teoria, Fred Hoyle, para ridicularizá-la, antes de ser recuperado por seus promotores, de acordo com uma estratégia característica da publicidade (pós?)moderna. Podem-se fazer observações análogas quanto à denominação de campos inteiros, como a "teoria do caos determinista" ou a "teoria das catástrofes", cujo real interesse intelectual é mascarado e deformado mais que revelado e iluminado por essas marcas sem controle de qualidade. Em relação a isso, é impressionante constatar a diferença entre a política lingüística da ciência no século XIX e a atual. Nossos predecessores eram importantes criadores de palavras; não hesitavam, aliando razão e imaginação, em inventar novas palavras para designar novas idéias, de modo a ressaltar sua especificidade e alertar contra uma filiação demasiado ingênua ao senso comum. Termos como "entropia" ou "eletrônica", que já fazem parte da língua vernacular, testificam esse trabalho. E ainda que eles preferissem recorrer ao vocabulário corrente, não o faziam sem uma explícita discussão crítica (ver, por exemplo, as reflexões de Maxwell sobre a denominação dos operadores diferenciais, como "divergência" ou "*curl*"). Pois, se não se podem censurar os físicos de "dar um novo sentido às palavras da tribo", deve-se pedir a eles, no entanto, que explicitem esse novo sentido antes de dominá-lo. Ninguém duvida que uma prática linguageira ao mesmo tempo mais determinada e mais inventiva reduziria consideravelmente os riscos de desvio conceitual.[18] Pois o uso metafórico às vezes duvidoso das noções da física em outros campos é muitas vezes apenas o eco secundário da glossolalia incontrolada dessa própria ciência. Portanto, S&B enganam-se totalmente sobre as origens dos equívocos que querem denunciar.

Foi ele quem disse que é assim

Mas, a partir desse equívoco, S&B caem rapidamente no desprezo, como muitos de seus colegas. A desenvoltura e arrogância (anti)filosóficas de tantos físicos da atualidade não lhes permitem mais proceder à indispensável elucidação (auto)crítica de suas formulações e de suas concepções; sua presunção neste caso só se iguala à sua ingenuidade. Sem querer ceder à tentação e fazer uma coletânea de besteiras que seria uma resposta àquela laboriosamente compilada por S&B (além do mais, esse gênero literário se confunde quase que sistematicamente com a bobagem que ele pretende denunciar; é o que dizem por aí...), daremos até mesmo assim algumas citações colhidas entre os melhores físicos de meados do último século.

Assim, Steven Weinberg (Prêmio Nobel de Física em 1979) não hesita em titular "Contra a filosofia" um capítulo de seu livro.[19] Ele tenta mostrar ali "que um conhecimento da filosofia não parece ser útil aos físicos" e evidenciar "a irracional ineficácia da filosofia". O reducionismo ingênuo que Weinberg professa em sua obra (um outro capítulo intitula-se "Elogio ao reducionismo"), cujo título (*Le Rêve d'une théorie ultime*) anuncia tranqüilamente o projeto, é, no entanto, tão brutal que se acaba lamentando a versão mais sofisticada de sua argumentação que teria permitido ao autor uma melhor cultura epistemológica. Deveríamos nos surpreender por Weinberg ter colocado toda sua autoridade em apoio a Sokal em um artigo da *New York Review of Books* que conheceu alguma repercussão? O que esse texto mostra de forma evidente é que Weinberg, longe de deplorar aquilo que acredita ser a "ineficácia" da filosofia para a ciência, satisfaz-se plenamente com uma separação que reivindica como simétrica:

> Penso que, salvo duas importantes exceções, os resultados da pesquisa em física (contrariamente ao caso, digamos, da psicologia) não têm a mínima implicação legítima para a cultura, para a política ou para a filosofia. [...] As conclusões da física poderiam se tornar pertinentes para a filosofia e para a cultura quando aprendêssemos a origem do Universo ou as leis últimas da natureza, mas não agora. A primeira das minhas exceções é jurisdicional: algumas descobertas científicas revelam às vezes que alguns assuntos (como a matéria, o espaço e o tempo) que pareciam ser temas próprios ao debate filosófico pertencem de fato ao campo da ciência comum. A outra exceção em minha afirmação, mais importante, é o profundo efeito cultural da descoberta que se origina em Newton, de que a natureza é estritamente governada por leis matemáticas impessoais.[20]

A única relação que Weinberg considera como "legítima" entre ciência e filosofia é então o desapossamento da segunda pela primeira. Que se deixem então os físicos buscar (ou melhor encontrar, Weinberg não tem qualquer dúvida sobre o sucesso da busca) as "leis últimas" da natureza, o que certamente fará cair sob a jurisdição da "ciência comum" todas as questões filosóficas, culturais ou políticas.

Quanto a Stephen Hawking, um dos mestres da cosmologia moderna, ele compartilha esse sonho de uma teoria última, mas acrescenta uma fantasia de onipotência à da onisciência:

> Se nós descobrirmos uma teoria completa, ela deveria no final das contas ser compreendida por todos, e não somente por alguns cientistas. Então, poderemos todos — filósofos, cientistas e pessoas comuns [*sic*] — participar da discussão sobre as razões de ser tanto do Universo quanto de nós mesmos. E, se encontrarmos a resposta a essa interrogação, isso será o triunfo final da razão humana, pois conheceremos então o espírito de Deus.[21]

Não se trata infelizmente de um exemplo particularmente inexpressivo de humor inglês como o demonstra muitas vezes o conjunto da obra em que Deus é onipresente (e nem por isso figura no índex...); é verdade que a cultura anglo-saxônica repugna menos do que a nossa invocar o nome de Deus (mostrando dessa forma, apesar do seu puritanismo bíblico, muito pouco respeito pelo terceiro mandamento).[22]

Richard Feynman, certamente um dos espíritos mais livres e originais da física do século XX, não tinha, sobre a questão das leis fundamentais e dos componentes últimos da matéria, uma posição tão ingênua, e criticava a presunção dos reducionistas. Todavia, ele compartilhava a arrogância de muitos de seus colegas em relação à filosofia:

> Outro dia, eu lia, com meu filho que está estudando filosofia, uma passagem de Spinoza... O raciocínio era absolutamente infantil, mas estava envolvido em uma tal confusão de atributos, substâncias e outras asneiras que ao cabo de um momento

> estouramos de rir. Naturalmente, vocês devem achar que exagero. Puxa, rir de um filósofo da grandeza de Spinoza! Mas Spinoza não tem qualquer desculpa. Na mesma época, existia Newton, existia Harvey, que estudava a circulação sangüínea, existia um monte de pessoas que, graças aos seus métodos de análise, faziam a ciência avançar. Tomem qualquer uma das proposições de Spinoza; transformem-na na proposição contrária e olhem em volta de vocês; eu os desafio a dizer qual é a justa. As pessoas se deixaram impressionar porque Spinoza teve a coragem de abordar importantes questões; mas para que serve ter coragem se isso não dá em nada?[23]

Parece que estamos lendo um comentário de S&B sobre Derrida... Pode-se dizer, aliás, que a lista dos "impostores" segundo S&B está singularmente incompleta. Uma vez que eles não hesitam em caçar os animais de grande porte (Bergson e Hegel), eles também poderiam, segundo Feynman, ter atacado Spinoza, que tenta reforçar suas análises tomando emprestado seu método de exposição às matemáticas (*more geometrico*); sem esquecer Kant (que apóia sua metafísica sobre uma compreensão bem duvidosa da física newtoniana) ou Platão (que utiliza a geometria dos poliedros regulares para aberrantes fins cosmogônicos).

Não se poderia definitivamente, diante de tão cândida arrogância, duvidar que os físicos estejam realmente autorizados, por procuração, a exercer um controle de validade sobre qualquer discurso que se refere à sua disciplina e a conceder certificados de cientificidade? Não se deveria responder a esses cientistas que pretendem exercer sobre a filosofia uma censura exigente, a velha parábola da palha e da trave?

É da mesma ingenuidade que dão provas S&B em relação à sociologia das ciências. O "relativismo" que lhes dá tanto medo não passa de um moinho de vento que eles tomam por um gigante — mas, neste caso, reconheçamos em defesa de Sokal que, nos Estados Unidos, existe realmente um extravagante ultra-relativismo, que, em nome de um multiculturalismo etnicizado ou feminizado, rebaixa a ciência ao nível de uma simples crença. Mas, deste lado do Atlântico, nenhum dos críticos sérios da ciência contemporânea reivindica as posições caricaturais segundo as quais uma teoria científica seria "uma pura produção da ideologia" (como se lhe imputa, por exemplo, Michel Rio em seu artigo no *Monde*[24]). Pelo contrário, o que é tão difícil de ser admitido pelos neocientistas é que tal teoria não poderia continuar sendo uma pura produção da razão. A repetitiva reafirmação da objetividade dos saberes científicos não basta para compreender o status do saber científico em nossa sociedade. Os defensores de uma visão abstrata e neutra da ciência dão, aliás, prova de uma singular falta de confiança na validade dos enunciados científicos quando confundem, como é geralmente o caso, uma concepção construtivista com uma visão relativista. Que a elaboração da ciência seja um processo social e culturalmente determinado, as denominações de seus objetos, em sua inegável contingência, mostram-no de forma evidente; para não tomar senão dois exemplos: os elétrons não encontram sua etimologia no âmbar e as galáxias no leite? Mas se as palavras guardam a marca de sua história, mesmo que esta não seja mais percebida, como isso não aconteceria também com as idéias? Foi justamente assim com o elétron: livre da mitologia de uma personalizada e repentina descoberta que só vale na legenda áurea dos físicos, ele fornece um excelente exemplo dessa complexa elaboração, a tal ponto que se pode seriamente afirmar que "ninguém descobriu o elétron".[25] Em seu embuste inicial, Sokal promovia a idéia de uma historicidade das constantes da física, tomando como exemplo a constante gravitacional de Newton, com a finalidade de ridicularizar as teses construtivistas. O argumento, no entanto, volta-se contra ele: para quem não mantém uma concepção puramente operacionalista da física, uma tal constante não pode ser reduzida apenas ao seu valor numérico, valor constante, certamente (mas nem por isso invariante, quando se consideram as unidades e os aparelhos com os quais ela é medida). O status conceitual de uma constante fundamental, que garante sua importância no sistema teórico da física, e subentende a compreensão que dela temos, mostra uma forte variabilidade histórica. É o caso da constante gravitacional, que conheceu desde Newton uma importante e inesperada evolução (certamente inacabada), e oferece justamente um dos melhores pontos de vista possíveis sobre a história e a epistemologia das teorias da gravidade.[26, 27] Quem, no entanto, negaria não somente a eficácia operatória, como também o valor cognitivo dessas noções? Em outros termos, a relatividade histórica da produção das idéias não as condena ao arbitrário, mas exige certamente uma concepção da validade dos conhecimentos científicos mais sutil que a de uma objetividade abstrata e absoluta.

De resto, a avaliação da *validade* de um conhecimento não esgota a sua significação; coloca-se igualmente, e de maneira indissolúvel, a questão de sua *pertinência*. Há pletora de teoremas matemáticos exatos, de medidas físicas corretas e de observações biológicas verificáveis — mas sem interesse, tanto no sentido material quanto intelectual da palavra. Nesses novos tempos para a ciência em que ela deve doravante trabalhar com recursos constantes, até mesmo decrescentes, essa questão torna-se até mesmo crucial, e as mais ferozes controvérsias no meio científico se atêm mais às prioridades da pesquisa que à sua qualidade. É por isso que uma "pura" reflexão epistemológica não tem mais efeito sobre o movimento real das ciências e deve se personificar em uma tomada de consciência de sua organização social efetiva. O contexto da produção científica não pode ser separado de seu texto.

Necessária metáfora

A insistência de S&B em considerar as referências à ciência, nos autores que incriminam, como simples empréstimos terminológicos cujo uso abusivo seria questionável, mostra que eles se enganam igualmente sobre o status das figuras do discurso em sua elaboração do saber.

Seria realmente necessário lembrar aqui que não há enunciação que não recorra à metaforização?

Sem mesmo recorrer aos exemplos já evocados de metáforas — muitas vezes duvidosas — na física moderna, toda a terminologia da mais clássica física é, do começo ao fim, metafórica: "forças" e "trabalho" em mecânica, "cargas" e "campos" em eletromagnetismo, "raios" e "foco" em ótica; é bem fácil multiplicar os exemplos. Pode-se, com efeito, tentar recusar a ambigüidade constitutiva de tais denominações argumentando que, uma vez definidos e formalizados os conceitos correspondentes, a polissemia desse vocabulário desapareceria. Nada mais fácil, no entanto, do que constatar o permanente jogo de vai-e-vem entre o senso comum e o senso especializado dos termos científicos, com seus efeitos positivos *e* negativos, favorecendo ou inibindo, de acordo com o caso, a compreensão intuitiva ou a descoberta heurística. Encontraremos uma charmosa ilustração disso nos *Doubles Jeux* propostos por cerca de 40 escritores, "fantasias sobre as palavras matemáticas" sob a direção de Stella Baruk, verdadeiro empreendimento de inversão de sentido — e não de *détournement*.[28] O poeta Michel Deguy ali escreve especialmente:

> [...] Sokal chegou e nos disse: vocês, literatos, filósofos, ensaístas, exageram com *fractal, catástrofe* ou *exponencial* (talvez já o fizessem com *raiz* ou *integral, diferencial* ou *grupo*?... Eu me pergunto). [...] Lembrei-me de uma frase de Valéry, entre cem: "A função do imaginário é real." Zás-trás; jogo duplo; pois nem todo mundo foi apresentado a $\sqrt{-1}$, e as aspas não são uma desculpa adequada. Sim, são catacreses! Mas quem abusa do quê? O abuso é anterior. É a estabilização da exceção, ou *figura* que funda a regra, e então a lei. Depois disso, esse *privilégio* está ameaçado de abolição. Ou ainda, quem começou? Não foi o matemático ou o cientista? Pois o matemático é um homem, e ele fala. O matema provém do poema; a fórmula, da língua. De onde eles poderiam vir, afinal? Seja *fragmento, frágil, fratura (franja?)* que assombram *fractal*: o ar latino faz respirar o pensamento do matemático. É preciso nomear a teoria. A ciência fala, e pensa. Se a teoria conhece a glória (Mandelbrot, Thom), então essas palavras adquirem brilho: tudo se torna fractal e catástrofe durante uma geração. Vai-e-vem: o eterno retorno. Assim é o pensamento. Ou seja, tudo é

passível de metaforização, alimentando-se umas das outras. Transações, biunívocas, de origem. Comércio de comparações. Antes mesmo de estenografar uma teoria, a língua meditativa a inspira, a fala. Depois a "vulgarização" do pensamento científico revela as coisas. Isso volta no léxico lastreado, nos discursos, na *doxa*.[29]

Em termos mais teóricos, Mary Hesse demonstrou que a metáfora possui uma função cognitiva essencial.[30] Aliás, a análise dessa função faz pouco caso da idéia cientista segundo a qual seria possível traçar uma demarcação entre "bons" (adequados) e "maus" (abusivos) recursos à metáfora, não importando as particularidades do discurso científico:

> Portanto não é possível controlar o uso ubiqüista da metáfora em um sentido literal e ideal. A metáfora permanece indispensável figura do discurso, que não pode ser coagida senão pelas normas e pelos valores em termos dos quais é interpretado o mundo humano, e são estruturadas utopias, ideologias e religiões. O discurso metafórico deve ser colocado no centro da linguagem de modo que possamos compreendê-lo e compreender ao mesmo tempo o discurso literal como um caso particular do discurso metafórico. Da mesma maneira, os mundos humanos e os seus valores, esses mundos onde conduzimos nossos assuntos materiais e espirituais, devem ser colocados no centro da vida de maneira que possamos compreendê-los e compreender ao mesmo tempo os mundos científicos e as suas descrições, esses mundos construídos a partir dos mundos humanos como casos particulares.[31]

Obnubilados pela robusta positividade de sua ciência, S&B esquecem que é a simplicidade dos aspectos bastante limitados do mundo estudado pela física que, em seu campo bem restrito, permite-lhe o recurso a um formalismo eficaz e garante-lhe uma relativa proteção contra suas próprias errâncias verbais. Quem se contenta em capinar um pequeno jardim bem protegido não é bem-vindo para dar lições àqueles que se dedicam a desbravar campos de outra forma mais vastos e mais expostos. É exatamente por que as ciências humanas e sociais são de uma ordem de dificuldade sem medida comum com o estudo da natureza que sua textualidade é de uma outra *natureza*, justamente: não se trata de resolver problemas de terminologia ou de inventar figuras de estilo, mas certamente, ao trabalhar no âmago da língua, mobilizar todos os recursos do imaginário, todas as referências da cultura, para tentar fazer emergir os efeitos de sentido bem mais sutis que o fraco acordo entre uma experimentação e uma teorização, ambas tecnicizadas e instrumentalizadas. Por isso o calhamaço que S&B pretendem jogar no charco é um despropósito: ao correr para ajudar essas pobres ciências humanas e sociais que lhes parecem fracas e ameaçadas, e ao querer esmagar os parasitas que as desfiguraram ou mascararam, é a sua delicada e sutil construção que eles colocariam abaixo, caso o golpe funcionasse.

Sim, a crítica epistemológica é, mais do que nunca, uma necessidade, e desde o início dessas reflexões isso vem sendo demonstrado — não se poderia deixar sem resposta os maus usos caracterizados dos conceitos científicos. Essa crítica, contudo, deve começar por ser autocrítica. É na própria produção do saber que uma prática mais consciente do pensamento e da língua deve se instaurar. Sem dúvida, a física tem a vantagem de ser uma ciência lógico-matemática, e o rigor de sua formalização remedeia em parte as carências de sua verbalização, pelo menos em seu próprio meio. Mas, se tantas falsas interpretações surgem assim que o saber dos físicos lhes escapa, eles devem em primeiro lugar responsabilizar a si mesmos e às suas deficiências na elucidação dos significados de suas descobertas.[32]

Como aceitar para as ciências da matéria essa singularidade que as faria produtoras de saberes puramente formais, subtraídos à exigência comum da elaboração de um sentido — tanto aqui como ali, ainda elusivo e móvel? É verdade que as metáforas abusivamente extraídas da física podem ser não apenas ridículas, mas também perniciosas, a partir do momento que elas tendem a outorgar a autoridade da ciência mais "dura" às asserções duvidosas ou frágeis. Ainda assim, seria necessário se interrogar sobre a própria natureza dessa autoridade. E, mais do que questioná-la, a atitude de S&B tende, ao contrário, a reforçá-la, uma vez que consegue julgar as ciências sociais e humanas não em função de seus próprios critérios de validade (e de pertinência), mas, novamente, em nome dessas ciências "exatas" — que às vezes se tem vontade de chamar de desumanas e associais. O zelo purista com o qual S&B perseguem as referências não autorizadas corre o risco, aliás, de se voltar contra o próprio interesse de sua disciplina. Pois esses abusos que eles deploram são pelo menos a prova de que a ciência física permanece ligada ao discurso social, e que, mesmo sob formas deformadas, por vezes desnaturadas, ela continua alimentando o imaginário coletivo. Nada seria mais perigoso para a própria sobrevivência da aventura científica do que querer isolá-la com um cordão sanitário; ao querer exercer uma profilaxia absoluta, os cientistas correm o risco de uma esterilização e mesmo da esterilidade. A comunidade humana não se estabelece senão pelo permanente risco do mal-entendido, e isso também vale para o campo intelectual. A fecundidade das trocas pede mais atenção mútua do que julgamentos peremptórios, mais escuta modesta que condenações sem recurso.

Dos limites da física

O universo do saber ainda está em expansão?

Não é estranho que em um ciclo de conferências sobre "todos os saberes", ocasião para as presentes reflexões, a questão dos limites do conhecimento tenha sido colocada apenas para a física. Essa honra lhe vem sem dúvida do seu status implícito de ciência modelo, tida como rigorosa e considerada como fundadora de nossa compreensão da natureza, até mesmo como a base das outras ciências. De fato, caso se pudesse provar a existência de limitações, absolutas e definitivas, ou mesmo relativas e provisórias, ao saber desenvolvido pela física, tal seria *ipso facto* o caso para todas as outras disciplinas.

Extensão do campo da ciência

Uma rápida olhada sobre o passado recente da física parece, no entanto, justificar um considerável otimismo quanto à sua capacidade indefinida de progressão. Nada atesta mais seus sucessos que a extraordinária e rápida extensão dos campos do real que ela permitiu estudar. Consideremos assim as escalas espaço-temporais acessíveis à investigação. A temporalidade concebível, no século XVII, estendia-se do décimo de segundo a dezenas de milhares de anos, horizonte cronológico maximal das narrativas históricas e míticas (no Ocidente). Dois séculos mais tarde, no final do século XIX, desceu ao milionésimo de bilionésimo de segundo (10^{-15} s, período de vibração de uma onda luminosa) e subiu às dezenas de milhões de anos (10^{15} s, escala dos tempos geológicos). Mais um século, no final do século XX, eram durações pelo menos um milhão de vezes menores (10^{-24} s, duração das interações entre partículas subnucleares) e mil vezes maiores (10 bilhões de anos, idade do Universo) que se estudavam. Quanto ao espaço, no século XVII, o microscópio tinha dado acesso ao micrômetro (milionésimo de metro, tamanho das bactérias), e o telescópio ao gigâmetro (milhão de milhões de metros, distância típica dos planetas solares). No final do século XIX, ganhou-se um fator 10 mil para as pequenas distâncias, atingindo o nanômetro (10^{-9} m, tamanho dos átomos) e 100 mil para as grandes, atingindo dezenas de anos-luz (10^{17} m, distância das estrelas vizinhas). E, um século depois, no final do século XX, ganhou-se ainda, respectivamente, um bilhão para o microscópio (10^{-18} m, escala das partículas fundamentais) e um bilhão também para o macrocosmo (10 bilhões de anos-luz, escala global do Universo). Ainda seria necessário considerar os campos acessíveis não somente à observação, mas também à ação humana efetiva. Se, no final do século XVII, sabia-se no máximo trabalhar a matéria na ordem de um décimo de milímetro e percorrer distâncias que se contavam em dezenas de milhares de quilômetros (o tamanho da

Terra), hoje em dia, três séculos mais tarde, começamos a dominar a matéria em nanômetros aproximadamente, agindo diretamente nos átomos individuais e enviando nossas sondas para além do Sistema Solar, a dezenas de bilhões de quilômetros. Se a expansão do Universo nos surpreendeu, a da ciência é ainda mais surpreendente — mas seu futuro, aceleração ou desaceleração, tão incerto quanto, nós vamos vê-lo.

A dilatação vertiginosa do mundo físico teve como conseqüência a descoberta de objetos estranhos, com naturezas radicalmente diferentes daquelas da pedra ou da madeira, da água ou do vento, que, durante milênios, constituíram a experiência e fundaram o pensamento humano. Os campos eletromagnéticos, os átomos, os corações estelares no século XIX, tantas "coisas" novas para as quais a intuição comum, pacientemente elaborada ao longo dos milênios, revelou-se impotente. E as descobertas do século XX não fizeram senão ampliar o hiato, apesar da falaciosa tentação em negá-lo pelo emprego de denominações banalizadas por seres extraordinários, quarks e buracos negros. Por isso não constitui necessariamente uma surpresa que, desde o começo do século XX, a física tenha se questionado sobre seus limites. E inúmeros comentadores foram tentados a interpretar nesses termos as dificuldades conceituais que ela pôde encontrar na compreensão dessas escalas e desses novos objetos. "O homem deveria guardar sua humildade diante da natureza, visto que a precisão com a qual ele pode observá-la encontra limitações intrínsecas." Dessa forma, a *Enciclopédia Britânica* conclui seu artigo sobre o "princípio da incerteza" de Heisenberg. De fato, a revolução quântica deu lugar a abundantes exegeses sobre esse tema: a impossibilidade de medir ao mesmo tempo a posição e a velocidade dos corpúsculos assinalaria um limite absoluto de nossos conhecimentos. A própria Natureza recusaria a se deixar desvendar, e nossa ciência mais avançada atingiria assim fronteiras intransponíveis. A impossibilidade para um móbil ou sinal ultrapassar a velocidade da luz, evidenciada por Einstein, foi interpretada da mesma forma: não podemos saber o que aconteceu no Sol durante os últimos oito minutos, porque nenhuma informação pode nos prevenir sobre isso.

Mas, com um recuo de algumas décadas, essa resignada concepção, traduzida por vocábulos que hoje parecem no mínimo inadequados (relatividade, incertezas), perdeu sua pertinência. Longe de impor limites ao nosso saber, ao contrário, essas descobertas permitiram consideráveis progressos à nossa compreensão, reorientando nossas conceitualizações e nossas interrogações. Elas mostraram a inadequação ao real de nossas formulações anteriores. Se algumas questões ("O que acontecia no Sol há dois minutos?" "Onde está o elétron e em que velocidade ele vai?") não admitem respostas, é porque elas são desprovidas de pertinência. Da mesma forma, a pergunta "O que há sobre a Terra a 30.000 quilômetros ao sul de Paris?" tornou-se caduca pela rotundidade da Terra e pelo conhecimento de sua circunferência (40.000 quilômetros), e por isso diremos que essa descoberta impõe uma limitação à geografia? As transformações teóricas da física do século XX não descobriram de modo algum os limites intrínsecos ao nosso conhecimento científico; pelo contrário, abriram-lhe novos espaços. Isso é demonstrado pelo considerável aprofundamento de nosso domínio, tanto intelectual quanto material, do mundo atômico: desenvolvimento das nanotecnologias, criptografia quântica etc. Por isso, pudemos assistir, ao longo das últimas décadas, à reorganização de um triunfalismo ingênuo, segundo o qual a física não encontraria qualquer obstáculo e seria capaz de chegar a um conhecimento completo do Universo: o real obedeceria a um pequeno número de leis fundamentais, que estaríamos a ponto de descobrir; é a fantasia da "teoria última" ou de uma "teoria do Todo". O triunfo do conhecimento físico seria então o de alcançar, efetivamente, seus limites: finita por essência, ela encontraria logo os seus limites e se esgotaria em seu sucesso. Mas só se pode permanecer cético diante de uma tal presunção, afirmada, no entanto, por físicos renomados.

Uma primeira reserva surge pela monotonia de tal perspectiva: Newton já pensava ter descoberto uma teoria *universal* da gravidade, capaz de explicar o conjunto dos fenômenos físicos; o desenvolvimento do eletromagnetismo fez pouco caso dessa pretensão. No final do século XIX, um espírito tão importante quanto Lorde Kelvin considerava que a física estava (quase) acabada — pouco antes de as forças nucleares serem descobertas... Nem mesmo hoje em dia justifica-se proclamar o encerramento do registro das forças em ação na natureza. Ainda que nenhum fenômeno físico fundamental de uma natureza radicalmente nova não tenha sido claramente identificado há mais de meio século, muitos indícios levam a pensar que não nos bastará aprofundar o conhecimento dos aspectos da natureza já conhecidos, mas ainda mal compreendidos, para deles obter uma visão coerente. Em relação ao microcosmo, o comportamento dos quarks, elementos da matéria constitutivos, mas não individualizáveis, a teoria especulativa das supercordas tão elaborada em seu formalismo matemático como primitiva quanto à sua interpretação conceitual, as múltiplas tentativas concorrentes, mas inacabadas, para desenvolver uma teoria quântica satisfatória da gravidade são sintomas de uma provável e profunda futura transformação no conjunto de nossos pensamentos. Quanto ao macrocosmo, contentemo-nos em relembrar que se reconhece atualmente que ignoramos a natureza (e até a localização) de 95% da substância do Universo, enigmaticamente batizado como "matéria negra" e "energia negra". Essas constatações não são de forma alguma portadoras em si mesmas de uma visão negativa e pessimista, uma vez que elas deixam entrever a possibilidade de uma renovação maior da física fundamental... caso as condições nas quais se desenvolve a ciência contemporânea o permitam. Veremos mais adiante o que se pode pensar de tal esperança.

Uma retomada incompleta

Mas, antes de considerar o futuro da física, uma avaliação de seu passado recente se impõe. Ao se debruçar sobre as aquisições teóricas da física do século XX, é, com efeito, permitido se interrogar sobre a realidade de nosso domínio conceitual em seus campos-chave, relatividade e quântica em primeiro lugar. Primeiramente, deve-se notar o tempo considerável que foi necessário à maturação dessas noções. Surgida no começo do século XX, sua expressão, como é de regra nos casos de inovações radicais, permaneceu por muito tempo estorvada por representações mentais e por formulações verbais pouco satisfatórias, bastante tributárias das idéias antigas que elas deveriam substituir. A retomada epistemológica, esse mecanismo de depuração e de autonomização que permite às novas idéias encontrar uma forma adequada ao seu conteúdo, foi por muito tempo inibida. Paradoxalmente, a física clássica, digamos o eletromagnetismo do século XIX, encontrou seus enunciados próprios e adaptados de uma forma muito mais rápida que a física dita moderna, com formas de expressão que permaneceram por muito tempo arcaicas. Muitos dos pseudoparadoxos e das formulações insatisfatórias continuam assombrando-a, por falta de uma retomada conceitual conduzida com sucesso; o mais difícil de se compreender, quanto aos incríveis desenvolvimentos recentes sobre a noção de "não-separabilidade" quântica, por exemplo, continua sendo seu surpreendente atraso histórico. A sofisticação de nossos formalismos aumentou enormemente, e nossa capacidade de dominar seu sentido, não; Maxwell já reclamava, há mais de um século, que "nossas equações parecem mais inteligentes que nós!".

Podem-se encontrar as razões desse intervalo nas profundas transformações que o exercício da pesquisa conheceu no século XX. De um lado, o desacoplamento progressivo entre práticas de produção e práticas de transmissão do saber inibiu o efeito reformador benéfico das primeiras sobre as segundas — tanto é verdade que são muitas vezes as dificuldades encontradas no compartilhamento dos conhecimentos que obrigam a aprofundá-los e reformulá-los. Essa limitação foi ainda agravada pela dominação de uma comunicação midiática de curto prazo sobre as formas tradicionais da transmissão, vulgarizadora ou didática, em todo caso mais culturais. Aliás, o impacto publicitário de enunciados espetaculares, mas inadequados (por exemplo, termos como "caos", "big-bang" etc.), nem deixa, em troca, de exercer efeitos nos próprios cientistas, nem os ajuda a praticar uma avaliação retrospectiva e autocrítica de seus trabalhos. Por outro lado, a física conheceu de forma mais rápida e intensa que as outras disciplinas uma industrialização produtivista que não cessa de crescer, impondo-lhe especialização das tarefas, competitividade dos programas, rentabilidade dos resultados. Em conseqüência, o reexame e a reformulação das aquisições precedentes foram, como tarefas profissionais, bastante desvalorizados em relação à busca do novo a qualquer preço. A retomada das teorias físicas fundamentais do século XX é, portanto, simultaneamente tardia e sem dúvida inacabada, o que torna sua difusão no mínimo problemática. Todavia, não existe aqui senão o resultado de um processo iniciado a partir das origens da física no sentido atual do termo, ou seja, desde a revolução galileana do começo do século XVII. Foi nesse momento que a ciência física deixou definitivamente de lado formas comuns da intuição, mesmo em seus aspectos conceitualizados como tinham sido formalizados pela ciência aristotélica. A partir de então, a distância entre saberes vernaculares e conhecimentos científicos só aumentará. Na Idade Clássica, o hiato é ainda transponível, ao menos em parte, para qualquer espírito cultivado, como testifica o newtonianismo militante de um Voltaire. A abstração crescente das noções da física e a sofisticação matemática avançada de seu formalismo ampliarão o fosso até praticamente impedir qualquer entrada na torre de marfim aos amadores, mesmo os mais esclarecidos, que não poderão mais senão adotar uma atitude espectadora e passiva diante dos desempenhos intelectuais doravante fora do seu alcance.

Nesse aspecto, os profissionais não se encontram afinal mais bem munidos, uma vez que o compartilhamento dos conhecimentos tornou-se problemático no próprio interior de uma disciplina como a física, doravante dividida em *sub* e *sub sub* disciplinas cada vez mais estanques. Mas, se esse encravamento tem sérios efeitos no seio da comunidade científica, existem outros bem mais graves ainda na sociedade em geral. Como desenvolver uma verdadeira aculturação da ciência se, nesse aspecto, seus próprios praticantes deixam muito a desejar? E, por falta de uma reconquista intelectual, é de esperar que a ciência possa tornar-se o objeto do debate democrático cuja necessidade é a cada dia mais viva? De toda forma, só se pode reconhecer aqui uma verdadeira limitação da física contemporânea, forçada a renunciar àquilo que foi uma ambição fundadora da ciência e um motor de seu desenvolvimento, a saber: o projeto de um crescimento geral dos conhecimentos que beneficia toda a humanidade.

Um risco de atolamento

Mas, sem dúvida, o problema não se resume aos limites encontrados pela física quanto à transmissão de suas descobertas; ele também diz respeito à própria possibilidade de realizá-las. É que o exotismo extremo dos objetos que ela encontra nas escalas nanoscópicas e megascópicas, a originalidade sem precedente dos conceitos necessários à sua compreensão e a formidável sofisticação das ferramentas matemáticas, bem como das técnicas experimentais doravante indispensáveis, poderiam realmente se conjugar para conduzir a física fundamental a um beco sem saída. As dificuldades seriam simplesmente enormes para serem transpostas em um futuro próximo. Mesmo assim, alguns setores já conheceram semelhante estagnação, como a dinâmica clássica no final do século XIX, que entrou, depois dos trabalhos de Poincaré, em uma letargia da qual ela só pôde sair quase um século mais tarde, graças especialmente ao surgimento dos novos meios informáticos de cálculo. Atualmente, as teorias mais avançadas da física fundamental — teoria das cordas ou dos branas — baseiam-se em formalismos matemáticos da mais alta abstração, mas não conseguem encontrar pontos de contato com uma realidade experimental que permitiria colocá-las à prova. É bem plausível que essas teorias mantenham por certo tempo um status incerto e que permaneçam em estado de animação suspensa, em limbos intermediários entre o paraíso dos importantes avanços e o inferno das refutações lógicas ou práticas.[1] Além do mais, elas exibem um estranho descompasso entre, de um lado, o esoterismo dos trabalhos de pesquisa profissionais que lhes são consagrados e não são acessíveis senão a um número sempre reduzido de especialistas, e, por outro lado, o vasto *corpus* de textos de vulgarização que os apresentam de uma maneira no mínimo superficial, levando a sério analogias e metáforas duvidosas engendradas por uma terminologia mal controlada. Tal situação de impasse foi evocada com vigor pelo importante dramaturgo Dürrenmatt em sua peça *Les Physiciens*, quando ele faz um de seus personagens, que deveria ser o maior físico de sua época, dizer:

> A física chocou-se com os limites do conhecível. Possuímos algumas leis compreensíveis e algumas relações fundamentais entre os fenômenos incompreensíveis, e não mais que isso. Todo o resto nos escapa e permanece um mistério inacessível

> à razão. Estamos no fim de nosso caminho. Mas a humanidade ainda não chegou lá. Travamos combates de vanguarda, mas ninguém nos seguiu e acabamos no deserto.[2]

Sem necessariamente compartilhar o pessimismo radical de Dürrenmatt, pode ser interessante levar a sua advertência a sério.

No máximo, os empecilhos assim encontrados pela física não dizem respeito, longe disso, somente aos campos extremos do indefinidamente pequeno e do indefinidamente grande. A concentração de muitos dos físicos fundamentalistas sobre a física das partículas ou sobre a dos astros baseia-se em uma visão bem reduzida da realidade. A multiplicidade das formas concretas de organização da matéria, a riqueza de comportamento de inúmeros objetos da natureza, já em nossa escala, sempre amplia mais o hiato entre as explicações gerais dos fatos e sua compreensão detalhada. Inúmeros fenômenos materiais, descobertos recentemente (a supercondutividade em alta temperatura) ou conhecidos há muito tempo (a flutuabilidade do gelo), permanecem mal compreendidos, ainda que a teoria quântica abstrata que os subentendem esteja perfeitamente estabelecida. Todos os físicos estarão de acordo em pensar que a equação de Schrödinger, pedra angular dessa teoria quântica, contém potencialmente a explicação dos comportamentos de todos os sistemas materiais, compostos afinal de elétrons e núcleos, que nos envolvem, quer se trate da fusão do ferro, da elasticidade da borracha, da dureza do diamante. No entanto, salvo casos particulares finalmente bem limitados, devemos em geral nos contentar com uma bem grosseira compreensão global e recorrer às aproximações bem mal controladas ou aos conceitos *ad hoc* para precisar as coisas. Na realidade, desde que se trate de seus limites, seria necessário se interrogar sobre o sentido a ser dado à palavra "conhecimento". A polissemia desse termo divide-a entre uma significação reduzida, a de um saber factual e particular (o conhecimento do valor da velocidade da luz ou o conhecimento dos elementos do quadro de Mendeleev), e uma significação ampla, a de uma compreensão profunda e genérica (o conhecimento do papel estrutural da velocidade-limite para o espaço-tempo ou a relação entre o quadro de Mendeleev e a teoria quântica do átomo). A validade de um conhecimento no primeiro desses sentidos não é garantia para o segundo.

Contrariamente a uma esperança que rapidamente se tornou uma fantasia, a física não eliminou a química, nem esta a biologia. Se existe uma lição que deve ser retida do século XX é exatamente a falência de qualquer reducionismo ingênuo, segundo o qual o conhecimento teórico se origina necessariamente dos princípios às suas manifestações. Uma (muito eventual) "teoria do Todo" não seria certamente uma teoria de tudo...[3] Mais geralmente ainda, o programa que consiste em "substituir o visível complicado pelo invisível simples" (Jean Perrin) não poderia aspirar à universalidade: a invisibilidade também pode ser complicada e, como o ser vivo, não se dobrar de forma alguma aos métodos experimentados da física — experimentações devidamente reproduzíveis, formalização matemática controlada. Significa dizer *a fortiori* que a física encontra de fato alguns limites: os dos campos em que ela deve ceder lugar às outras ciências. A cientificidade não pode se imobilizar em critérios gerais. Apesar de suas pretensões em reger o conjunto de nossos conhecimentos científicos, nem sua antigüidade nem sua precisão evitam à física o dever de reconhecer a autonomia e a soberania das outras disciplinas.

Dos limites sociais

Mas não podemos nos prender a um ponto de vista exclusivamente epistemológico que consideraria a questão dos limites do conhecimento sob o ângulo de uma confrontação abstrata entre a natureza e o espírito. Esse espírito é o de humanos vivendo em sociedades particulares que fornecem o contexto no qual se desenrola o processo de conhecimento, determinação que ao mesmo tempo permite e restringe a busca do saber. Houve um tempo em que esse condicionamento era essencialmente ideológico, como o mostra o papel do cristianismo na revolução científica do século XVII, papel ao mesmo tempo negativo (o processo de Galileu!) e positivo (a própria idéia do "Grande Livro da Natureza"). Atualmente sobressai a economia. O sucesso prático da física no século XX (eletrônica, nuclear etc.) tende a subjugá-la a programas de curto prazo, em detrimento de projetos mais especulativos. Ao mesmo tempo, a indústria fecundada pela ciência recua em seu próprio interior, conduzindo à "Big Ciência", cujo gigantismo parece, no entanto, atingir seus limites. A proporção dos recursos sociais consagrados à pesquisa fundamental atinge seu mais alto grau há alguns anos, pela primeira vez em quatro séculos de ciência moderna. O abandono pelos Estados Unidos da construção de um acelerador de partículas gigante (SSC) assinalou, em meados dos anos 80 do século XX, essa mudança de era. As dificuldades políticas dos projetos de instrumentação científica em larga escala (por exemplo, na

França, os conflitos em torno do Projeto Synchrotron Soleil ou do reator termonuclear experimental ITER) constituem doravante a regra, o que não seria de surpreender quando se vêem os seus orçamentos, normalmente orçados em bilhares de euros. Tanto faz que o conhecimento físico, em alguns de seus setores tradicionalmente mais prestigiados, atinja os limites do socialmente aceitável: a pesquisa do bóson de Higgs, por mais excitante que seja para o espírito (de quem?), apresenta uma relação custo/benefício que justifica ao menos seu exame crítico pela coletividade. Para alguns projetos científicos, um adiamento de algumas décadas não seria talvez uma grande perda para a humanidade. Mesmo assim, outros empreendimentos humanos tomados de gigantismo conheceram uma parada no ponto mais importante de seu desenvolvimento. As pirâmides do Alto Império egípcio e as catedrais da Europa gótica deram lugar a projetos mais modestos — mas não menos fecundos. Aliás, o redirecionamento, historicamente bem tardio, de uma física na nossa escala (turbulência, matéria mole) aponta nessa direção. Mas pode se compreender a amargura dos pesquisadores diante das dificuldades de seus intentos mais ambiciosos, enquanto, ao mesmo tempo, é um desenvolvimento descontrolado que a busca do saber conhece quando ela se confunde com a do lucro. Os mesmos fenômenos afetam (de forma mais rápida e ainda mais viva) as outras ciências, muito especialmente as da vida. Mas a relativa antigüidade da física permite estudar seu caso com alguma lucidez — privilégio de uma antiga aristocracia sobre uma jovem burguesia.

No fundo, a questão mais urgente é sem dúvida menos a dos limites do conhecimento científico do que a do conhecimento dos limites da ciência.

O compartilhar da ignorância

Produção e transmissão do conhecimento

"O homem só pode usufruir daquilo que sabe quando pode comunicá-lo a alguém."

GIACOMO CASANOVA, *L'Icosaméron*[1]

Em todo o mundo ocidental, muitas investigações e doutas pesquisas foram, ao longo das últimas décadas, consagradas a uma avaliação da competência científica média de nossos concidadãos.[2] O tom geral desses trabalhos é bastante pessimista. Um resultado típico é, por exemplo, que um grande número de pessoas não saberia dizer se o Sol gira em torno da Terra ou se é o inverso. A maior parte desses estudos conclui lamentando essa situação e insistindo na necessidade de esforços cada vez mais determinados para "difundir a cultura científica" — desejos que, no entanto, permanecem essencialmente piedosos. Notemos, contudo, que os trabalhos mais recentes e mais precisos,[3] que substituem a avaliação do nível de conhecimentos no âmbito das atitudes em relação à ciência, chegaram a conclusões mais comedidas, relativizando o catastrofismo reinante. Em todo caso, e sem de maneira alguma negar a realidade de amplos hiatos entre os conhecimentos comuns e os saberes científicos, parece-me que alguns pressupostos implícitos da problemática subjacente a esse diagnóstico de incultura científica pública merecem exame.

Cientistas ignorantes e ignorantes cientistas

A maior parte das discussões sobre esse tema identifica o "público", cuja competência científica se procura avaliar, com os leigos, ou seja, com os não-científicos. Dito de outra forma, a dicotomia entre "sábios" e "ignorantes", que subjaz a toda concepção da vulgarização científica no século XIX,[4] ainda é pregnante. Já é hora, contudo, de reconhecer que a incultura em matéria de ciência afeta tanto os profissionais quanto os outros. De fato, no estado atual da ultra-especialização da pesquisa científica, o nível de ignorância relativo a um campo particular é praticamente tão alto na coletividade científica, cuja maioria dos membros trabalha em outros campos, quanto entre os leigos. Portanto, não estamos falando de um único e grande fosso que separaria os cientistas e os não-cientistas, mas de uma imensa quantidade de hiatos particulares que separam os especialistas dos não-especialistas em cada campo. A ciência não é uma vasta ilha separada do continente da cultura, mas um arquipélago esparso de ilhotas, às vezes mais distantes umas das outras que do continente. Um especialista em um determinado campo é um não-especialista em quase todos os outros, e encontra-se, portanto, muito mais próximo do principiante do ponto de vista da cultura científica em geral. Certamente, quando os cientistas são submetidos aos testes habitualmente infligidos apenas aos leigos, seus resultados globais são superiores; mas seria muito instrutivo analisar suas respostas para as diversas questões em função de sua disciplina. De fato, uma pesquisa com uma metodologia razoavelmente apurada[5] mostra com efeito que o nível (honorífico) dos conhecimentos em ciências dos titulares de um diploma de ensino superior é praticamente independente da natureza de sua formação, seja ela científica, literária, jurídica ou econômica (são os médicos que mostram os piores resultados...). A mesma equivalência é encontrada, mas em um nível de competência bem menor, quando não se trata apenas dos conhecimentos *em* ciências, mas dos conhecimentos *sobre* a ciência. Dessa maneira, um despretensioso teste, destinado a avaliar de forma bem rudimentar o nível daquilo que se poderia considerar como uma cultura científica de base, oferece resultados bem próximos e tão medíocres, seja ele proposto a estudantes do nível superior em física, em ciências sociais ou em filosofia. Talvez o leitor queira tentar uma auto-avaliação a partir desse questionário que se encontra no Anexo, p. 239.

Por outro lado, é importante afirmar que, se os cientistas não são especialistas universais, os não-cientistas não são também não-especialistas universais. Qualquer membro ativo de uma sociedade tecnocientífica como a nossa é levado a desenvolver um elevado e múltiplo nível de *expertise*. A maioria das pessoas tem em vários campos diversas competências bem complexas, embora nem sempre sejam reconhecidas socialmente. Esses campos não são necessariamente científicos no sentido estrito do termo, mas exigem muitas vezes conhecimentos bastante elaborados e altamente tecnicizados — a conduta automobilística, a cozinha, a bricolagem, a costura, a economia doméstica, inúmeros esportes modernos, sem falar das relações sociais, oferecem uma profusão de exemplos. Muitas vezes essas competências requerem um domínio contextual e uma amplitude de visão em geral superiores àquelas que os conhecimentos científicos exigem — cuja própria acuidade vem da possibilidade de isolar e restringir o seu campo. Consideremos um caso típico para o qual se denunciou e se deplorou com freqüência a ignorância pública, o da indústria nuclear e dos problemas de confiabilidade e segurança que ela coloca, sem mesmo falar de sua rentabilidade. Uma (ilusória) compreensão global desses problemas exigiria certamente um bom conhecimento da física nuclear, mas também, ou até mais, da engenharia eletrotécnica, do encanamento e da tubulação, da radiobiologia, da organização do trabalho, da economia energética etc., ou seja, de campos amplamente desconectados, dos quais inúmeros não são estritamente científicos. Conseqüentemente, os cientistas, mesmo os físicos, não estão mais bem preparados que os leigos para fazer face aos difíceis problemas do nuclear. De fato, não existe qualquer controle individual possível de situações que, por sua própria natureza, colocam-se no nível de uma vasta coletividade humana.[6] Aqui, a *expertise* geral provém da fantasia.

Não pode haver uma avaliação correta da cultura científica pública se não se começar a levar em conta, além da natureza limitada e especializada do conhecimento científico, o seu caráter relativo. Um enunciado científico não pode ser verdadeiro ou falso, mas apenas verdadeiro *se*... ou falso *mas...* A ciência não produz verdades absolutas e universais; de preferência, ela fornece enunciados condicionais, e sua força vem precisamente de sua capacidade de definir suas condições de validade.[7] Um teorema matemático é verdadeiro *se* algumas hipóteses são explicitadas (por exemplo, o teorema de Pitágoras vale para um espaço euclidiano plano, e não para uma superfície curva); uma lei física pode ser aplicada *se* certas condições são preenchidas (por exemplo, a lei de Galileu que afirma que a altura da queda varia proporcionalmente ao quadrado do tempo vale apenas quando se pode negligenciar a resistência do ar). Retomando o sempiterno exemplo da Terra e do Sol, à questão "qual gira em torno do outro?", só posso oferecer, como físico, uma resposta sem ambigüidade se me disserem a qual sistema de referência ela deve se reportar. Pois o Sol, observado a partir da Terra, gira efetivamente em torno dela! E afirmar a seriedade de uma tal resposta não é uma argúcia provocadora: cálculos muito sofisticados das trajetórias seguidas por nossas sondas espaciais se fazem efetivamente nesse âmbito em que a Terra é (de forma legítima) considerada como imóvel, e isso cinco séculos depois de Copérnico. A ciência moderna, mais sutil que gostaríamos de admitir, não substituiu o geocentrismo pelo heliocentrismo, mas pelo policentrismo. Mais precisamente, a questão do "sistema do mundo" não é tanto a de saber se a Terra gira em torno do Sol, ou o contrário, mas a do movimento dos outros planetas; e esse é um problema menos de cinemática (a descrição do movimento pode se fazer em qualquer referencial) do que de dinâmica (a das forças dominantes que regem o Sistema Solar). Assim, a corriqueira questão, tal qual colocada nas pesquisas, não pode de forma alguma fazer justiça à delicada essência do problema e não deveria constituir um teste pertinente de competência científica.

Saber como saber

Em termos mais gerais, a verdadeira *expertise* (científica em especial) não consiste no conhecimento de um corpo ainda mais extenso de resultados abstratos (teoremas, leis etc.), mas na capacidade de dominar as trajetórias de pesquisa do saber necessário. Trata-se menos de saber do que saber como saber: o que perguntar, onde procurar, o que ler, quem interrogar — e por que se esforçar tanto para isso. Da mesma forma que em uma partida de xadrez os grandes mestres fazem apenas um pequeno número de movimentos (bem menos do que os leigos), os matemáticos apenas conhecem poucos teoremas; os físicos, constantes fundamentais; os químicos, fórmulas desenvolvidas. Mas todos sabem onde encontrar os conhecimentos necessários e como unir esses conhecimentos assim recuperados aos que já possuem. O saber científico (como qualquer outro) é intrinsecamente contextual, e o significado de uma questão não pode ser apreciado no abstrato. Ora, e hoje mais do que nunca, o contexto de um problema científico é essencialmente social. Uma questão dada, digamos, "qual é a causa da AIDS?", pode ter sentidos bem diferentes e admite diversas respostas válidas, caso tenha sido colocada em um congresso científico, em uma consulta médica, em um debate político ou em uma discussão teológica. Essa natureza contextual e social do conhecimento científico escapa completamente ao questionamento individual e fora de uma dada situação das excessivamente simplistas pesquisas de opinião, que, portanto, não deveriam fornecer uma avaliação confiável e pertinente da cultura científica pública.

Por fim, é preciso lembrar que a pretensa incultura comum não é de forma alguma, contrariamente a uma opinião geral, específica à ciência. Como demonstram as pesquisas usuais, a falta de conhecimentos também é impressionante (e sem dúvida tão pouco significativa) em outros campos da cultura. De uma pesquisa realizada na França por uma revista feminina de grande circulação,[8] constatou-se que, como previsto, 30% das pessoas achavam que o Sol girava em torno da Terra, 25% não conheciam a temperatura de ebulição da água etc. Mas 60% ignoravam quem pintou a Mona Lisa, 56% não sabiam quando Carlos Magno tornou-se imperador e 35% não conseguiam nomear a cidade onde se encontra o Partenon etc. Esses resultados são, aliás, similares aos obtidos em pesquisas do mesmo gênero feitas na Grã-Bretanha, onde, por exemplo, os cidadãos capazes de nomear alguns dos anões da Branca de Neve são bem mais numerosos que aqueles que conhecem um número equivalente de ministros do governo em exercício.* Mas esses resultados parecem-me muito mais reveladores da inadequação das pesquisas que da ignorância do público. As pessoas certamente estão bem mais aptas a responder às questões que elas se colocam e que devem resolver em suas vidas profissional, política e afetiva que aquelas que, arbitrárias e sem pertinência, são colocadas pelos pesquisadores

* Todavia, uma interessante diferença (cultural): uma maior proporção de ingleses que de franceses conhece o nome do pai de Caim e Abel.

anônimos. Por isso, parece-me pouco justificado inquietar-se de forma especial com a incultura pública pretendida no caso da ciência mais que com os outros campos. Assim como não há "duas culturas",[9] não poderia haver duas inculturas.

Essas observações não visam de modo algum a negar a existência de sérios problemas quanto à cultura científica pública. Elas também gostariam de convencer que uma apreciação mais apurada da natureza e dos efeitos desses problemas é necessária. Talvez a situação seja menos catastrófica do que se afirma corriqueiramente, e suas soluções são, em todo caso, um pouco diferentes dessa "difusão da cultura científica" incessantemente invocada e sem grandes resultados. Pois enfim, de acordo com os lamentáveis resultados das pesquisas mencionadas, se poderia esperar uma total inadaptação da maior parte dos cidadãos em nossas sociedades tecnocientíficas. Por outro lado, é impressionante constatar com relativa facilidade que as pessoas dão um jeito para dominar um entorno tecnológico cada vez mais complexo e em rápida evolução. Todas parecem capazes de adquirir as competências necessárias, seja para conduzir um carro, utilizar os sofisticados aparelhos eletroeletrônicos domésticos, tornar-se virtuosos nos jogos eletrônicos e, claro, empregar novas técnicas profissionais (como os softwares para tratamento de texto).[10] A maior parte mostra até mesmo uma surpreendente aptidão para aprender o que lhe é necessário *e nada mais*: saber conduzir sem ser um especialista em mecânica, cozinhar sem ser um especialista em química, digitar textos sem ser um especialista em informática etc. Em certas condições, pode-se até desenvolver um verdadeiro virtuosismo coletivo em alguns campos normalmente restritos: há apenas alguns anos, a inflação galopante no Brasil conduziu as camadas mais pobres da população a um notável domínio econômico graças a sutis estratégias de troca e de empréstimo ordinariamente reservadas aos grandes financistas. Claro, a maior parte dessas capacidades permanece no estágio de aquisições práticas e desconectadas, não sendo integradas em um campo teórico e em uma visão global de mundo; nem por isso elas deixam de constituir saberes eficazes e de pertencer a uma cultura comum. Não seria melhor começar por admitir e promover essas realizações mais que desprezar, de modo não raro paternalista, os seus limites?

Resta que essa "cultura tecnocientífica espontânea", ainda que baste para a maioria das circunstâncias da vida comum, não é nem tão profunda nem tão articulada para enfrentar os ameaçadores problemas técnicos e científicos da evolução social em curso, pelo menos se desejamos enfrentar esses problemas e decidir por soluções que sejam aplicadas de acordo com os processos coletivos de uma sociedade democrática. Mas aqui surge um interessante paradoxo. Muitas vezes se invoca a necessidade para os leigos de adquirir os conhecimentos científicos indispensáveis que lhes permitam discutir e resolver os problemas tecnocientíficos, em matéria de energia, de saúde, de defesa etc.; porém é bem mais raro que se mencione a mesma necessidade para os profissionais da tecnociência (pesquisadores, engenheiros) de adquirir os conhecimentos sociológicos, econômicos e políticos indispensáveis para lhes permitir compreender a natureza de seus próprios trabalhos e as incidências de suas descobertas. Portanto, não estamos exigindo muito mais dos leigos que dos especialistas? O que é mais perigoso (a curto e a longo prazo): deixar que cientistas continuem suas pesquisas nucleares ou genéticas sem que tenham uma clara idéia de suas conseqüências sociais, culturais e ideológicas, ou então deixar que cidadãos leigos recusem os riscos dessas conseqüências sem que tenham uma clara idéia de seus fundamentos científicos? Na realidade, essas deficiências não podem ser separadas, e os cientistas deveriam reconhecer suas próprias lacunas em vez de querer avaliar e corrigir as dos leigos. Um recente acontecimento veio ilustrar de maneira caricatural essa problemática: a defesa por parte de uma renomada astróloga de uma tese de ciências humanas, conforme os cânones da instituição universitária, suscitou um unânime e bem ridículo protesto entre alguns renomados astrônomos, cuja indignação só se iguala à ingenuidade deles diante das raízes profundas e da verdadeira natureza da astrologia — cuja análise coloca em jogo considerações sociológicas e psicológicas certamente tão complexas quanto a formação das galáxias ou a radiação dos pulsares. Aliás, é bastante irônico constatar que, segundo estudos minuciosos,[11] uma formação científica protege apenas de forma bem relativa contra as crenças paracientíficas, que mostram de resto uma forte correlação com o interesse pela ciência.

Para superar esse diagnóstico cético e tentar elaborar novas estratégias, parece necessário abandonar um belo sonho duas vezes centenário, o das Luzes. O grau de especialização, de dispersão e de tecnicização da ciência atual e a rapidez de suas evoluções conduzem, como na cosmologia, a um "efeito de horizonte": uma parte cada vez mais importante dos novos conhecimentos (para não falar dos antigos...) não é mais acessível senão a um número cada vez mais restrito de especialistas e permanece fora do alcance dos outros, leigos ou especialistas. Assim, no lugar de um ideal de conhecimento absoluto, é uma realidade de ignorância relativa que se impõe. Se quisermos reintegrar a ciência e a técnica à cultura, os limites de nossas capacidades coletivas de conhecimento devem primeiramente ser admitidos, avaliados e enfrentados. E isso é tanto mais verdadeiro que a exigência, que se tornou um artigo de fé banal, que desejaria que cada um fosse, se não um especialista, pelo menos competente em ciências, tecnologias e medicina antes de poder de modo legítimo dar sua opinião nessas matérias, é em definitivo absolutamente contrária ao postulado fundamental do espírito democrático. Pois a democracia é uma *aposta* — arriscada: a aposta de que a consciência prevalece sobre a competência. Não pedimos um nível de conhecimento profissional, nem mesmo amador em matéria de direito penal, aos membros dos júris dos tribunais, convocados, há pouco tempo, a decidir entre a vida ou a morte de pretensos criminosos, nem em matéria de direito constitucional aos eleitores que decidem o futuro do país. Por que seríamos então mais exigentes naquilo que diz respeito às ciências e às tecnologias? No fundo, o problema que devemos resolver não é tanto o de um hiato de saber que separaria os leigos dos cientistas, quanto o do hiato de poder que faz com que os desenvolvimentos tecnocientíficos escapem ao controle democrático.[12] Aliás, a resistência passiva dos leigos a tantos esforços voluntaristas em lhes inculcar de bom grado ou pela força os conhecimentos científicos que lhes seriam, como dizem, indispensáveis não deveria muitas vezes ser interpretada como uma atitude de reserva irônica fundada na inacessibilidade do poder que lhes permitiria realizar esses conhecimentos, em vez de uma resignação patética diante da dificuldade do saber?[13]

Podemos produzir saber sem compartilhá-lo?

Em primeiro lugar, seria sem dúvida necessário refletir sobre o melhor modo de articular a pesquisa científica e a difusão de seus resultados. Não se trata aqui de retomar o clássico questionamento sobre a legitimidade ética de uma busca do saber que se desinteressaria da possibilidade de compartilhá-lo. Leonardo da Vinci presumidamente já pronunciara uma firme condenação a uma ciência que permaneceria propriedade exclusiva de seus criadores. É sob um outro ângulo, mais funcional que moral, que gostaria de abordar a questão da relação entre produção e transmissão do conhecimento científico.*

Ou mais simplesmente: podemos saber sem divulgar o saber? O interesse e o alcance dessa questão dependem evidentemente de *com quem* se quer compartilhar esse saber. Caso se trate, em um primeiro momento, da difusão dos conhecimentos internos à coletividade científica, entre os

* As reflexões a seguir provêm de uma contribuição às Jornadas Hubert Curien, organizadas na cidade de Nancy em novembro de 2005, em homenagem ao antigo ministro da Pesquisa e à sua ação em favor do compartilhamento do saber. Hubert Curien, ao longo de suas atividades de pesquisador e depois de organização e de direção da pesquisa, jamais abandonou a atividade de professor. Evidentemente, ele pensava que não se pode — e, primeiramente, não se deve — separar a produção do saber de sua difusão. É em uma homenagem natural a essa postura que desejo desenvolver as reflexões que se seguem.

produtores de saber, a resposta é evidentemente negativa. A pesquisa é hoje em dia uma atividade essencialmente coletiva que se apóia em um complexo sistema social de troca e comunicação — publicações, colóquios etc. O cientista isolado, aliás, nunca existiu e, mesmo se alguns puderam conduzir seus trabalhos em uma relativa e temporária solidão, essa época já passou.*

Todavia, a partir desse nível, portanto interno à prática científica, um aspecto pouco trivial é muitas vezes desconhecido. Uma vez que o compartilhamento primordial diz respeito menos ao saber adquirido do que ao "pré-saber", ou seja, à formulação do que é *para se saber*: trata-se para os pesquisadores de trocar entre eles suas questões mais que (e, em todo caso, o mais rápido possível) suas respostas. A natureza coletiva do trabalho exige um consenso preliminar sobre os programas de pesquisa, um acordo sobre a pertinência das direções a explorar, um acordo sobre as normas de validade dos resultados aceitos. Aliás, e de forma bastante ampla, esse processo, pouco formalizado e muitas vezes implícito, representa o essencial dos colóquios e congressos científicos; salvo exceção, os seminários que fazem parte da programação das sessões importam muitas vezes menos do que as trocas informais nos corredores, durante os intervalos ou as refeições.

Desçamos mais um nível na análise das práticas efetivas da ciência, ao nível do próprio trabalho de pesquisa. Todos sabem, ou deveriam saber, que durante essa atividade o

---

* Alguns raros casos contemporâneos, como o do matemático Andrew Wiles decidindo deliberadamente conduzir no mais completo isolamento seu projeto de demonstração do teorema de Fermat (e conseguindo), representam hoje em dia exceções extremas.

essencial do tempo é consagrado a tentar superar os bloqueios, do pensamento ou da ação. Os cálculos do teórico são (quase) sempre a princípio falsos, as manipulações do experimentador são (quase) sempre a princípio perdidas. É o persistente fracasso que constitui o comum da pesquisa, e essa pesquisa é então acima de tudo a dos erros e das transgressões inevitáveis — daí um sentimento quase permanente de frustração psicológica que exige espíritos enérgicos, e que deveria ser levado em consideração na concepção dessa atividade (falaremos disso mais tarde). Portanto, uma estratégia comum consiste, nessas situações aporéticas, em exteriorizar seu questionamento íntimo, para melhor compreendê-lo e a ele responder, e, muitas vezes, desviando-o. Esse mecanismo é de uma extrema banalidade e não tem nada de específico à pesquisa científica — talvez seja por isso que em geral ele não é observado. Certamente, alguém já se pegou dizendo "Querida, não estou achando as minhas chaves, você não sabe onde elas estão?",* e então, sem esperar a resposta, "Ah, tudo bem, já sei onde as coloquei", observou esse fenômeno. E qual pesquisador não deixou o seu escritório ou sua mesa para interpelar o primeiro colega que encontrou:** "Puxa vida, olhe essa integral, não consigo estimar seu comportamento assintótico, você tem alguma idéia?", ou "Você sabe por que a reação de Sicrano não funciona na presença da máquina de frutose?", e nem precisou esperar a resposta

* Aqui, resisto categoricamente a uma exigência de paridade que me faria escrever "Querido(a) etc.", já que é verdade que esse monólogo é tipicamente masculino.

** Por outro lado, aqui eu deveria explicitar a variante feminina: ... qual pesquisadora... a primeira colega que encontrou...

para sentir desbloquear *ipso facto* sua atividade, teórica ou experimental.

A busca de conhecimento, caso permaneça privada, corre o risco de enquistamento, privada, com efeito, de um espaço que lhe permita avançar. Ela tem necessidade de ser enunciada publicamente para encontrar seu pleno desenvolvimento. O compartilhamento do desejo de saber é, assim, constitutivo do processo de produção e de aquisição desse saber. É lamentável que esse processo não seja evidenciado e realizado de modo mais explícito no ensino. Muitas dificuldades que os alunos encontram na assimilação de um novo saber poderiam ser, se não resolvidas, pelo menos reduzidas. Mas isso exigiria a organização de formas menos individualistas de ensino.

Contudo, é o compartilhamento do saber com os "outros", os leigos, que nos diz respeito aqui em primeiro lugar. É preciso afirmar de forma enérgica que não é uma atividade subordinada à descoberta — por uma razão bem simples: não pode haver perenidade da ciência se a coletividade científica não se renova. E, da mesma forma que não se podem recrutar militares senão entre os civis, só se recrutam futuros pesquisadores entre os leigos. É necessário ainda que estes estejam motivados e formados, e, portanto, que recebam os melhores frutos do conhecimento existente.

Mas não é só isso. O compartilhamento do saber, mesmo não podendo ser considerado como de menor importância, não deve também ser pensado como menos importante, no sentido em que viria necessariamente após a fase de sua produção. O conhecimento científico não nasce pronto do cérebro de seus descobridores. Sua emergência se faz, como todo nascimento, na confusão e na desordem. A relação dos novos conceitos com os antigos, a terminologia mais pertinente, a lógica de exposição mais convincente jamais aparecem de repente. As formas apropriadas de um saber novo emergem progressivamente de um trabalho complexo, é o que Bachelard chamou de "retomada" epistemológica. No desenvolvimento desse trabalho, uma parte essencial é representada pela exposição das novas idéias aos leigos. É no ensino ou mesmo na vulgarização que o detentor do saber melhor se conscientiza dos limites, das incoerências e das imperfeições desse saber, e vê sua atenção atraída para a necessidade de aprofundá-lo ou de reformulá-lo.

Infinitamente preciosos a esse respeito são os "sinais de incompreensão" que todo professor ou conferencista detecta nos olhos de seus ouvintes, mesmo, e principalmente, nos mais atentos e reativos. Muitas vezes, mais que interpretá-los como um sinal de deficiência na compreensão do destinatário, o orador se sentiria inspirado a questionar seu próprio domínio das idéias que tenta transmitir. É, em todo caso, se posso dar aqui o meu próprio testemunho, a experiência que tive em inúmeras ocasiões e que me obrigou, ao repensar meu seminário, a me dizer, como na canção de Boris Vian, "Tem algo cheirando mal nessa história, vou pensar nisso agora mesmo". E, de fato, uma boa parte de meus trabalhos de pesquisa sobre os fundamentos matemáticos e epistêmicos da física contemporânea nasceu das dificuldades que encontrei ao expô-los em suas formas adequadas. Pode-se mesmo afirmar que o atraso conceitual adquirido ao longo do século XX tanto pela teoria quântica como pela teoria da relatividade, que permaneceram demasiado presas nas formas transitórias de suas origens, é em boa parte devido ao descompasso crescente, no seio da coletividade científica, entre as atividades de pesquisa e as de ensino, e entre o privilégio conferido às primeiras em relação às segundas. Tudo leva a pensar que a situação não é muito diferente na maioria das outras disciplinas, principalmente em biologia (mas talvez seja necessário abrir uma exceção à matemática).

Essas considerações, caso se concorde com isso, têm conseqüências quanto à concepção e à organização da atividade científica. Elas implicam a necessidade de uma integração orgânica das tarefas de compartilhamento do saber com as das de sua produção. Elas militam em particular pela existência de um status único de professor-pesquisador (ou, talvez, caso a inversão da fórmula tenha mais chances de ser aceita, de pesquisador-professor). Apressemo-nos em dizer que tal idéia não deve ser concebida em um contexto rígido no qual o número respectivo de horas de ensino e de pesquisa seria fixado de uma vez por todas, muito mais, porém, como uma modulação flexível das carreiras: a tônica dada por cada um a esse ou àquele momento do ensino ou da pesquisa seria negociada e dependeria das pressões (técnicas ou organizacionais) do trabalho de laboratório, das exigências pedagógicas da instituição — e dos desejos e engajamentos individuais. Mas isso não impede que a regra simples deveria prevalecer: fazer ciência é ao mesmo tempo pesquisar e ensinar (mas não necessariamente ao mesmo tempo nem na mesma proporção para todos).

Uma outra aplicação prática da posição aqui defendida relaciona-se com a formação dos jovens cientistas. É lógico que seria incoerente exigir uma participação na difusão do saber (lembremos que essa missão figura explicitamente entre aquelas que a Lei de Diretrizes da Pesquisa de 1982 atribui aos pesquisadores) sem que uma preparação a essas tarefas esteja incluída na formação profissional. Esta constitui hoje em dia apenas uma iniciação à pesquisa, através dos doutorados e da tese. Parece necessário acrescentar a essas competências um mínimo de formação e prática pedagógica; estamos minimamente cientes de que o ensino superior é, sem dúvida, em nosso país, a única profissão de nível superior a não propor e não exigir qualquer formação específica, cujo recrutamento é feito apenas com base nas competências de pesquisa? De modo geral, a participação dos doutorandos em um mínimo de atividades de difusão dos conhecimentos — escrever um artigo de divulgação, tomar parte em atividades científicas, fazer uma conferência dirigida a um grande público, colaborar em um seminário etc. — deveria fazer parte de sua grade curricular e ser objeto de uma apresentação paralela à de sua tese de pesquisa.[14] Por ocasião da reforma do doutorado nos anos 1980, eu propusera essa idéia a Hubert Curien, que manifestou o seu apoio — mas julgou muito difícil concretizá-la.

Acrescentemos que o engajamento orgânico do pesquisador nas atividades de compartilhamento do saber teria grandes vantagens quanto ao seu equilíbrio psicológico e à satisfação com a atividade: nada mais frustrante e no fundo angustiante que essa ocupação na qual se passa a maior parte de seu tempo *não* se chegando a ponto algum, persistindo nas indecisões e até mesmo nos erros. Custa caro pagar alguns breves momentos de descoberta e de compreensão muitas vezes seguidos, aliás, de desilusão diante do modesto resultado obtido ou da prioridade de um concorrente. A pesquisa em tempo integral e com dedicação exclusiva não me parece realmente garantia de um equilíbrio mental mínimo. São pelo menos gratificações mais seguras, intelectuais e afetivas, que oferecem o contato com um auditório estudantil ou leigo, e tanto isso é verdade que nunca se dá sem receber. E é, aliás, ao conseguir transmitir o saber, quando sua forma é coerente e sua expressão, em todo caso, satisfatória, que o sentimento de domínio e apropriação do conhecimento atinge a sua plenitude. Como, mais uma vez, escreve Casanova:

> Parece-nos que sabemos alguma coisa e que sobre isso estamos certos apenas quando convencemos de sua verdade todos aqueles por meio dos quais podemos conseguir com que nos escutem.[15]

Podemos difundir o saber sem produzi-lo?

Agora, é a questão inversa que se impõe. Ou seja, seria possível comunicar a ciência, no contexto da educação ou da divulgação, sem produzi-la? A questão é delicada, porque diz respeito ao status dos mediadores de todas as espécies, professores, monitores, jornalistas etc. No entanto, parece necessário responder a essa questão de forma negativa, pelo menos no nível dos princípios. Pois um mediador que não tem a experiência concreta do que é o trabalho de pesquisa e de produção do saber e de suas dificuldades verá que lhe escapa em grande parte a especificidade dos conhecimentos que gostaria de transmitir. Avaliar sua originalidade (eventual), bem como sua fragilidade, seu interesse, bem como seus limites, ou no mínimo se colocarem essas questões de modo a poder fazer compreender, com os conhecimentos, o contexto que lhes dá sentido, são esses os componentes essenciais de qualquer empreendimento de mediação bem-sucedido. Somente tal perspectiva pode evitar que o ensino das ciências não se reduza ao aprendizado de fórmulas e enunciados petrificados e dogmatizados ou que o jornalismo científico não permaneça prisioneiro de uma visão factual e espetacular a curto prazo. Por causa da ausência de um mínimo de familiaridade efetiva com a atividade científica, é bem difícil garantir essa dimensão crítica.

Mas essa afirmação de princípio não visa de modo algum a reservar a transmissão do saber somente aos pesquisadores, nem a lhes dar o seu domínio e o seu controle, e menos ainda a exigir dos professores ou dos monitores que eles exerçam uma atividade de pesquisa institucional. De forma mais simples e prática, tratar-se-ia de propor aos veiculadores de ciência alguns métodos de formação profissional e de exercício de sua atividade que os tornem capazes de adquirir e, então, de manter uma familiaridade tangível com o trabalho de pesquisa, de forma que possam apreciar tanto sua grandeza quanto sua servidão — e que essa ambigüidade fecunda permaneça no centro dos saberes que eles se esforçam em compartilhar. Como exemplo, poderíamos desejar que a grade curricular dos diversos cursos de pós-graduação (Masters, DESS, DEA) de divulgação e de jornalismo científico que se multiplicaram nas universidades francesas possua sistematicamente estágios — sérios e efetivos — no interior de laboratórios de pesquisa.[16] A mesma proposição deveria valer para os futuros professores de ciências, ao longo da preparação de sua licenciatura ou dos exames seletivos para professor. E, no exercício de suas funções, sem considerar que esses mediadores possam participar das pesquisas de ponta em física das partículas ou em biologia molecular, podemos conceber que eles se lancem nas pesquisas *im*plicadas, que nossa sociedade tanto necessita para tentar dominar o desenvolvimento das tecnociências. Em matéria de saúde, de meio ambiente, de energia, são inúmeras as questões que uma formação científica de base permite abordar, no interior de coletividades democráticas, como as "butiques de ciência",* a Fondation Sciences Citoyennes,[17]** ou as conferências de cidadãos sobre assuntos particulares, e que ofereceriam inúmeros bancos de teste das realidades da pesquisa.

Se refletirmos bem sobre isso, é a própria questão da mediação como função profissional exclusiva que é aqui colocada. Talvez seja necessário observar que existe aqui uma especificidade, historicamente compreensível, mas nem por isso politicamente justificada, da atividade científica no seio da sociedade. Manifestadamente, a ciência sonha em emular os componentes reconhecidos da cultura — literatura, artes plásticas, música, teatro etc. —, por meio da perspectiva sem dúvida mal denominada e ainda por cima mal definida de "cultura científica e técnica".[18] Mas nessas atividades plenamente culturais, a mediação não é uma noção teórica muito válida; em todo caso, ela não passa pela exis-

---

* As "butiques de ciência" são lugares onde indivíduos e grupos comunitários podem fazer perguntas de ordem científica que são respondidas gratuitamente por pesquisadores ou estudantes graduados. Trata-se de uma abordagem que democratiza a ciência fazendo com que as pessoas dela participem. (N.T.)

** A Fondation Sciences Citoyennes (Fundação Ciências Cidadãs) é uma associação criada em 2002 com o objetivo de favorecer a reaproximação cidadã e democrática da ciência, com o intuito de colocá-la a serviço do bem comum. (N.T.)

tência de um corpo de mediadores específicos. Criação, (re)presentação e crítica mantêm aqui laços orgânicos que poderiam sem dúvida nos inspirar de forma útil.

*

* *

Em definitivo, produção e transmissão do conhecimento científico, cujas relações íntimas tentei esboçar, não deveriam mais ser pensadas como coisas distintas. E nem mesmo como duas faces de uma mesma realidade. Afinal, a própria ciência mostrou-nos a existência de figuras com uma única face: a faixa de Moebius, cuja superfície percorremos continuamente, sem precisar passar para o outro lado, oferece uma metáfora útil do que seria uma ciência bem compreendida, na qual nenhuma fronteira separaria a criação e a difusão do saber.

Anexo
Um teste elementar de cultura científica

1. *Dê uma breve definição (estilo* "Petit Larousse"*) dos termos:*
   pixel
   ecografia
   príon

2. *Quanto vale (aproximadamente) (a):*
   a distância Terra—Lua
   a velocidade do som
   o tamanho dos átomos

3. *Quanto tempo se passou (aproximadamente) desde:*
   a formação da Terra
   o desaparecimento dos dinossauros
   o aparecimento dos primeiros homens

4. *Quando foi descoberto (a):*
   o planeta Júpiter
   o código genético
   a energia nuclear

5. *Quando foi inventado (a):*
   o telefone
   a vacinação
   o laser

6. *Onde, e em que época, trabalharam:*
   Darwin
   Galileu
   Einstein

7. *Qual é:*
o nome e a especialidade de pelo menos um dos Prêmios Nobel franceses
o número de pesquisadores científicos na França
o orçamento da pesquisa na França

8. O *que significam as seguintes siglas:*
CNRS
INSERM
DNA

9. *Citar uma (ou várias) obra (s) literária(s) (romanescas, dramatúrgicas, poéticas etc.) na (s) qual (is) a ciência representa o papel principal.*

Do conhecimento como uno

Tomar a ciência no sentido correto?

O importante físico Richard Feynman, segundo uma das várias anedotas (em grande parte apócrifas) que alimentam a sua lenda, tomou um táxi em Nova York pouco tempo depois do anúncio de seu Prêmio Nobel (1965). O motorista, que vira sua foto nos jornais, reconheceu-o, parabenizou-o e depois acrescentou: "Mas, como o senhor sabe, não entendi nada de todos esses artigos de vulgarização sobre suas descobertas..." E Feynman respondeu: "Sinto muito, mas, se o senhor tivesse compreendido, sem dúvida meus trabalhos não teriam merecido o Prêmio Nobel!"[1] Por trás da reação um pouco auto-suficiente do físico, essa historieta evidencia o hiato que separa a ciência do saber popular. No entanto, na louvável intenção de não deixar o leigo distante da ciência e de atenuar os choques intelectuais da conceitualização científica, quis-se muitas vezes abranger a separação entre conhecimento científico e conhecimento comum em termos essencialmente quantitativos. É nessa perspectiva que se invoca com freqüência uma frase de Einstein: "A ciência não é nada mais que o refinamento do pensamento comum." Observemos, contudo, que a noção de refinamento conduz facilmente à de refinar, ou de destilar, que seria uma interessante metáfora que evidencia a diferença da *essência* obtida por um processo aparentemente contínuo: a sidra não tem muita coisa a ver (ou melhor, a sentir) com o suco de maçã inicial. Nesse sentido, a ciência é um saber *alambicado*.

Mas comecemos primeiro por reconhecer que, segundo a clássica fórmula de Bachelard, "é necessário aceitar uma verdadeira ruptura entre conhecimento comum e conhecimento científico". Pois a ciência se faz ao abalar, ou melhor, ao derrubar a evidência banal: "conhece-se *contra* um conhecimento anterior", como escreve mais uma vez Bachelard. Desde os seus primórdios, é mais por suas rupturas que a ciência se define e progride: se os números irracionais, como $\sqrt{2}$, escandalizaram o pensamento grego, foi em razão de sua diferença essencial com os números fracionários, relação de inteiros. Da mesma forma, a idéia da rotundidade da Terra se opõe às percepções e às concepções comuns e requer observações bem particulares (a forma da sombra da Terra por ocasião dos eclipses da Lua, por exemplo), bem como um salto conceitual considerável; as pretensas evidências empíricas, como o desaparecimento dos mastros dos barcos atrás do horizonte, não são nada convincentes e constituem muito mais artifícios de persuasão *a posteriori*. Por sua vez, os avanços da ciência clássica provêm de verdadeiras revoluções de pensamento, como provam de modo amplo as resistências encontradas pela idéia do movimento da Terra em torno do Sol (contra a aparência inversa) ou pela de uma ação gravitacional a distância.

Fronteiras móveis

É preciso, no entanto, que a distinção entre conhecimento comum e conhecimento científico seja tão simples quanto o desejaria uma compreensão até certo ponto sumária da tese bachelardiana. Não se poderiam opor essas duas formas de conhecimento como se elas formassem sistemas intelectuais predefinidos, estáveis e autônomos. Passar de uma a outra significa um gesto de ruptura tomado em uma história do saber. A linha de demarcação é, portanto, tributária de um contexto de interpretação epistemológica cuja inelutável historicidade acarreta deslocamentos dessa fronteira.

Concretizemos essa idéia a partir de um exemplo. Mesmo considerando uma diferença de natureza entre a ciência clássica e a concepção pré-científica do mundo, afirma-se muitas vezes que a "verdadeira" ruptura teria acontecido no começo do século XX, com a irrupção da "física moderna", ou seja, a teoria da relatividade einsteiniana e a teoria quântica. Até então, como se afirma, a ciência física ocupava-se de objetos provenientes da experiência comum: movimentos dos projéteis ou dos astros visíveis, manifestações sonoras ou luminosas diretamente perceptíveis. Os conceitos necessários à sua compreensão, por mais distantes que estivessem das noções comuns apropriadas ao nosso entorno habitual, referiam-se pelo menos aos mesmos fenômenos e provinham, portanto, de referentes familiares. Com o estudo de radiações inacessíveis aos nossos sentidos ou de edifícios atômicos imperceptíveis, um mundo escondido revelou-se e obrigou os físicos a finalmente se livrarem completamente do senso comum. De todo modo, foi assim que o vivenciaram os protagonistas desse período histórico. Em especial, as novas concepções do espaço-tempo entraram em conflito direto com a posição kantiana que considerava as noções clássicas como formas necessárias *a priori* de nossa inteligência do mundo — fosse ela científica ou não. Da mesma forma, os objetos microfísicos obrigavam a romper definitivamente com o ideal cartesiano de uma descrição "por figuras e movimentos", até então válido, ainda se podia acreditar, tanto no campo da experiência corrente quanto no da experimentação científica.

Contudo, quando se observa mais de perto, deve-se convir que a história das idéias, como a dos povos e a das nações, trabalha a longo prazo e que uma revolução visível e espetacular é muitas vezes a manifestação de rupturas subterrâneas anteriores, não apreciadas ou subestimadas em seu tempo. Muitas vezes, é quando uma idéia encontra seus limites, e, atingida de obsolescência, deve ser substituída, que se aprecia melhor a novidade radical que ela trouxe em sua juventude: é no decorrer do seu funeral que se aprecia enfim o real mérito dos desaparecidos... Foi o que aconteceu com a relatividade galileu-newtoniana, que permaneceu implícita até a sua destituição pela relatividade einsteiniana, que finalmente permitiu uma compreensão efetiva da precedente e iluminou sua diferença já essencial em relação às concepções usuais do espaço e do tempo. Em outros termos, foi a passagem de Newton a Einstein, no entanto experimentada como um salto considerável, que mostrou quão enorme é o abismo que separa Newton e Galileu de Aristóteles. De fato, inúmeras das dificuldades encontradas, tanto pelos leigos quanto pelos estudantes e, até mesmo, pelos especialistas, na compreensão dos efeitos da relatividade einsteiniana, são apenas réplicas retardadas do abalo sofrido por nossas intuições comuns na teorização newtoniana. Um outro importante exemplo é fornecido pela noção de "campo" físico (ver o quadro nas páginas 246-247), que, mais de 30 anos antes dos abalos que a teoria quântica imporia à nossa concepção dos objetos materiais, já introduzia uma entidade radicalmente nova, já que não podia se caracterizar por nenhuma das "qualidades primeiras" que o pensamento clássico considerava como inseparáveis da própria idéia de corpo. Maxwell, ao desenvolver, após as primeiras intuições de Faraday, o eletromagnetismo como uma teoria do campo, acabaria (contra suas próprias inclinações) obrigando os físicos a reconhecer o campo como um ser físico autônomo e por inteiro, uma "coisa" desprovida de substancialidade, de forma, de lugar próprio — e, contudo, incontestavelmente real, uma vez que transporta energia e transmite ações. Aqui, mais uma vez, seria fácil interpretar as várias aporias da teoria quântica — no tocante, por exemplo, à não-localidade — como o eco de dificuldades suscitadas pela noção de campo (clássico), mas por longo tempo negligenciadas ou ocultadas. Talvez, de forma ainda mais simples, observemos um último ponto — *stricto sensu*, uma vez que se trata efetivamente da noção de "ponto material". Esse elemento de base da mecânica newtoniana consiste em um objeto, evidentemente ideal, pontual, mas dotado de propriedades físicas — em primeiro lugar uma massa e (mais tarde) uma carga elétrica. Mas, como seres sem extensão espacial, os pontos geométricos euclidianos abstratos poderiam possuir uma substancialidade específica, serem dotados de uma "quantidade de matéria" (a definição newtoniana da massa) e carregar qualidades físicas que os diferenciam? Se os espetaculares sucessos da teoria newtoniana não viessem validar essa idea-

Um campo

Foi no começo do século XX que, segundo a opinião vigente, teria nascido a física moderna, com a relatividade e a teoria quântica. A ruptura com as concepções clássicas acontecera de fato algumas décadas antes, com a construção por Maxwell da noção de campo. Como escreveu Einstein em 1931:

> "Antes de Maxwell, concebíamos a realidade física em termos de pontos materiais. Depois dele, representamo-la por campos contínuos, sem explicação mecânica [...]. Essa transformação em nossa concepção da realidade é a mais profunda e a mais fecunda que já conhecemos desde Newton."

A noção de campo encontra sua origem e também sua denominação na idéia de se descrever um fenômeno físico a partir da configuração de um meio subjacente que explicitaria as propriedades concretas do espaço: um "campo de forças" — da mesma forma que se diz um campo de trigo, ou melhor, de batalha (uma lenda diz que Faraday criou o termo a partir da analogia visual entre as linhas magnéticas desenhadas pela limalha de ferro em torno de um ímã e os sulcos de um campo cultivado). Um importante problema que Newton deixara em suspenso era o da "ação a distância": como dois corpos celestes podem agir por gravidade um sobre o outro através do espaço que os separa? A mesma questão foi rapidamente colocada para a ação elétrica de duas cargas. A idéia de um meio intermediário, tradicionalmente chamado de "éter", parecia se impor para servir de suporte a essa ação. Como as ondas na superfície da água ou o som no ar, as ondas (gravitacionais ou

fértil

eletromagnéticas, segundo o caso) se propagariam nesse éter para transmitir a influência de um corpo a outro. Mas rapidamente se revelou que esse éter, caso fosse considerado como um meio material, deveria ter propriedades bem estranhas, aliando uma extrema fluidez (de maneira a penetrar nos corpos materiais comuns) a uma extrema rigidez (de maneira a transmitir as ações com uma grande rapidez); nenhum modelo mecânico satisfatório de éter pôde ser construído. Outras dificuldades quanto à concepção do movimento relativo dos corpos e do éter culminaram finalmente em destituir essa noção de qualquer pertinência. Uma vez o éter dissipado e seu suporte desaparecido, os campos adquirem uma existência autônoma e atingem o status de seres inteiramente físicos, designando não mais "o lugar onde", mas "a coisa que". Esse movimento foi bastante reforçado pela elaboração do formalismo matemático necessário à descrição da dinâmica dos campos em termos de equações nas derivadas parciais. Esse é, no que diz respeito à eletricidade e ao magnetismo, o conteúdo da teoria de Maxwell (a partir de 1865). A noção física de campo exige um corte radical com qualquer representação comum e pode de fato ser considerada como emblemática da modernidade: a relatividade de Einstein encontra sua fonte na necessidade de tornar coerente a estrutura de espaço-tempo com a teoria de Maxwell do campo eletromagnético; de forma mais profunda ainda, a teoria quântica ultrapassou a dualidade clássica das ondas e dos corpúsculos ao inventar novos seres físicos, os *quanta*, que não poderiam ser concebidos sem a inovação dos campos clássicos. Mais que uma superação, é de uma "reencarnação" quântica que a noção de campo será então objeto, demonstrando assim uma vitalidade ainda fecunda.

lização, poder-se-ia legitimamente duvidar de sua pertinência para a descrição das "verdadeiras" coisas do mundo, pedras ou planetas. É o mesmo que dizer que a teoria física, desde os seus primórdios e muito antes de sua passagem para a modernidade do século XX, já se separara radicalmente da intuição comum.

O conhecimento científico não pode então ser considerado como um conjunto homogêneo. Ele conhece transformações e reorganizações internas que afetam a importância estratégica de suas fronteiras com o conhecimento comum, e muitas vezes até mesmo o seu traçado. Mas, de modo recíproco, o conhecimento comum conhece, em sua relação com o conhecimento científico, evoluções que não despertam o menor interesse. Por um lado, essas fronteiras estão longe de ser estanques, e muitas exportações discretas ou até mesmo contrabandos clandestinos vêm modificar os conteúdos do saber comum. O conhecimento público, para introduzir uma terminologia um pouco mais precisa, incorpora assim inúmeros elementos inicialmente enclausurados nos campos mais especializados e mais problemáticos da ciência. Que a Terra não somente seja esférica mas flutue sem qualquer apoio no espaço, noção anteriormente reservada aos mais avançados sábios de seu tempo, é hoje em dia de notoriedade geral. Que muitas das doenças devam-se a infecções por seres microscópicos, e não aos desequilíbrios dos humores, aos miasmas atmosféricos (malária = mau ar!) ou ao mau-olhado do vizinho, essa revolucionária idéia pasteuriana é doravante banal. Que a capacidade de agir sobre a matéria, para nos esquentar, nos transportar, nos equipar, seja tributária dos avatares de uma grandeza conservada bastante abstrata, essa idéia, que não tem nem dois séculos, é atualmente parte de uma bagagem intelectual mínima e permitiu que uma palavra do velho vocabulário aristotélico, e novamente na moda — refiro-me à *energia*, claro —, seja vista nas primeiras páginas dos jornais (ver quadro mais adiante).

Um senso comum particular?

Pelo contrário, o conhecimento científico, à medida que se aprofunda no interior de um campo disciplinar dado, adquire para seus praticantes um status cada vez mais próximo daquele de um conhecimento comum — interno ao meio científico, em todo caso. Poder-se-ia dizer até mesmo que um saber especializado não é verdadeiramente dominado pelos seus detentores senão quando é desfeita a demarcação entre as duas formas de conhecimento. Assim, as últimas décadas viram a emergência de uma perspicácia profissional, de uma intuição especializada — um "senso comum particular", poder-se-ia dizer — nos campos da física moderna considerados até então como bem esotéricos. Isso é testificado de modo eloqüente pela prática ao mesmo tempo discursiva e técnica dos quânticos, que já adquiriram uma considerável familiaridade com os comportamentos de seus objetos. Os costumes dos elétrons, fótons e nêutrons lhes são, se não banais, pelo menos costumeiros; não é mais necessário hoje em dia passar pela dedução formalizada da teoria completa para predizer ou compreender o comportamento dos *quanta* em tal dispositivo experimental. Podemos nos convencer disso facilmente ao comparar os manuais de teoria quântica,

Dom Quixote e o potencial elétrico

A noção de potencial elétrico, hoje em dia praticamente dominada tanto pelos eletricistas quanto pelos faz-tudo de domingo, e de modo mais simples ainda por qualquer viajante que sabe em qual tensão deve usar o seu barbeador elétrico ou o secador de cabelos, era há menos de 100 anos considerada como o cúmulo do esoterismo. Um eloqüente testemunho da extrema dificuldade, até o começo do século XX, que opunha aos aprendizes físicos essa noção hoje banal para os aprendizes eletricistas, é dada por Paul Langevin (1872-1946) em uma passagem autobiográfica com mais de meio século:

> "[...] Temos visto, em nossa experiência recente, noções muito abstratas e dificilmente assimiláveis no início, colorir-se de concreto à medida que o hábito se formava, que elas se enriqueciam de lembranças e associações de idéias. Citarei algumas noções, como, por exemplo, a de potencial. Em minha juventude, isso estava fora de questão; depois começamos a falar sobre ela com muita prudência. Aqui, o primeiro a introduzi-la em seu curso foi meu predecessor, Mascart, no Collège de France; ele foi ridicularizado, especialmente pelo abade Moigno, que redigia um jornal científico, *O Cosmos*, no qual Mascart era tratado de 'Dom Quixote' e de 'Cavaleiro do potencial'. Hoje, já recebemos a cultura necessária e nos habituamos. Quando se fala de potencial entre dois bornes elétricos, sabemos do que se trata; já associamos essa idéia a um número suficiente de experiências intelectuais ou fisiológicas para ter tingido de concreto o que primitivamente era definido de forma abstrata [...]. O eletricista sabe muito bem que essa noção de uma grandeza que se mede em volts corresponde ao fato

de que ele pode estremecer, caso toque os bornes em condições favoráveis, ou então que o fato de uma lâmpada colocada entre dois bornes ficará vermelha ou queimará e que um voltímetro colocado nas mesmas condições desviará. Ele está tão familiarizado com as manifestações concretas da diferença de potencial que a designa pelo nome familiar de 'choque'. Isso prova que a noção deixou de ser abstrata para ele."

Podemos acrescentar que a ubiqüidade moderna da aparelhagem elétrica e a multiplicação das fontes de corrente, setor, baterias, pilhas, bem como a presença das linhas de transmissão de alta tensão em nossas paisagens reforçaram ainda mais a aculturação da noção de tensão ou de potencial: indicações em algarismos, como 4,5 volts, 220 volts ou 20.000 volts, imediatamente nos remetem a situações concretas.

principalmente os mais elementares, com uma diferença de 50 anos. Contrariamente a uma expectativa ingênua, são os mais modernos que são os mais simples, os menos técnicos e os mais conceituais. Essa emergência de uma verdadeira "intuição quântica" é uma das razões, mas não a menor, das modificações radicais que afetaram o conteúdo do debate epistemológico no domínio quântico.

Pode-se até mesmo defender a idéia, contrária à *doxa*, de que a maior inovação da física moderna (a do século XX) é ter se dotado dos meios explícitos de desenvolver sua própria intuição. O recurso ao formalismo matemático é tão antigo quanto a física (no sentido atual do termo) e é o seu constitutivo desde, pelo menos, o século XVII. E ninguém duvida de que a teoria euclidiana das proporções parecia aos contemporâneos de Galileu tão abstrata e contra-intuitiva quanto o cálculo diferencial aos de Newton, a análise vetorial aos de Maxwell e os espaços de Hilbert aos de Heisenberg. Há pouco mais de um século, no entanto, ao que parece, desenvolveram-se a adoção deliberada e o desenvolvimento mais ou menos sistemático de toda uma série de práticas específicas que tornam mais flexível o rigor formal das teorias físicas, aquilo que será chamado de "física qualitativa".[2] Não se pode expressar melhor sua natureza senão pelo aforismo de John A. Wheeler, um dos importantes físicos do século XX e um dos mestres dessa arte:

> Jamais calcular antes de conhecer o seu resultado,

que é também chamado por Wheeler de "Princípio número Zero da física". Essa idéia é a seguinte: precisamente por causa do recurso obrigatório aos formalismos sofisticados e aos árduos e longos cálculos, na física o risco de erro é constante. Torna-se então imperativo dotar-se de meios de controle, operando se possível no início, mais que por simples verificação no final, de modo a prever pelo menos em ordem de grandeza o resultado do cálculo feito e poder avaliar imediatamente a plausibilidade do resultado (ver quadro na página seguinte). Mais que o simples controle de qualidade do processo teórico, que se poderia fazer eventualmente em retrospectiva, trata-se de testar sua pertinência: vale realmente a pena lançar-se em um complexo e fastidioso cálculo, se não se tem de antemão uma garantia mínima de que ele fornecerá um resultado razoável? E esses métodos qualitativos não podem oferecer uma indicação sobre a confiabi-

Os afinadores de piano de Nova York

Um componente essencial da arte da física, esse artesanato científico que reaproxima a ciência teórica das práticas técnicas usuais, reside na capacidade em se obterem rapidamente as avaliações numéricas de grandezas desconhecidas a partir dos valores disponíveis de outras grandezas. Assim, o folclore profissional conserva como emblemático o problema dito "dos afinadores de Nova York" (em outras versões, trata-se de Chicago), segundo Enrico Fermi, que foi certamente um dos maiores promotores do espírito artesanal na física. Fermi, imigrante nos Estados Unidos, tinha o hábito, pelo que dizem, de propor aos seus estudantes, para testar o seu temperamento de físicos, em vez de um exercício ultra-especializado de física atômica ou nuclear, uma questão do gênero: "Quantos afinadores de piano existem na cidade?" A resposta esperada baseava-se no seguinte raciocínio:

a) há aproximadamente 10 milhões de habitantes na grande Nova York, ou seja, 10^7,
b) à razão de três membros em média por lar, isso corresponde a $3{,}10^6$ lares,
c) dos quais aproximadamente um em cada 30 possui um piano (é a parte mais crítica do raciocínio), o que dá 10^5 pianos,
d) que devem ser afinados, digamos, a cada três anos, ou seja, 10^3 dias; de onde $10^5/10^3 = 10^2$, ou seja, 100 pianos por dia para afinar,
e) o que, à razão de um ou dois pianos por dia para cada afinador, exige entre 50 e 100 afinadores — digamos algumas dezenas.

Não se pede evidentemente mais que essa ordem de grandeza, que convenhamos já é extremamente restritiva (uma avaliação *a priori* suscita, experiência feita, respostas que variam de três a dez mil), e principalmente correta: temos em Paris por volta de 60 afinadores (de acordo com a catalogo telefônico), o que é perfeitamente compatível com o resultado nova-iorquino, caso se considere que Paris *intra muros* em 2000, mesmo tendo cerca de quatro vezes menos habitantes do que Nova York em 1950, é uma cidade mais rica e dispõe de mais pianos por lar, cada lar contando com 1,5 pessoa em vez de três.

Esse tipo de raciocínio é permanente nos laboratórios, aplicado evidentemente às grandezas mais físicas. Muitas outras questões controversas sobre os efeitos ecológicos ou econômicos dessa ou daquela iniciativa técnica ou industrial ganhariam se fossem primeiramente submetidas ao crivo de uma análise das ordens de grandeza pertinentes, antes que os outros critérios de julgamento fossem convocados.

lidade dos resultados numéricos somente porque eles constituem uma maneira ao mesmo tempo aproximativa e justa de realizar os conceitos da teoria e, portanto, de assimilá-los. Trata-se certamente aqui de uma *arte* no sentido mais tradicional do termo, o das artes e ofícios, e cuja novidade reside menos na existência do que no reconhecimento — aliás, ainda insuficiente, em particular no ensino da disciplina.

A recuperação dos saberes tradicionais

Enfim, desenvolvimentos recentes das práticas da pesquisa científica evidenciam a crescente mobilidade das fronteiras entre conhecimento comum e conhecimento científico. A ciência do século XIX, em sua vontade hegemônica e devotada à sua rivalidade com as formas de pensamento mais antigas, religiosas ou míticas, excluía de seu campo de interesse e desvalorizava impiedosamente qualquer conhecimento tradicional julgado como proveniente da superstição e desacreditado sem exame. As dificuldades encontradas há algumas décadas pelo ideal cientista conduziram os cientistas do final do século XX e do começo do século XXI a um pouco mais de modéstia — e, às vezes, de perversidade. As certezas demasiado antigas das mães sobre as capacidades de percepção de seus filhos *in utero*, muito tempo consideradas como bobagens de mulherzinhas pela medicina, foram enfim reconhecidas pela neuropsicologia e pela psicanálise. As habilidades e os procedimentos empíricos da cozinha tradicional são estudados com curiosidade pela físico-química, que ajuda a selecionar entre as receitas que se justificam (sim, é mais fácil fazer geléias em panela de cobre...) e os preconceitos infundados.[3] As farmacopéias indígenas de inúmeros povos e suas plantas medicinais são doravante objeto de coletas e pesquisas avançadas por parte das maiores empresas farmacêuticas. Essa verdadeira recuperação dos saberes populares pelas ciências estabelecidas é de um considerável interesse epistemológico — mas também econômico...

Não é o caso de voltar à necessária distinção entre as formas científicas e as formas comuns do conhecimento. Ainda é preciso compreender que não se trata de uma dicotomia que separaria duas categorias fixas, fechadas e homogêneas. Aliás, tal posição suscitaria um divertido paradoxo. A tese segundo a qual o conhecimento científico difere essencialmente do conhecimento comum é em si mesma um conhecimento científico; poderia ela tornar-se um conhecimento comum sem se auto-refutar?

O conhecimento humano é plural, evolutivo e interconectado. Merecendo o maior respeito tanto a especificidade de suas múltiplas formas quanto a fecundidade de suas trocas. Em sua diversidade, é preciso pensar o conhecimento *como uno*.

A ciência é universal?

Uma diversidade sem relatividade

"Sendo a ciência um dos elementos verdadeiros da Humanidade, ela é independente de qualquer forma social e eterna como a natureza humana", escreveu em 1848 Ernest Renan, em *L'Avenir de la science*.[1] Ainda que o cientismo do século XIX tenha perdido espaço no começo do século XXI, ainda falta muito para que todas as suas idéias recebidas desapareçam. A universalidade da ciência permanece atualmente uma convicção amplamente compartilhada. Em um mundo no qual sistemas sociais, valores espirituais, formas estéticas conhecem incessantes abalos, seria tranqüilizador que a ciência ofereça pelo menos um ponto fixo ao qual se referir no relativismo ambiente. A ciência no mínimo, e sem dúvida no máximo: ainda que Renan tenha escrito considerá-la como "*um dos* elementos verdadeiros da Humanidade", todo seu livro leva a pensar que se trata de uma cláusula de estilo e que a ciência é para ele o *único* "elemento verdadeiro". De fato, um século depois de Renan, o físico Frédéric Joliot-Curie podia escrever com boa consciência progressista:

> O puro conhecimento científico deve trazer a paz para as nossas almas escorraçando as superstições, os terrores invisíveis e também nos dando uma consciência mais clara de nossa situação no Universo. E esse é talvez um dos seus mais altos títulos: ele é o elemento fundamental — e talvez o único elemento — de unidade de pensamento entre os homens dispersos sobre o globo.[2]

De fato, é difícil contestar que todos os outros elementos da cultura — formas de organização política, estruturas de parentesco, mitos fundadores, usos e costumes, religiões e espiritualidades, artes e letras — pertençam *às* culturas, no sentido etnológico do termo. Mas a ciência não oferece conhecimentos objetivos, verificáveis, reproduzíveis? O Verdadeiro não poderia de modo razoável aspirar a uma universalidade que o Belo e o Bom se veriam de modo não menos razoável recusar ou pelo menos discutir? O teorema de Pitágoras, o princípio de Arquimedes, as leis de Kepler, a teoria de Einstein, se são verdadeiros aqui e agora, como ali e ontem, não o são por essência em qualquer lugar e sempre? Porém, uma primeira dúvida deveria nos ocupar diante da idéia de que esses exemplos, por mais convincentes que possam parecer, pertencem a uma tradição afinal de contas bem provinciana, a da Europa Ocidental e da cultura greco-judaico-cristã. Teríamos uma certa dificuldade para citar em apoio à asserção de universalidade uma panóplia de exemplos também universais que invocariam saberes comumente compartilhados e que têm como referentes origens tibetanas, maoris ou astecas.

Antes de desenvolver uma análise crítica da noção de universalidade da ciência, deixemos bem claro que não se trata aqui de fortalecer uma visão prosaicamente relativista do conhecimento que muitas vezes censuramos em quem recusa a concepção positivista banal que dá ao conhecimento científico um inelutável progresso cumulativo. Não, todos os saberes não se valem, e, quando se trata de construir um avião, uma central nuclear ou um aparelho de televisão, a dinâmica dos fluidos, a teoria do núcleo e o eletromagnetismo da física moderna não poderiam ser substituídos pela física aristotélica ou mesmo arquimediana, sem falar das concepções da matéria dessa ou daquela civilização não européia. Mas, por fim, vemos bem que a afirmação incontestável da validade dos saberes fornecidos pelas ciências contemporâneas não poderia ser separada do questionamento sobre sua pertinência que, quanto a ela, é necessariamente contextual.

No nível fundamental, a tese da universalidade *da(s) ciência(s)*, como seríamos tentados a escrever, não pode ser defendida sem se referir à sua unicidade e à sua unidade — não menos problemáticas.

Desde o século XIX, tinha-se, sem sombra de dúvida, a ciência ocidental como a única existente, unicidade que a destinava de forma bastante natural à universalidade, e os historiadores das ciências mostraram a importância e a riqueza de outras tradições científicas — indiana, chinesa, árabe-islâmica. Todavia, esse reconhecimento é muitas vezes percebido como o de "fontes" que teriam finalmente convergido para alimentar o único grande rio da ciência, fontes às quais concederemos que foram por muito tempo negligenciadas, mas para melhor subestimar finalmente sua historicidade específica.[3] A título de exemplo, vale a pena comentar a esplêndida exposição "A idade de ouro das ciências árabes", exibida em 2005 no Instituto do Mundo Árabe. Ora, o jornal *Le Monde* a ela se referiu como uma "maravilhosa exposição sobre *a contribuição* das ciências árabes para a Europa". Como se sua finalidade histórica tivesse sido a de anunciar e preparar a vinda de nossas ciências. E muitos outros comentários sobre essa exposição perpetuaram essa visão, retroativa, redutora e finalmente paternalista, de uma "contribuição ao patrimônio científico comum". Mas, se a ciência árabe desenvolveu-se durante seis séculos (perdoem o pouco tempo!), sua "contribuição" à Europa teve que esperar que esta estivesse o suficientemente civilizada, ou seja, de modo geral a partir do século XII. Esses avanços não podem de forma alguma ser compreendidos somente a partir das perspectivas que a Europa lhes emprestará (nem todas, aliás), em detrimento de sua dinâmica e de seu interesse próprios. Ousaríamos apresentar uma exposição de arte africana reduzindo-a à sua "contribuição" ao cubismo? Ou, para voltar à ciência, uma das múltiplas e recentes exposições consagradas a Einstein e à ciência (européia) da primeira metade do século XX a partir de sua "contribuição" a uma ciência americana do século XXI?

Quanto à unidade da ciência, tão ardorosamente projetada até o começo do século XX, ela finalmente permaneceu pura petição de princípio diante da crescente especialização dos campos científicos, no que diz respeito tanto aos seus modos de organização quanto aos seus métodos de investigação.

Claro, a ciência de que trataremos aqui se reduz no essencial à matemática e às ciências da natureza. O fato de levar em consideração as ciências sociais e humanas tornaria muito mais fácil a crítica da pretensão à universalidade. Sem atribuir o mínimo julgamento de valor sobre a cientificidade de umas e de outras, e para não facilitar indevidamente minha tarefa, limitarei, portanto, meus argumentos às ciências associais e inumanas.

Uma experiência de alteridade matemática

Durante uma visita ao Japão, em um dos inúmeros templos xintoístas ou budistas, etapas obrigatórias dos turistas, você vê várias tabuletas penduradas como oferenda às divindades do lugar, gravadas ou pintadas com diversos motivos — paisagens marinhas, vistas do Fujiama, cavalos galopando ou simples caligrafias. De repente, o seu olhar pára sobre um desses ex-votos; não, você não está sonhando, é realmente uma figura geométrica, um arranjo especial e enigmático de círculos, triângulos e outras elipses. Perguntado, um amigo ou um guia lhe explicará que o texto que acompanha a figura é realmente o de um enunciado matemático, dado na maior parte das vezes sem sua demonstração. Esses *sangaku*, ou tabuletas matemáticas, têm sua origem na época Edo (séculos XVII, XVIII e XIX), quando o Japão voluntariamente se isolou e eliminou as influências externas, especialmente as ocidentais. Fechado sobre si mesmo, foi então que ele desenvolveu algumas de suas mais originais criações culturais, o teatro *nô*, a poesia *haicai* — e uma matemática específica, o *wasan*, da qual os *sangaku* (Figura 1) constituem uma forma pública.

Interessado principalmente pelas propriedades métricas ou projetivas de figuras planas e tridimensionais, como também por algumas considerações sobre os números inteiros, o

FIGURA 1. Um *sangaku*.

wasan não se apresenta como um corpo de doutrina axiomática, do tipo adotado pela matemática ocidental desde Euclides. Trata-se muito mais de uma coletânea de resultados, alguns dos quais, no entanto, podem ser muito elaborados. Encontramos assim sobre alguns *sangaku* enunciados que precedem algumas vezes de um ou dois séculos os teoremas ocidentais equivalentes.[4]

Porém, mais que os conteúdos matemáticos dos *sangaku*, é sua apresentação e sua função que nos intrigam. Imagine descobrir em Lourdes ou no Sacré-Cœur um ex-voto que representasse, mais que a Virgem salvando uma criança doente ou um náufrago marinheiro, uma figura ilustrando a reta de Euler ou o triângulo de Pascal? Verdadeiras obras de arte, cuidadosamente pintadas e caligrafadas, muitas vezes atribuídas a amadores esclarecidos, essas tabuletas testificam uma concepção primeiramente estética da matemática: o que se oferece às divindades é o Belo, quer ele tenha a forma de um cavalo admiravelmente pintado ou a de um elegante resultado geométrico. Essas brevíssimas indicações não significam de forma alguma que a função dos *sangaku* fosse puramente estética. Eles representavam igualmente um papel que se poderia chamar de publicitário, na constituição e na rivalidade das escolas de matemática, e tinha até mesmo um aspecto esportivo, que expressava sob a forma de desafios a emulação entre mestres da matemática ou amadores esclarecidos.[5] Mas isso não quer dizer que, mesmo desse ponto de vista, sua localização nos templos seja no mínimo singular. Profundamente diferente da matemática conhecida na tradição ocidental, a matemática dos *sangaku* não pode ser plenamente compreendida nem na perspectiva de aplicações técnicas, nem na de uma concepção filosófica, nem mesmo, apesar do seu contexto sagrado, na das interpretações místicas (como a numerologia da cabala, por exemplo).

A CIÊNCIA TOMADA AO PÉ DA LETRA

Uma primeira indicação probatória da diversidade cultural que subentende a idéia de ciência decorre de uma breve pesquisa sobre os termos utilizados nas várias línguas, cujas etimologias variadas conotam associações de pensamento e de representações mentais bem diferentes.[6]

É impressionante que a própria palavra CIÊNCIA (*Science*), utilizada em francês, mas também sob formas próximas nas outras línguas românicas, bem como em inglês, só esteja ligada de forma secundária ao saber ou ao conhecimento. O verbo latino do qual ela provém, *scire*, parece ter tido inicialmente o sentido de "cortar", "rachar" e, então, "decidir", "decretar"; *scire* está ligado a *secare*, "cortar", que deu "serrar" (*scier*) (se a História tem o seu grande Hiato, a Ciência [*Science*] tem o seu grande Corte [*Scie*]...).

O latim acaba atribuindo à *scientia* o sentido de conhecimento teórico, mas o francês do século XI designará como ciência primeiramente o saber fazer e a habilidade, nuança que persistirá por muito tempo no uso popular (por exemplo: Raymond-la-Science), antes que a acepção moderna se imponha.[7] É ainda necessário observar que o sentido e o emprego atuais da palavra são bem recentes e posteriores à própria "revolução científica":

> No século XVII, a palavra "ciência" (do latim *scientia*, significando "conhecimento" ou "sabedoria") tinha tendência a designar qualquer conjunto de conhecimentos propriamente estabelecidos (ou seja, verdades universais e necessárias), enquanto se qualificavam as investigações relativas ao tipo de coisas que existiam na natureza e na estrutura causal do mundo natural respectivamente de "história natural" e de "filosofia natural". [...] A classificação dos homens de ciência segundo sua atividade [dividia-os] em filósofos naturais, historiadores naturais, matemáticos, astrônomos, químicos etc. O termo "cientista" só foi inventado no século XIX e só passou para o uso corrente no começo do século XX.[8]

Em alemão, WISSENSCHAFT deriva do verbo *wissen* = conhecer, no sentido de um saber garantido, mas também de um poder. Até o começo do século XVII, a idéia de conhecimento objetivo traduz-se por *Wissenheit*, em que o afixo *–heit* exprime uma idéia mais abstrata (*heissen* = dizer, reger) que *–schaft* (*schaffen* = fazer, realizar). Foi somente no século XIX que *Wissenschaft* adquiriu o sentido moderno de conhecimento científico.

Em japonês, é a palavra KAGAKU, escrita com os dois caracteres *ka* e *gaku* = estudo (que já víramos em *sangaku*). Etimologicamente, *ka* significa "matéria", no sentido concreto de matéria escolar, e, de modo geral, de uma unidade coerente que convém dominar. Assim, a palavra japonesa não se refere diretamente à idéia de saber, mas sim à de aprendizado. *A fortiori*, a nuança *epistémè/tekhnè* lhe é estranha. A palavra *kagaku* data da Restauração de Meiji, quando o Japão bruscamente se ocidentalizou, e, portanto, não tem mais que 130 anos. Na mesma época, a palavra (evidentemente com uma outra pronúncia) seria tomada emprestada pelos chineses, que, antes do final do século XIX, não dispunham de uma palavra ao mesmo tempo específica e geral para aquilo que hoje chamamos de "ciência chinesa".

Em russo, a palavra NAUKA só aparece no século XVII e vem de uma raiz que significa "estudar", ou "ensinar", sem relação imediata com a idéia de saber, ainda que seu sentido moderno esteja mais próximo do termo alemão *Wissenschaft*. Também em árabe, 'ILM, que designa a ciência, vem da raiz *'alima* = aprender. Uma outra palavra é utilizada de modo mais específico para "saber" e "conhecimento": *ma'rifa*, da raiz trilítera *'arafa* = conhecer. Em basco, ZIENZIA é uma simples transliteração do termo espanhol, produto da corriqueira importação lingüística, que encontramos para esse termo em várias línguas, mas que ressalta seu caráter exógeno e priva a palavra de qualquer associação etimológica intrínseca.

Valeria a pena prolongar essa pesquisa, que, estendida a outras línguas, daria sem nenhuma dúvida resultados ainda mais diversos. Mas é impressionante que, unicamente no campo do indo-europeu, a variabilidade etimológica e, portanto, semântica seja tão notável.

Não resistirei ao prazer de dar mais um exemplo, tirado de uma "língua" não falada, a língua internacional dos sinais, praticada pelos surdos-mudos.[9] Ciência é significada pelo gesto que consiste em levar as duas mãos, com os dedos fechados, em direção ao peito e depois em abrir os braços, como se abríssemos as abas de um paletó; de fato, é a abertura do tórax feita pela incisão do bisturi do anatomista que é assim representada. O mesmo sinal designa a medicina, que serve assim de metonímia à ciência em geral. Convenhamos que a referência fisiológica e a remissão direta ao sujeito da investigação científica dão à noção de ciência um conteúdo no mínimo original.

Em geral, um estudo comparado do vocabulário científico nas diversas línguas mostraria a considerável variedade de formas de integração da ciência no seio de diversas culturas. Os termos forjados essencialmente em um contexto lingüístico ocidental, e mais especificamente ainda a partir das raízes greco-latinas, são traduzidos por procedimentos bem diferentes com duas tendências opostas:

— transcrição fonética, freqüente em japonês, por exemplo (elétron = *erekutoron*), com a perda de qualquer referência etimológica significante na língua comum;

— adaptação de etimologia original, comum em chinês (partícula = *lizi*, que significa "grão" e que se escreve com um caractere que remete ao arroz), com o risco inverso de dar ao termo uma carga vernacular bem forte.

Assinalemos o caso extremo do islandês, que de modo geral recusa qualquer importação de termo estrangeiro e se dotou de uma terminologia científica autônoma, como, por exemplo, eletromagnetismo = *rafsegulfrœdi*, a partir de *raf* = âmbar, *segull* = ímã, e *frœdi* = estudo, teoria. E não nos esqueçamos da especificidade do francês, que, pelo menos em alguns campos, resistiu vitoriosamente ao *dumping* terminológico anglo-saxão, dotando-se de uma terminologia autônoma e muitas vezes mais bem adaptada, especialmente em *informatique* — para designar informática — (bem melhor que *computer science*), com palavras como *ordinateur* — para designar computador — (bem melhor que *computer*) ou *logiciel* — para designar um programa de computador — (bem melhor que *software*) etc.

Está claro, em todo caso, que o discurso científico tem fortes chances de ser entendido de forma muito diferente em uma língua na qual ele nasceu e em uma outra para a qual ele foi importado. A universalidade de princípio de um tal discurso, quanto à sua objetividade e à sua validade, corre então um sério risco de ser comprometida pela especificidade de sua relação com os outros estratos da língua.

Das protociências...

Quando se questiona a noção de universalidade da ciência, evidentemente não se trata de reabilitar, seja de forma implícita ou inconsciente, a idéia de uma superioridade consubstancial da civilização ocidental que teria sido a única levada a desenvolver essa forma de conhecimento. Por isso, deve-se começar por estabelecer que todas as culturas humanas dispõem das ferramentas intelectuais necessárias à ocorrência de saberes científicos. Não existe grupo humano, muito antes das sociedades mercantis ou industriais, cujas atividades já não exijam aptidões que chamarei "protocientíficas" (explicarei mais adiante).

A exploração da natureza, tanto pelos caçadores-coletores quanto pelos pastores e agricultores, exige uma classificação pertinente das espécies animais e vegetais e dos saberes detalhados quanto a seus comportamentos e propriedades — uma protobotânica, uma protozoologia. Que seja para fins de orientação ou adivinhação (ou os dois), deve-se desenvolver um conhecimento do céu, dos objetos que o povoam e de seus movimentos — uma proto-astronomia. O inventário dos rebanhos e a administração das colheitas exigem capacidades elaboradas de descrição detalhada e de cálculo — uma proto-aritmética. As estruturas de parentesco obedecem a regras por vezes extremamente complexas — uma proto-álgebra. A decoração do hábitat tanto quanto os costumes ornamentais conduzem a práticas de traçados gráficos muitas vezes sutis — uma protogeometria (ver figuras 2 e 3).

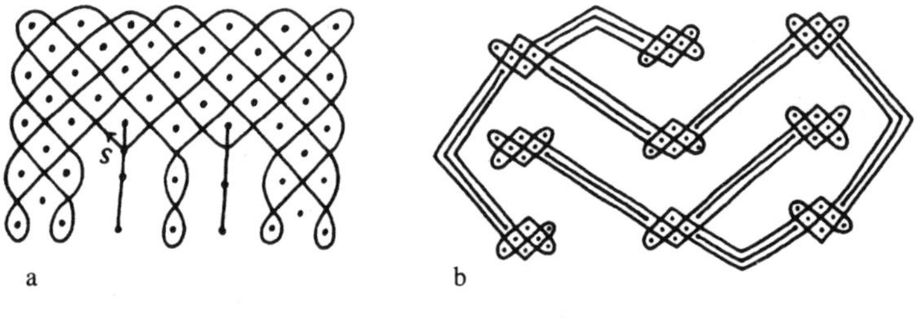

a b

Figura 2. Desenhos *sona*. Entre os Tshokwe (África Equatorial), tais figuras são traçadas sobre a areia para acompanhar as narrativas míticas; elas obedecem a regras geométricas precisas.

a) Uma árvore *muyombo*.

b) Um labirinto usado para a feitiçaria.

(Segundo M. Ascher, *Mathématiques d'ailleurs*, ref. 10, p. 261-262.)

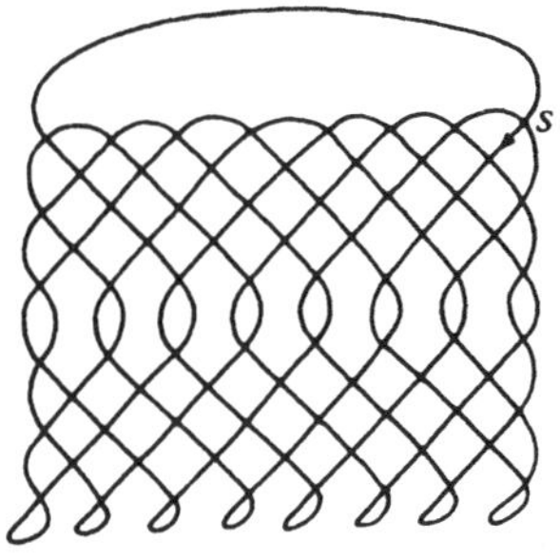

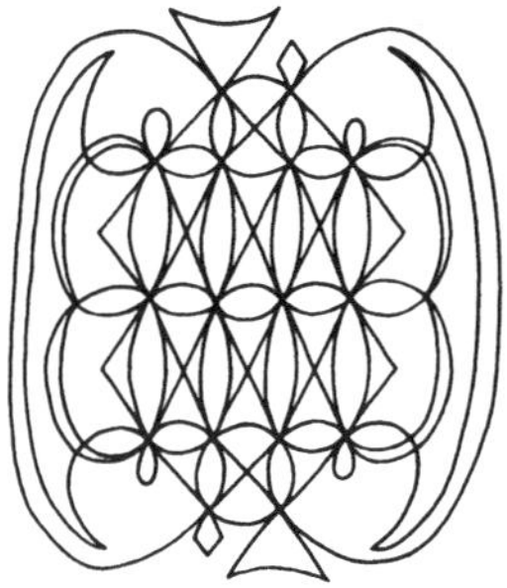

Figura 3. Desenhos *nitus*, que têm uma função ritual em Malekula (Vanuatu, Oceania).
a) O ninho da águia.
b) Dois peixes em posições invertidas.
(Segundo M. Ascher, *ibid.*)

Até mesmo os jogos ou as brincadeiras evidenciam as competências de raciocínio elaboradas — uma protológica. As técnicas de modelagem da madeira, do metal, da cerâmica baseiam-se em um conhecimento preciso dos materiais — uma protofísica.

Por isso, essa universalidade de fundo concretiza-se em formas de uma surpreendente variabilidade. Contentemo-nos em ilustrá-la usando os sistemas de numeração.[10] A base 10 que serve aos sistemas modernos, ainda que corresponda provavelmente ao decadáctilo humano, não é, no entanto, geral. Assim os Yuki, uma etnia ameríndia da Califórnia, utilizam um sistema de base 8 (antecipando nossos octetos informáticos), pois eles contam não *os seus* dedos, mas *entre*. Quanto aos babilônios, eles recorriam à base 12 ou 60, cujo rastro ainda encontramos nos 60 minutos da hora ou nos 360° do círculo. A terminologia aditiva dos números à qual estamos habituados (vinte e cinco = vinte mais cinco) também não é inevitável; em chol, uma língua maia de Chiapas, a contagem se faz por vintena, mas relativa à unidade superior: assim, 25 será enunciado como "cinco para duas vezes vinte" (que se pode explicitar em 5 a partir de 20 para 40), e 500 como "cinco vezes vinte para duas vezes quatrocentos" (ou seja, 100 a partir de 400 para 800). Em um nível mais profundo que a simples terminologia, encontramos em inúmeras línguas classificadores numéricos, encarregados de fornecer uma informação qualitativa sobre os objetos inventariados: a palavra designando o número será marcada diferentemente (graças, por exemplo, a um jogo de sufixos e afixos) de acordo com a classe à qual ele se refere. O maori conhece assim duas classes, conforme se conte humanos ou não. Mas algumas línguas têm várias dezenas de classificadores numerais; assim a língua dioi (Sul da China) possui pelo menos 55, entre os quais apresentamos aqui algumas das classes correspondentes: a/ dívidas, créditos, contabilidade; b/ montanha, muros, territórios; c/ cachimbos de ópio, apitos etc.; d/ arrozal; e/ roupas, cobertores; f/ poções, medicamentos; g/ espíritos, homens, trabalhadores, ladrões; h/ meninas, mulheres jovens; i/ estradas, rios, cordas; j/ crianças, moedinhas, pedrinhas; k/ pares de coisas etc. — lista bem superior àquela, fictícia, evocada por Borges e retomada por Foucault. A etnologia paternalista do século XIX via em tais sistemas uma etapa arcaica de um "pensamento primitivo" que não teria ainda acesso à abstração total de um número independente daquilo que ele enumera. Mas pode-se legitimamente argumentar que esses classificadores correspondem a distinções de uma extrema pertinência para as práticas específicas dessa sociedade. Pelo menos, não é necessário inculcar nas crianças que a adição só tem sentido para objetos de mesma natureza; a própria língua não permite somar maçãs e peras (e bolinhas de gude).

Para ilustrar a variabilidade cultural das formas tomadas pelos conhecimentos protocientíficos, poderiam igualmente ser invocadas as descrições do céu noturno. Ainda que toda proto-astronomia pareça saber distinguir os planetas (errantes) das estrelas (fixas), e reconheça a banda zodiacal, falta muito para que os reagrupamentos de estrelas que permitem estruturar o céu sejam universais. Sem dúvida, a Ursa Maior e Órion oferecem figuras bem marcantes para serem de modo geral bem reconhecidas como tais — mas sob nomes bastante diferentes, ligados às narrativas míticas autóctones. Mas a maior parte da abóbada celeste é descrita de maneira bem diversa. Assim, ali onde a tradição médio-oriental e mais tarde ocidental identifica e nomeia conjuntos estelares bem amplos — as constelações —, a tradição chinesa considera estruturas na maior parte das vezes menos extensas e reagrupadas de forma diferente (denominadas "asterismos"; ver Figura 4).[11] Quando se conhece a pregnância do recorte em constelações desde a Antigüidade até a astronomia moderna, vê-se logo a que ponto um dado contexto cultural marca com sua contingência os conhecimentos científicos mais recentes.

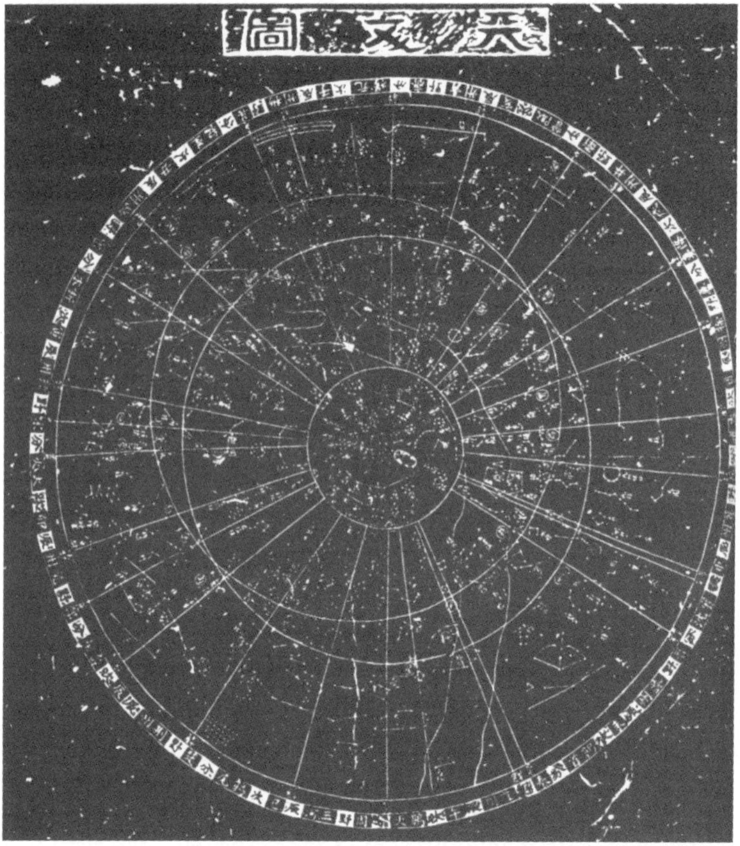

FIGURA 4. Mapa do céu chinês.

... ÀS CIÊNCIAS

O termo “ciência” é de uma polissemia portadora de profundas confusões, testificada pela imprecisão das definições propostas pelos dicionários usuais de língua. De fato, considerando-se de perto a astronomia dos sacerdotes babilônicos, vinculada principalmente às preocupações divinatórias, a numeração maia,[12] reservada aos usos do calendário, excluindo qualquer função econômica, a aritmética egípcia, destinada a resolver os cálculos de agrimensura ou arquitetura e os problemas de gestão de recursos, ou a geometria grega, de essência mais filosófica que prática, vê-se bem que a mesma palavra ciência pode designar práticas bem diferentes, tanto pelas formas de organização da produção de novos conhecimentos como pelas funções sociais destes. Daí a escolha de se chamar de "protociências" esses saberes certamente eficazes e objetiváveis, mas não autônomos, intrinsecamente ligados a essa ou àquela atividade técnica, econômica, mítica ou lúdica. Reservaremos o termo "ciência" às formas de saber abstratas, desvinculadas pelo menos em grande parte de sua origem prática e de sua utilização concreta.*

Nesse sentido, a matemática grega é realmente um exemplo canônico de ciência. Os gregos, com efeito, elaboram um corpo doutrinário que transcende qualquer aplicação prática e se baseia na noção essencial de prova, culminando com os *Elementos* de Euclides. Essa é a matemática que reconhecemos ainda hoje como uma ciência arquetípica, com o risco de esquecer seu enraizamento em uma cultura bem particular. Tornou-se clássico, no entanto, ligar a inovação grega quanto à noção de prova ao desenvolvimento da

---

* Essa escolha terminológica é evidentemente problemática na medida em que o risco de se deixar de acreditar em uma sucessão histórica inevitável que conduz as "protociências" às "ciências" estaria em contradição com o próprio questionamento do presente ensaio. Mas, afinal de contas, esse problema não é novo e se aceita falar de pré-história ou proto-história, ou das "artes primeiras", com plena consciência das ambigüidades desses termos.

democracia ateniense e à necessidade de convencer o interlocutor pelo jogo da argumentação; o *logos* funda a lógica.

Como contra-exemplo, pode-se pensar na matemática egípcia.[13] Ela possui métodos geométricos e aritméticos que permitem, para fins de agrimensura, avaliar as áreas de terrenos de diversas formas, ou, para a arquitetura, fazer levantamentos topográficos, ou ainda gerir as compatibilidades administrativas detalhadas de recursos alimentares ou de forças de trabalho. Mas esses métodos empíricos, com fins diretamente utilitários, são algumas vezes exatos, algumas vezes apenas aproximativos, outras vezes simplesmente errados e, em todo caso, nunca comprovados. Aqui, contudo, jamais poderia ser questão de se emitir um julgamento de valor que concederia à matemática grega uma dignidade e uma superioridade que seriam recusadas a uma matemática egípcia considerada como primitiva e subdesenvolvida. A historiografia moderna aprendeu a avaliar cada civilização e em particular suas produções científicas nos próprios termos de sua cultura ambiente. Como escreve A. Imhausen:

> [...] tornou-se evidente que o saber matemático não é universal. Ele não é independente da cultura na qual é produzido e não é universalmente desenvolvido desde os inícios elementares até os mais avançados estágios de conhecimento. Essa dependência em relação ao contexto cultural inicia-se já com os sistemas de numeração e os conceitos numerais, como demonstraram os trabalhos de etnomatemática. O mesmo vale para as técnicas e os conceitos matemáticos mais avançados.[14]

Aliás, o "milagre grego" não constitui de forma alguma uma ruptura inaugural irreversível que possibilitaria a entrada definitivamente da cultura ocidental na era da ciência no sentido moderno do termo. Basta considerar o pouco interesse dos romanos para com esse saber abstrato e a fragilidade de suas contribuições, uma vez que, no plano da literatura e no da filosofia, eles demasiadamente tomam emprestado dos gregos. Esse exemplo, pelo contraste que se evidencia entre duas sociedades tão próximas, já basta para colocar em dúvida a noção de universalidade.

É a civilização árabe-islâmica que restituirá à cultura uma dimensão científica maior. Longe de se limitar, como foi muitas vezes dito, a transmitir a ciência clássica grega ou indiana, ela dará a partir do século VIII um prodigioso impulso a inúmeras disciplinas científicas.[15] Matemática, ótica, astronomia, geografia, medicina, os novos conhecimentos se escreverão principalmente, de Samarcanda a Saragoça, em árabe. Matemáticos como al-Khwarizmi (século IX) ou Omar al-Khayyam (o grande poeta do século XI), físicos como Ibn al-Haytham (séculos X-XI) terão um avanço, tanto em álgebra como em ótica, de vários séculos sobre os seus sucessores europeus. Entretanto, por mais inovadora que ela seja, essa ciência árabe-islâmica opera em condições ideológicas e políticas bem diferentes do que será a ciência européia.

As mesmas observações valeriam para as ciências chinesas, cujo desenvolvimento, autônomo até a chegada em massa dos europeus (e dos jesuítas em particular) no século XVII, mostra as profundas especificidades, tanto por suas temáticas de pesquisa quanto por suas formas de organização.[16]

Quanto à ciência moderna, ela nasce no começo do século XVII na Europa (o "corte galileano") e se caracteriza por traços originais, estreitamente ligados aos da sociedade européia. De um lado, a emancipação e a emergência das camadas urbanas de artesãos dão ao trabalho manual e às atividades práticas uma legitimidade e uma dignidade novas; daí, como atesta o famoso texto de Galileu sobre o arsenal de Veneza, a nova ancoragem da ciência na técnica, para nela obter tanto temas de pesquisa (os princípios de funcionamento das máquinas simples) quanto meios de investigação revolucionários: a experimentação ativa que substitui a simples observação passiva. Por outro lado, o contexto ideológico e religioso fornece eficientes representações metafóricas do saber; a idéia da natureza como um "Grande Livro" (mais uma vez Galileu) e a noção associada, *a priori,* tão estranha de "leis da Natureza" encontram evidentemente suas fontes na organização política e religiosa da sociedade. Melhor ainda, o programa manifesto da realização prática em grande escala do saber teórico (Bacon: "*Knowledge is power*", e Descartes: "Tornar-se senhores e possuidores da natureza") articula-se explicitamente com a mecanização e depois com a industrialização do capitalismo nascente.

Não existe, aliás, qualquer contradição, muito pelo contrário; entre os determinismos tecnoeconômicos e o contexto ideológico-religioso, como testifica uma análise do slogan baconiano. Sua versão original está na realidade redigida em latim, e um pouco menos organizada e impressionante que sua vulgata: "*Scientia et potentia humana in idem coincidunt, quia ignoratio causae destituit effectum*", ou seja, "O saber e o poder humanos se identificam, já que a ignorância da causa proíbe o efeito". Essa é pelo menos a redação que se encontra na fonte usualmente dada para essa idéia, a saber: o *Novum Organum* (livro 1, aforismo 3), que data de 1620. Existe, contudo, uma fórmula praticamente idêntica em uma obra de Bacon mais antiga, publicada em 1597, e de outra natureza, uma vez que é um tratado teológico, *Meditationes Sacrae*, *De Heresibus*. De fato, nessa obra (rara) encontra-se quase a mesma fórmula, sob a forma condensada: "*Nam et ipsa scientia potestas est.*" A diferença essencial com o enunciado de 1620 é a ausência do adjetivo *humana*. É porque Bacon interessa-se pelas causas das heresias e procura revogar a explicação segundo a qual elas decorreriam de uma vontade humana deliberada de escolher o erro. Segundo tal hipótese, Deus seria ou ignorante dessa escolha ou impotente para impedi-la. O que é impossível, uma vez que Ele não pode conhecer o que vai acontecer sem autorizá-lo: para Ele, saber é poder. Assim, portanto, nas fontes de um enunciado fundador do espírito científico moderno, encontra-se uma meditação sobre as heresias religiosas. Pois a retomada da fórmula por Bacon, 20 anos mais tarde e em um contexto bem diferente, não é uma simples coincidência, mas testifica um longo percurso de seu pensamento sobre o saber e o poder, daqueles que Deus possui, em relação àqueles que o homem procura. Ainda mais que, assim como afirmou Feyerabend, "tudo é bom" para fazer progredir a razão.

Os diversos momentos do desenvolvimento científico não podem de forma alguma ser tratados como as fases sucessivas de um progresso contínuo e homogêneo. Os episódios de cultura científica, por mais variados e intensos que sejam, terminam, em regra geral, antes de serem, mais tarde, substituídos em outro lugar. Suas rupturas e intervalos são mais marcados do que as trocas de bastão — e muitas vezes não menos fecundas. Se um Needham pôde, em sua monumental empreitada de ressurreição das ciências chinesas, ser guiado pela preocupação de evidenciar seu caráter precursor e sua contribuição à ciência ocidental, esse ponto de vista, por mais bem-intencionado que seja, revela-se hoje em dia demasiado redutor: as práticas científicas chinesas têm características próprias, tanto epistemológicas quanto sociológicas, que não permitem de forma alguma considerá-las como um simples afluente do grande rio DA ciência. O mesmo vale para as ciências árabe-islâmicas: o reconhecimento das consideráveis dívidas da ciência ocidental em relação a elas não autoriza de forma alguma negar sua especificidade e não valorizá-las senão por essas contribuições.

Há *ciências*, não somente no sentido elementar em que existem disciplinas científicas diversas, mas principalmente no sentido em que os modos de produção, enunciação e aplicação dos conhecimentos diferem radicalmente em função dos lugares e das épocas. Poder-se-ia, aliás, argumentar que uma das melhores provas da pluralidade irredutível desses diferentes episódios é fornecida por sua finitude temporal. Tanto a ciência greco-alexandrina quanto a ciência chinesa e a árabe-islâmica conheceram o declínio, e por motivos específicos, muitas vezes, internos às sociedades nas quais se desenvolveram. A situação é a mesma tanto para os monumentos intelectuais do conhecimento científico como para aqueles, materiais, de nossas cidades: na maior parte das vezes, sua ruína e seu abandono permitem a falta de respeito com que podem ser pilhados e seus materiais reempregados nas estruturas e com fins, muitas vezes, diferentes de sua destinação inicial.

Para dissipar de vez a concepção comum de uma ciência universal que transcenderia as formas concretas nas quais ela se encarnaria ao bel-prazer das vicissitudes históricas graças à continuidade temporal que garantiria uma transmissão de heranças sucessivas, basta constatar a existência de civilizações sem práticas científicas próprias, mas nem por isso menos desenvolvidas. Aqui, o exemplo *princeps* é o de Roma, como é fácil constatá-lo. Qualquer um pode sem problema citar um número conseqüente de sábios gregos, entre a Jônia e Alexandria, de Pitágoras a Hipácia, de Tales a Euclides, de Arquimedes a Heron, de Hiparco a Ptolomeu e tantos outros. Mas quais são os nomes que vêm ao espírito quando se invocam os sábios latinos de renome? Um naturalista compilador e crédulo, Plínio, o Velho (e seu sobrinho), um arquiteto, Vitrúvio, um agrônomo, Columelo, e quem mais? Os romanos que tanto tomaram emprestado dos gregos conquistados, em filosofia, poesia, mitologia, escultura, arquitetura, não assumiram de forma alguma sua herança científica. Mas isso não impediu a dominação, longa e próspera, que exerceram sobre a Europa Ocidental e o Mediterrâneo.

A CIÊNCIA DE E.T.

Uma das atuais questões científicas mais apaixonantes é a da existência de formas de vida extraterrestres, e bem mais, de formas "inteligentes". Algumas sondas espaciais, destinadas a sair do sistema solar, já levam mensagens destinadas a eventuais colegas extraterrestres. Por mais abstrato que seja o código, ele pressupõe, mesmo assim, em seu receptor modos de conhecimento compatíveis com os nossos e, portanto, uma forma máxima de universalidade da ciência, no sentido próprio da palavra, uma vez que diz respeito ao Universo inteiro. Mas imaginemos uma espécie viva e pensante absolutamente estranha à nossa — sem, no entanto, apoiar-se em princípios biológicos radicalmente diferentes (como os que a ficção científica pôde inventar, a partir da "nuvem negra" de Hoyle, de natureza eletromagnética). Por exemplo, no âmbito de uma bioquímica vizinha daquela que nos anima, um gênero de invertebrados vivendo nas profundezas oceânicas do planeta que os abriga. Pode-se pensar que a evolução conduza tais seres a desenvolver capacidades de comunicação, uma organização coletiva e um conhecimento ativo de seu meio — uma civilização, de certo modo; afinal, os cefalópodes terrestres não têm a reputação de já possuírem uma inteligência animal bastante sutil?

Os sentidos desenvolvidos por tais seres seriam hierarquizados de uma maneira bem diferente daquela que conhecemos: na obscuridade abissal, a visão seria secundária, e o tato, sem dúvida evoluído em sensações quimiotáticas sutis e diversificadas, seria importante. Seriam afetados tanto seus dispositivos de comunicação quanto as percepções do mundo. O desenvolvimento dos saberes de tais seres proviria evidentemente de uma ordem completamente diferente da nossa. Nesse mundo fluido e pleno, uma matemática do contínuo deveria preceder a aritmética do discreto, a química viria bem antes da física, a mecânica dos fluidos precederia a dos sólidos etc. O desenvolvimento de uma astronomia seria dos mais tardios e exigiria meios de investigação de alta tecnicidade.[17] Mas, principalmente, a linguagem utilizada (qualquer que seja o suporte físico, provavelmente não sonoro) forneceria aos saberes "científicos" representações metafóricas, associações mentais, estruturas epistêmicas tão diferentes das nossas que as trocas com tal civilização, supondo que elas tenham se tornando materialmente possíveis, criariam problemas de tradução tão espantosos que, comparados a eles, os já enfrentados aqui na Terra, entre diferentes culturas, não passariam de bagatelas. Nada garante de antemão a possibilidade de tal intercompreensão.

Deixemos de lado esse exercício de pensamento um tanto quanto arriscado, mas que não deve ser totalmente inútil, caso a questão da universalidade da ciência seja desenvolvida ao máximo.

Hoje a ciência, amanhã a tecnociência

É preciso, no entanto, convir que a ciência, hoje, está, pelo menos em nosso planeta, universalizada. Os físicos trabalham sobre os mesmos assuntos e com os mesmos aceleradores em Genebra e em Chicago, os biólogos fazem as mesmas experiências em Tóquio e em Paris, e os astrônomos utilizam os mesmos telescópios no Chile e no Havaí. Mas essa globalização não é senão a vitória de um certo tipo de ciência "ocidental", inicialmente européia, e depois estadunidense. Desse estado de coisas, sem dúvida irreversível, não se poderia fazer um julgamento de valor intrínseco. A razão do mais forte é sempre a melhor, mesmo que se trate da razão científica.

Essa dominação espacial não implica, contudo, qualquer privilégio temporal. Assim como as ciências grega, chinesa, árabe, talvez a ciência ocidental (ou global, atualmente a mesma coisa) seja mortal e até mesmo, ao cabo de quatro séculos de desenvolvimento, já esteja moribunda. Sua própria eficácia, que lhe permitiu, a partir do século XIX, realizar o programa baconiano e cartesiano, volta-se agora contra ela. O comando social ou, mais precisamente, mercantil coloca o desenvolvimento científico sob o império das restrições de produtividade e de rentabilidade a curto prazo. A possibilidade de pesquisas especulativas fundamentais sem garantia de sucesso imediato torna-se cada vez mais ilusória. Assim se desfaz de forma insidiosa a conjunção, bastante surpreendente afinal e historicamente bem especial, entre a especulação e a ação, que caracterizou a ciência ocidental durante dois séculos. O regime da tecnociência, no qual ingressamos, concretiza, sem dúvida por muito tempo, um novo avatar dessa atividade decididamente pluriversal que é "a" ciência.

Mas, se outros lugares e outros tempos puderam dar aos conhecimentos que consideramos como científicos funções intelectuais e materiais tão diferentes das atuais, como não deixar aberta a questão de seu status na(s) civilização(ões) do futuro?

A nova Medusa
ou A ciência em seu espelho

> "A ciência procura o movimento perpétuo. Ela o encontrou: é ela mesma."
>
> VICTOR HUGO

Admitamos afinal: apesar dos nossos esforços cada vez mais enfurecidos para compartilhar suas aquisições, a ciência vê aumentar mais que diminuir o hiato que a separa do entendimento comum.

Pois a eficácia das atitudes de compartilhamento do saber, sejam elas educativas, vulgarizadoras ou midiáticas, choca-se com nossa relativa ignorância das condições necessárias à recepção de conhecimentos cujo distanciamento da ordinária apreensão do mundo constitui ao mesmo tempo a força e a fraqueza.

No fundo, o que não conhecemos tão bem na ciência é a própria ciência.

Representa um eloqüente testemunho disso a perpétua hesitação do discurso sobre a ciência entre os dois pólos do cientismo e do relativismo. Afirmação da validade cognitiva absoluta e intrínseca dos saberes científicos (e muitas vezes, ao mesmo tempo, de seu valor ético) de um lado e, do outro, depreciação de seu alcance, remetida à influência da organização social e do contexto ideológico, a disputa não cessa de renascer. Aliás, é impressionante constatar até que ponto os esforços de cada campo para flexibilizar suas teses e sofisticar seus argumentos reduzem-se a pó assim que um desafio concreto vem estimular a controvérsia; basta surgir um problema político (a crise da vaca louca ou o debate sobre os organismos geneticamente modificados) ou um enfrentamento cultural (o "caso Sokal") e as posições radicalizam-se novamente, polarizando ao extremo o campo da discussão. De repente, alguns desprezam as análises da sociologia e da antropologia das ciências, mostrando como as prioridades da pesquisa, as formas de sua prática, o estilo de suas expressões estão estreitamente determinados pelas condições sociais; os outros esquecem que, apesar da contingência dessas determinações, os saberes assim produzidos são a prova de uma impressionante robustez epistêmica e de alguma eficácia técnica.

Ocorre que a ciência, mesmo não fornecendo de modo fácil conhecimentos efetivos imediatamente integráveis à prática comum, alimenta o discurso ambiente que hoje representa certamente uma de suas funções sociais essenciais. Palavras, imagens, metáforas e figuras de estilo emprestadas à ciência sobejam doravante nos comentários políticos, nas análises econômicas, nos estudos estéticos, nas reportagens esportivas e até mesmo nas conversas de café ou de salão. Antigamente, a relatividade einsteiniana ou o indeterminismo quântico, e há pouco tempo a teoria das catástrofes e o big-bang, e, agora, o caos dinâmico ou a evolução pontuada fazem parte dos clichês incontornáveis (todos esses termos deveriam estar entre aspas, mas o receio de uma tipografia pesada demais me leva a usá-las com parcimônia). Que o recurso a esses termos tenha uma função ideológica clara e tente conferir uma aura de cientificidade, e, portanto, de autoridade, aos enunciados cujos próprios autores duvidam da força argumentativa, é algo bastante evidente. Mas conseguimos ver que essas imagens são muitas vezes um merecido castigo, ou, dito de uma outra forma, que a ciência procura essas expressões em um contexto cultural em que, como por acaso, elas não terão muita dificuldade em encontrar logo o seu lugar, munida do verniz suplementar conferido por sua passagem no interior dos laboratórios?

Assim, pode-se compreender o verdadeiro desastre que muitas vezes essas representações figuradas produzem; quanto maior for a sua ingenuidade, mais o leigo será mistificado pela sutileza que ele atribui à sua banalidade: "Se é a ciência que o diz, então isso deve ser profundo!" — meu professor de francês do colegial teria comentado: "Profundo, como um 'buraco', naturalmente..." Um emblemático exemplo moderno é fornecido pelo demasiado famoso "efeito borboleta", segundo o qual "o bater de asas de uma borboleta em X pode desencadear um ciclone em Y".[1] Na referência rotineira àquilo que se tornou um verdadeiro clichê, nenhuma novidade em relação à sabedoria popular do ditado "pequenas causas, grandes efeitos", ou em sua versão pascalina mais erudita associando o nariz de Cleópatra à face do mundo — nenhuma novidade, a não ser a garantia da ciência, via a teoria dita do "caos determinista". Mais que a dificuldade dos conceitos próprios e originais da ciência, muitas vezes é a trivialidade de suas expressões vulgarizadas que exerce sobre os leigos petrificados uma verdadeira fascinação; em vez de serem provocados pela difícil compreensão de idéias novas, são então rebaixados à estupidez do lugar-comum.

Mas uma postura crítica tão geral evidentemente não basta para evitar ou refutar as explorações abusivas. Como amenizar o efeito de petrificação intelectual que a contemplação dessa máscara da ciência desencadeia, tal qual o rosto de uma nova Medusa? Como Perseu, vamos estender-lhe um espelho no qual esse rosto lhe apareceria tal qual nos é mostrado. Aceitemos a pregnância das formas de expressão e de representações que devemos à ciência contemporânea — e tentemos devolvê-las para ela, como Victor Hugo, na bela fórmula que nos serviu de epígrafe?[2] (p. 283). Essa dificuldade em compreender o status e a natureza da ciência, por que não poderíamos lhe fazer face utilizando as próprias figuras por meio das quais ela permite ver o mundo?[3] Desse modo, tentaremos lhe devolver o bom-senso.

O real e o racional

Uma questão antiga, mas sempre reatualizada, é a da adequação do conhecimento científico a seu objeto — a realidade. A ciência nos dá acesso à verdade das coisas? Seu modo de investigação pode dar conta de sua natureza? Aqui, mais uma vez, a oposição imobiliza-se rapidamente entre aqueles para quem a ciência tem como principal vocação nos fornecer um conhecimento objetivo e completo do mundo e aqueles para quem ela poderia apenas nos dar um saber parcial e subjetivo, uma vez que é humano. Não tentemos afinar a análise distinguindo, como seria legítimo fazer, as diversas ciências e seus múltiplos modos e métodos. Aceitemos o desafio de ter que prestar contas tanto da adequação do saber ao seu objeto quanto à sua incapacidade em exauri-lo. Não nos contentaremos em conceder, de acordo com uma metáfora matemática usual, mas bastante pobre, que esse saber é evidentemente aproximativo, porém cada vez mais preciso, e permite assim uma aproximação assintomaticamente fiel da realidade, pois isso representa uma petição de princípio que supõe a reafirmação da capacidade do conhecimento científico em dar conta "em última análise" do conjunto do mundo.

Uma outra metaforização nos fornecerá uma concepção mais sutil. Sabemos que a matemática, ao longo de seu desenvolvimento, elaborou e enriqueceu a noção de número até permitir distingui-lo de várias maneiras. Consideramos particularmente aqui aqueles que chamamos "racionais" e "reais" — pressentimos logo nesses vocábulos o porquê de nosso interesse. Os primeiros são os números "fracionários", ou seja, aqueles que se podem exprimir como relações (*ratio*) de números inteiros; os segundos são aqueles mais... todos os outros, ou seja, todos os números necessários para medir um comprimento qualquer ou localizar a posição de um ponto qualquer sobre uma reta; de modo mais geral, trata-se de dispor de um conjunto de números que permite medir toda grandeza contínua. A ironia, considerável, da história é que a terminologia é ao mesmo tempo bastante arbitrária e perfeitamente adequada às nossas necessidades de sentido... Arbitrária, efetivamente, ou, em todo caso, desprovida de qualquer significado epistemológico profundo, uma vez que a denominação de números "racionais" remete menos ao seu caráter que seria mais "razoável" do que outros, do que à sua natureza (*ratio*). Quanto à denominação "reais", ela é em contrapartida um efeito da descoberta de números menos familiares (como as raízes quadradas de números negativos) e logo chamados "imaginários"; é, portanto, por reação que os números usuais ganharam uma dignidade ontológica retroativa, pois esses mesmos números "reais", mas "irracionais", são justamente aqueles que escandalizaram os gregos, forçados a reconhecer que alguns comprimentos, como a diagonal de um quadrado de lado igual a um (seja $\sqrt{2}$), não poderiam ser medidos por números fracionários.

Um segundo escândalo epistemológico explodiu dois milênios mais tarde, no final do século XIX, quando Cantor ousou submeter à medição e ao cálculo a infinitude do numérico — ou melhor, as infinitudes... Ele demonstrou que a infinidade dos números racionais era um "pequeno" infinito, o mesmo dos números inteiros, denominados então "numeráveis". O conjunto de todos os números é incomensuravelmente maior e define um outro infinito, denominado "contínuo", uma vez que corresponde ao *continuum* de todos os pontos da reta. Dito de uma outra forma, há uma infinidade muito maior de números "reais" que de números "racionais"; na verdade, se medirmos esses conjuntos estendendo a noção usual de comprimento associada a um segmento de reta, deve-se concluir que o conjunto dos racionais é de "medida nula" no conjunto dos reais. O enunciado é metaforicamente sugestivo: o Racional (o conjunto de nossos saberes racionais) seria assim de medida nula no conjunto do Real (o conjunto das realidades exteriores), fazendo-nos compreender que esses saberes não podem corresponder senão a uma ínfima parte dessas realidades. Mas, ficando por aqui, a imagem seria muito pobre e não poderia servir senão a fortalecer alguns discursos meramente céticos. É preciso reconhecer, voltando ao numérico, que "os racionais são densos dentro dos reais"; os matemáticos querem dizer com isso que todo número real não racional pode ser aproximado quanto se queira por seqüências de números racionais. O exemplo mais simples consiste em considerar a seqüência das aproximações de um número real não racional pelos seus desenvolvimentos decimais truncados sucessivamente para um número crescente de decimais: assim, π será aproximado da precisão desejada pela seqüência de números racionais 3 – 3,1 – 3,14 – 3,141 – 3,1415 – 3,14159 etc.[4] Significa dizer que os racionais, mesmo sendo infinitamente em menor número que os reais, nos bastam, no entanto, para aproximar estes, *todos* estes. Pode-se pensar então que o Racional não esgota o Real, muito pelo contrário, mas ele nos permite aproximá-lo — em qualquer ponto.

No entanto, um número irracional não é um dado imediato. Trata-se menos de simples tática de aproximação do que se chegar a ele por meio dessa seqüência (infinita) de aproximações racionais. Sua própria especificação e sua identificação resultam dessa abordagem. Em primeiro lugar, construímos os números inteiros e depois suas relações, isto é, os números racionais, e é a partir deles que podemos elaborar os números irracionais. Sua construção clássica, pela seqüência de Dedekind, define-os como "cortes" nos racionais, isto é, pelas falhas (de largura nula!) que subsistem entre os racionais: os números irracionais são simplesmente aqueles que *não* são racionais e dos quais, no entanto, necessitamos para estabelecer a continuidade do numérico, insuficientemente ocupado apenas pelos números racionais. Portanto, não resistamos ao prazer de continuar a metáfora. O Real não nos é dado de forma alguma de antemão; é o Racional que construímos em primeiro lugar. Tomamos então consciência de sua insuficiência, de sua infinitude limitada demais, de sua descontinuidade. E chamamos de Real aquilo que escapa ao Racional e preenche suas carências, estabelecendo a continuidade inumerável do mundo, sem a qual nossa razão, trabalhando apenas sobre suas próprias produções, patinaria na tautologia.

Um saber fractal

Passemos de uma representação unidimensional, necessariamente sumária, a uma bidimensionalidade um pouco mais sofisticada. É a clássica imagem dos continentes do saber, que emergiriam no meio do oceano de nossa ignorância. Deixemos de lado por um momento o aspecto geológico da metáfora e retenhamos apenas a idéia de territórios com duas dimensões, finitos, cujos contornos assinalariam os limites de nossos saberes. O reconhecimento de tais limites é, no entanto, menos modesto do que parece à primeira vista, na medida em que a representação geográfica implica que, excetuando-se justamente suas bordas, esses domínios do saber são homogêneos e contínuos, ocupando integralmente a superfície do real físico na qual se estendem. Dito de uma outra maneira, o conhecimento, ali onde ele existe, isto é, no interior dos continentes, ocuparia todo o espaço e seria co-extensivo ao real.

Para avaliar a validade dessa representação, comecemos por examinar de perto as margens do continente. É bom lembrar que, para os matemáticos, "convexo" é um campo que contém qualquer segmento encontrando dois de seus pontos. Efetivamente, o ideal da ciência clássica é ser coerente e unitária a tal ponto que um caminho contínuo no interior do saber permite unir diretamente quaisquer duas de suas asserções. No entanto, somos forçados a admitir que, entre duas aquisições científicas, o caminho, quando ele é possível, é raramente em linha reta e exige um longo desvio. A ciência não é convexa... O contorno dos continentes do saber é marcado por grandes reentrâncias; ali, as diversas disciplinas constituem muitas penínsulas, separadas por golfos profundos. Mas a situação é ainda mais complexa. Consideremos de mais perto uma dessas grandes quase ilhas que avançam no oceano da ignorância — digamos, a Física. Observada em uma escala maior, em sua margem, que, de longe, nos apareceria relativamente lisa, surgem baías que separam longos trechos de terra distintos: cabo Termodinâmico, cabo Eletromagnético, cabo Astrofísico, cabo das Partículas fundamentais, cabo da Matéria condensada etc. Não existe meio de ir de um lado a outro desses cabos sem passar pelo interior, retomando os princípios gerais da Física — salvo, caso raríssimo e esperança ardentemente alimentada, quando a construção de um aterro promete transformar em terra firme um golfo no desconhecido (é assim que o cabo Eletromagnético resultou do preenchimento da baía que separava as duas extremidades, Eletricidade e Magnetismo) ou quando uma balsa está de serviço (como hoje entre o cabo da Astrofísica e o das Partículas fundamentais).

Aproximemo-nos mais um pouco. Antevemos o espetáculo: eis que, por sua vez, na costa dos grandes cabos são escavadas enseadas separando íngremes promontórios. A península Nuclear, quando seguimos seus contornos, subdivide-se em Estrutura nuclear, Radioatividade, Reações nucleares, Astrofísica nuclear, Propriedades dos nuclídeos, Engenharia nuclear etc. Um pouco mais de perto e cada enseada divide-se em recôncavos entre os quais surgem finas extremidades. Dessa forma, o promontório Estrutura nuclear é de fato dividido em Energias de ligação, Distribuições de carga, Distribuições de massa, Spin e paridade, Fatores espectroscópicos, Momentos eletromagnéticos, Densidades de níveis, Durações de vida, Forças nucleares, Modelos de camadas, Modelos coletivos, Aproximação de Hartree-Fock, Modelos de Monte Carlo, Hipernúcleos etc.[5] Reconhecemos nesse recorte ainda mais avançado a imagem muitas vezes usada para introduzir a idéia de curva fractal, como a famosa "margem da costa da Bretanha", cuja irregularidade subsiste, imutável, em todas as escalas. Em outros termos, o comprimento dessa costa aumenta à medida que cresce a precisão com a qual a definimos. Claramente falando, o comprimento exato do limite entre terra e mar é infinito.

Daí a fronteira que separa o saber da ignorância, sobre a qual se debruça o trabalho da pesquisa: mesmo permanecendo contida em um campo finito, a zona de contato possui uma estrutura tão intrincada que, mesmo tortuosa e ziguezagueante em qualquer escala, é infinitamente longa. Além do mais, sabemos que, em vez de considerá-la como uma linha, é conveniente caracterizá-la como um campo *fractal*, de dimensionalidade intermediária entre a de uma linha (dimensão = um) e a de uma superfície (dimensão = dois). Essa nova estrutura geométrica nos fornece, portanto, uma imagem da fronteira entre o conhecido e o desconhecido que lhe dá uma extensão qualitativa e a torna uma margem dotada de uma medida inédita, mais "espessa" que a de uma simples linha, por mais complicada que ela seja. Por ter que se estender em um campo de tamanho e natureza inesperados, vê-se a importância do novo desafio que a pesquisa deve enfrentar... Melhor ainda, a fractalidade que nos interessa aqui não diz respeito apenas à fronteira do saber, mas a seu próprio campo. Pois, ao escrutar essas regiões do saber em escalas cada vez maiores, os recortes de suas bordas aprofundam-se a tal ponto que mais nada subsiste em seu interior — no sentido, em todo caso, em que esse interior consistiria em um campo do plano, de duas dimensões e de superfície apreciável. Seguindo pelas reentrâncias em todas as escalas possíveis, na realidade, não sobra do "continente" inicial senão um fino esqueleto fractal, recobrindo, falando estritamente, apenas um conjunto de pontos de medida nula — no sentido da medida de superfície usual. No entanto, essa nuvem de pontos que identificamos aos saberes efetivos não se reduz a uma simples linha, que também possui uma dimensão fractal intermediária entre a unidimensionalidade e a bidimensionalidade. O conhecimento científico não tem a necessária dimensão para pretender recobrir o conjunto do campo da experiência humana.

Uma história contingente

A história das ciências permanece polarizada pelo enfrentamento clássico entre uma concepção “internalista”, segundo a qual somente a lógica própria das disciplinas e suas problemáticas intrínsecas orientariam sua evolução, e uma concepção “externalista”, segundo a qual as condições sociais, econômicas, ideológicas constituiriam suas determinações essenciais. Mesmo que cada uma das duas posições seja, em estado puro, caricatural demais para ainda ser defendida, não é difícil perceber as linhas de força que sua tensão continua desenhando no campo da história das ciências. Pois essa história continua sendo pensada com base em um modelo causal, em que para todo acontecimento pode se designar uma razão de ser, uma origem específica. Ora, os sistemas físicos, mesmo os mais simples, não obedecem, como já sabemos, a leis causais tão elementares. Não que o determinismo esteja necessariamente caduco, e não pretendemos recorrer aqui a analogias retiradas (mais a torto do que a direito, aliás) da teoria quântica. Mas, do próprio ponto de vista da mais clássica mecânica, aprendemos a reconhecer como um fenômeno corrente e banal a “sensibilidade às condições iniciais” que, ao ampliar a mais leve diferença inicial entre duas situações próximas, as conduz rapidamente a uma divergência qualitativa, impedindo qualquer previsão confiável sobre a evolução detalhada do sistema. No melhor dos casos, resta a possibilidade de predições qualitativas bastante gerais — mas nem por isso sem interesse. Essa é a idéia que a teoria denominada, de modo perigosamente paradoxal, “caos determinista” deixou se vulgarizar sob o nome de “efeito borboleta”, dessa vez realmente malvindo, como já havíamos indicado. A teoria moderna da evolução do ser vivo, por sua vez, e com seus próprios argumentos, adiantou a mesma imprevisibilidade — para além do nosso conhecimento dos mecanismos evolutivos, ou melhor, por causa de sua própria natureza.[6]

Portanto, contingência é a palavra mestra da ciência atual quanto à sua concepção das dinâmicas temporais, superando assim a velha antinomia do acaso e da necessidade. Só resta aceitar a idéia para a evolução da própria ciência, afinal tão contingente quanto a dos sistemas físicos ou dos organismos vivos que ela estuda. Um recuo de algumas décadas mostra de forma evidente essa imprevisibilidade. Basta reler os relatórios de prospectiva e os programas de desenvolvimento da física "de ponta" dos anos 1960 para constatar que, de acordo com sua visão reducionista que exigia da física nuclear e depois das partículas a fórmula universal do comportamento da matéria, nenhum dos senhores da instituição científica imaginara o aumento em importância de uma física da "matéria mole" na escala macroscópica, nem o retorno ao primeiro plano dessa dinâmica não linear geral abandonada no final do século XIX por um estudo quântico dos átomos e das moléculas. É essa física recuperada e reanimada, reatando mais de três quartos de século com os esforços pioneiros de um Poincaré, que nos forneceu as metáforas em voga que tentamos aqui lhe fazer jus. Claro, tanto a idade canônica da física quanto a multiplicidade dos caminhos por ela explorados multiplicam suas possibilidades de reorganizações inesperadas. Mas uma ciência tão jovem quanto a moderna biologia não é menos imprevisível, segundo uma de suas mais confiáveis testemunhas, François Jacob:

> [...] pode-se quase medir a importância de um trabalho científico pela intensidade da surpresa que ele provoca. [...] Quem poderia dizer em 1850, antes de Pasteur e Koch, que as doenças infecciosas seriam o resultado de uma invasão por germes específicos? Ou em 1950, antes do trabalho de Watson e Crick, que a química da hereditariedade seria compreendida antes da dos tendões?[7]

Essa imprevisibilidade, no entanto, não é totalmente aleatória. Evidentemente, as possibilidades da ciência não são indefinidas, e sua história passada, bem como suas condições de exercício presentes, restringem de forma bastante severa seus desenvolvimentos. Em outros termos, sua evolução permanece dominada por grandes zonas de atração conceituais, das quais ela não pode mais se distanciar. Mas parecem muito mais "atratores estranhos"! Gerald Holton mostra a pregnância na história das ciências daquilo que ele chama de *themata*, estruturas de pensamento bastante gerais que organizam, em um dado momento, o pensamento científico.[8] Esses *themata* apresentam-se muitas vezes como duplas antinômicas, contínuo/descontínuo, inato/adquirido, acaso/necessidade, local/global etc., das quais um ou outro termo prevalece por ocasião desse ou daquele episódio.[9] A história das ciências apresenta-se, assim, como um jogo de sucessivas oscilações entre esses pólos. Somos levados a pensar na "borboleta de Lorentz", não a da metáfora gasta, mas a que representa muito bem seu famoso atrator, esse conjunto fractal com dois lóbulos, entre os quais a trajetória evolutiva de um sistema dinâmico não cessa de oscilar, da maneira menos previsível que seja, efetuando várias rotações de um lado antes de recomeçar a se enrolar do outro, para um número de giros cada vez mais imprevisível. Esses sistemas, que exibem ao mesmo tempo pressões estruturais e comportamentos incertos, oferecem no fundo excelentes modelos para a própria ciência — dinâmica *e* caótica.

No entanto, não se poderia esquecer que esse caos, que nos serve aqui de metáfora para a própria ciência que o analisa, é determinista e obedece a leis causais. Da mesma forma, a evolução da ciência não é aleatória, muito pelo contrário, e sofre poderosos condicionamentos — econômicos, políticos e culturais. Mas, precisamente, a heteronomia dessas influências torna o desenvolvimento científico, quando o consideramos por si mesmo, ao mesmo tempo explicável (*a posteriori*) e imprevisível (*a priori*) — assim como a evolução do vivente. Nada ilustra melhor esse paralelismo que a importância, que foi preciso admitir, nos dois casos, de episódios catastróficos, que modificam de cabo a rabo as trajetórias até então regulares. As grandes extinções no reino animal, devido às colisões cósmicas ou às mudanças climáticas, permitem a emergência de novas espécies e engajam reorganizações completas dos ecossistemas: o desaparecimento dos dinossauros e a ascensão virtual dos mamíferos, há 65 milhões de anos, representam os casos mais conhecidos. Mas semelhantes episódios acontecem na história das ciências, começando pelo nascimento daquilo que chamamos justamente ciência, no sentido moderno do termo, no final do século XVI e no começo do XVII. Esse "corte galileano" não pôde acontecer senão pela seqüência de uma convergência extremamente engenhosa de condições econômicas (os primórdios do capitalismo), técnicas (o progresso mecânico), políticas (o surgimento dos Estados modernos) e culturais (o fim da hegemonia do religioso). Que as grandes civilizações chinesas e árabes não puderam dar origem a essa forma de ciência (mesmo preparando suas bases) proporciona um contra-exemplo eloqüente. Mais próximo de nós, as grandes guerras deste século representaram um papel determinante para permitir os desenvolvimentos científicos em matéria de física nuclear e subnuclear, de eletrônica e de informática — e nos referimos aqui justamente à pesquisa fundamental. Seria engraçado reler, dentro de alguns anos, os programas de pesquisa concebidos pelos grandes organismos científicos com uma surpreendente confiança em seu futuro e avaliá-los de acordo com as transformações políticas e econômicas que intervieram nesse meio tempo.[10] E se os responsáveis pelas políticas científicas decidissem tomar algumas aulas de modéstia e se interessassem um pouco mais pelos conteúdos intelectuais das próprias ciências que dizem querer desenvolver?

ETC.

Sugerimos ao leitor continuar por si mesmo esse exercício de estilo, propondo-lhe algumas pistas.

A metáfora geográfica já utilizada dos "continentes do saber" não sairia ganhando se fosse desenvolvida apoiando-se na moderna teoria geológica das placas tectônicas que valida e explica a deriva dos continentes? Como aquela das terras emergidas de nosso planeta, o mapa do saber certamente não é fixo e mostra recortes, formas, limites que variam ao longo do tempo. Aqui se separam dos campos que se distanciam até que sua origem comum não é de forma alguma perceptível: assim o estudo da eletricidade, intimamente ligado ao da vida até o fim do século XVIII (como testificam as experiências com peles de gato e o âmbar, o eletroscópio do abade Nollet e as rãs de Galvani), adquire a sua autonomia e, ao encontrar um outro continente, torna-se uma ciência física de corpo inteiro. Ali entram em contato grandes blocos de saber cuja colisão provoca a elevação de jovens e orgulhosos maciços científicos: do encontro entre a biologia e a físico-química nasceu a poderosa biologia molecular. Nem mesmo o ciclo dos minerais pode deixar de ser interpretado: como as rochas levadas pela erosão até o fundo das fossas onde as placas continentais despencam, transformadas nas profundezas da litosfera e voltando à superfície nas cisões de onde nascem novos continentes, muitos materiais conceituais desaparecem com as teorias caducas de que faziam parte para voltarem modificados, mas reconhecíveis, e constituir novos edifícios teóricos. O mesmo acontece com as idéias premonitórias de Boscovich sobre a coesão da matéria, que são encontradas na concepção atômica moderna, ou nas de Laplace sobre os astros oclusos, tão pesados que sua luz não pode lhes escapar, que antecipam nossa hipótese dos buracos negros.

A dupla hélice do ácido desoxirribonucleico tornou-se um dos fetiches da modernidade. Constituinte dos genes, o DNA traz em sua estrutura os dados necessários à produção das inúmeras moléculas que permitem o sutil funcionamento bioquímico de um organismo vivo. Mas a parte útil desse genoma — pelo que sabemos hoje em dia — só diz respeito a uma parte diminuta. Ao lado, ou melhor, no meio dos "éxons", frações desses genomas, que codificam a estrutura das moléculas constitutivas do organismo, encontram-se numa quantidade bem maior os "íntrons", porções de DNA às quais nenhuma função de estocagem de informação genética parece ser atribuída. Como se, para utilizar uma metáfora comum, o "grande livro da vida" comportasse, além do seu texto significativo, e indissociavelmente misturado a ele, entre suas palavras, no interior de suas frases, longas passagens wfsjgjfs df qpjpu ebot mft pvwsbhft tqfdjbmjtft, aliás muitas vezes repetidas, wfsjgjfs df qpjpu ebot mft pvwsbhft tqfdjbmjtft, aparentemente desprovidas de significado. Trata-se de traços arcaicos de etapas evolutivas superadas, de dados parasitas herdados de organismos (virais?) exteriores e integrados ao nosso patrimônio genético? Essas longas seqüências genômicas são totalmente supérfluas ou então elas guardam as potencialidades de expressão cuja utilidade não se revelaria senão em raras, mas capitais, situações? Elas constituiriam um metatexto que comentaria e elucidaria a mensagem principal?* Ao (re)ler a informação científica em sua expressão rigorosa e primeira, não podemos senão fazer uma observação análoga. Assim que os consideramos, mesmo que com um leve retrocesso, a maior parte dos artigos das revistas científicas nas quais se exprimem os resultados da pesquisa aparecem como amplamente desprovidos de sentido e interesse, mesmo falsos, mas simplesmente não pertinentes — e consideravelmente repetitivos. Somente uma compreensão dos complexos mecanismos socioepistemológicos de produção dos conhecimentos pode explicar a

---

* O leitor perspicaz, ao se recordar do escaravelho de ouro poético, não terá muita dificuldade em responder a essa questão no que diz respeito à seqüência ilustrativa acima.

presença inevitável desses "íntrons" da informação científica — e, eventualmente, fazer pensar que sua utilidade potencial, por ser enigmática, não é necessariamente nula.

A física moderna, contrariamente a uma opinião simplista, não faz da velocidade da luz um limite absoluto e não proíbe de forma alguma as velocidades de propagação supraluminosas; assim, a mancha luminosa de um feixe sobre uma parede, a sombra de um móbil, o spot de uma tela de oscilógrafo (ou de televisão) podem se deslocar com velocidades arbitrariamente elevadas. Está excluído, no entanto, que os fenômenos correspondentes possam transportar matéria ou sinais — o que não os impede de serem observáveis e de terem efeitos reais.[11] Uma verdadeira informação não pode ser transmitida senão por meio de uma vibração que seja modulada por seu emissor para ser suscetível de operar como agente causal e de agir sobre seu receptor; ela não pode então ultrapassar a limitação einsteiniana. Da mesma maneira, as novidades vindas dos laboratórios podem hoje se propagar até o público leigo de maneira quase instantânea. Mas, por falta do lento e paciente trabalho de crítica e interpretação, dessa modulação do sinal que só pode dar sentido a um resultado novo (e primeiramente por suas próprias descobertas!), o conteúdo informacional efetivo dessas ondas midiáticas é praticamente nulo. Permanecendo na espera de uma verdadeira compreensão, seu impacto real sobre a cultura ambiente continua negligenciável. A informação se propaga menos rápido do que a vibração, e a cultura se propaga muito menos rápido do que a "comunicação".

As Musas da ciência

Um oráculo utópico

Para: 9MUSAS@musas.org
De: APOLO.MUSAGETE@monte_olimpo.gov
Assunto: Musa da ciência?

Musas, minhas nove irmãs,
Eis a pesquisa que a Pítia me endereçou.

> Para: APOLO.MUSAGETE@monte_olimpo.gov
> De: PITIA@oraculo_delfos.com
> Assunto: Musa da ciência?
>
> Ó brilhante Apolo,
> Irmão e condutor das Musas,
> Inspirador dos meus vaticínios,
> Que oráculo darei em resposta a esses mortais que assim me questionam:

>> Para: PITIA@oraculo_delfos.com
>> De: MUSEU.CIENCIA@ciencia_em_cultura.edu
>> Assunto: Musa da ciência?

>> Sombria Pítia,
>> Desejando que a ciência seja para os humanos uma fonte
>> de sabedoria e iluminação, desejamos-lhe
>> consagrar um templo onde ela poderá ser venerada e festejada.
>> Mas esse *mouseion*, a qual das nove musas devemos consagrá-lo?

Minhas companheiras, que responderei à nossa sacerdotisa de Delfos que nos pede para inspirar seu oráculo?
Nenhuma de vós, ó senhoras das palavras, dos cantos e das danças, não preside a essa recém-nascida das artes humanas, a ciência. Certamente, antes mesmo que o vosso número, vossos nomes e vossas atribuições fossem fixados, vós fostes precedidas por algumas antigas Musas. Entre elas, Polimatia, A-dos-inúmeros-saberes, a quem a ciência poderia ter sido consagrada. Mas ela já foi esquecida e, afinal, diante dos riscos que envolvem, tanto para os deuses como para os homens, esses novos conhecimentos, talvez seja melhor não separá-los dos gestos e dos pensamentos que vós já guiais.
Apenas quatro breves séculos se passaram desde que os humanos deram pleno desenvolvimento ao seu conhecimento do mundo. Esse curto espaço de tempo bastou para exaltar o seu *hybris* a tal ponto que, superando o próprio Prometeu, eles crêem que podem competir com Zeus e se tornarem senhores do raio cósmico, bem como do sopro da vida.

Saberíeis, Musas, nesse novo templo, suscitar as prudências, bem como os entusiasmos que permitiriam aos mortais cultivar suas ciências para a vida e não para a morte, para a alegria e não para a dor, para a paz e não para a guerra? Que cada uma de vós traga aqui os vossos dons.

•

Para: APOLO.MUSAGETE@monte_olimpo.gov
De: CLIO@musas.org
Assunto: Re: Musa da ciência?

Filha mais velha de Mnemósine, guardiã da memória, eu, Clio, a Proclamadora, Musa da história, quero ensinar aos homens a nunca esquecer o passado de suas ciências, bem como de suas ignorâncias. Muitas vezes, esses mortais orgulhosos acreditaram que poderiam apagar suas lembranças e começar uma nova era.
Mas como aquele que não sabe de onde vem poderia decidir para aonde vai?
Por mais que esses saberes sejam novos, eles têm suas raízes nas mais antigas sabedorias, das quais trazem as marcas, bem mais do que acreditam os semi-sábios.
Essas galáxias que os astrônomos observam há milhares de anos-luz são assim chamadas por causa do leite que a divina criança Héracles fez sair do seio de Hera e cujo jato traçou na abóbada celeste um rastro branco. Que um certo Galileu, há apenas quatro séculos, a tenha organizado em incontáveis e distantes estrelas, não mudou a imagem nem o nome da Via Láctea.

E o elétron, que os homens transformaram em seu fiel mensageiro, mais rápido e mais diverso que o próprio Hermes, não tira o seu nome de nosso âmbar (*elektron*), que exerce seu misterioso poder de atração sobre os fetos?

Bem presunçosos seriam os humanos em acreditar que, sob seus modernos avatares, esses velhos mitos perderam toda a força de evocação. Sem trégua, eu os lembrarei que eles podem encontrar em seu passado meios de compreender seu presente e tentar imaginar seu futuro. Àqueles que acreditarão poder desviar em único proveito de sua ciência o poder que lhes conferirá a cidade, relembrarei o drama de Dédalo, primeiramente fiel servidor do rei Minos e depois seu prisioneiro no Labirinto que ele mesmo construíra. E a mesma narrativa alertará aqueles que acreditarão poder ultrapassar sem riscos as barreiras que separam as espécies vivas: que o terrível Minotauro lhes sirva de aviso, assim como a queda de Ícaro, prefigurando a da *Challenger*, deveria prevenir o orgulho incontrolado daqueles que querem atingir o céu. Àqueles que, ao contrário, pensarão que podem esquecer as exigências da cidade para se consagrar à sua pesquisa de um saber puro, que sirva de lição o destino do grande Arquimedes, morto durante o saque de Siracusa por não ter levantado os olhos de suas figuras geométricas.

E velarei para que não sejam esquecidos os erros excessivos das ciências passadas. Como escreveu Victor Hugo sob minha influência: "Oh! A admirável maravilha que é esse monte fervilhante de sonhos engendrando o real! Ó erros sagrados, mães lentas, cegas e santas da verdade!"

Que a história então receba tudo o que lhe é devido em um Museu das Ciências — para que as ciências possam seguir o curso de sua história.

•

Para: APOLO.MUSAGETE@monte_olimpo.gov
De: CALIOPE@musas.org
Assunto: Re: Musa da ciência?

Musa da poesia épica, senhora da eloqüência, eu, Calíope da Bela Voz, pedirei aos humanos que não se julguem livres das palavras sob o pretexto de terem inventado signos sem precedentes para fixar e transmitir essas novas ciências.
Que as fórmulas estenográficas que lhes permitem preservar a marca escrita de seus sutis pensamentos matemáticos, que as complexas representações gráficas das funções matemáticas que lhes servem para representar suas descobertas, que os códigos abstratos que utilizam para transmitir seus conhecimentos a distância não os façam jamais esquecer que definitivamente é na língua comum que começa e acaba qualquer troca. Que eles permaneçam ou tornem-se novamente atentos à escolha das palavras. Que se livrem do recurso a esses termos demasiado grosseiros para transcrever a delicadeza de suas noções: uma vulgar onomatopéia, "big-bang", não poderia de forma alguma transcrever o enigma dos momentos arcaicos do Cosmos, nem um nome de queijo, "quark", permite compreender os elementos da matéria-prima. Mas, ao contrário, que eles não disfarcem jamais sob uma verborragia inutilmente sofisticada, mesmo inspirada em nossa divina língua grega, sua dificuldade tanto em admitir como em transmitir essas novas idéias. Que, assim como os poetas, os cientistas não parem de elaborar as formulações que permitirão a compreensão e memorização de suas pesquisas. E que ao menos nelas trabalhem aqueles que se

reservam a árdua tarefa de mediadores no compartilhamento do saber.

A esse museu ao qual também aceito trazer a minha proteção, desejo que ele acolha todas as línguas humanas. Que a multiplicidade da palavra ali seja aceita. Após tantos séculos, nossas orelhas também se abriram e sabemos que toda língua é portadora de um sentido: ninguém, qualquer que seja o idioma, é um bárbaro balbuciante, e a ciência que os humanos constroem será verdadeiramente humana apenas se for feita e dita em todas as suas línguas. Caso não se torne poliglota, a ciência corre o risco de afasia.

•

Para: APOLO.MUSAGETE@monte_olimpo.gov
De: ERATO@musas.org
Assunto: Re: Musa da ciência?

Inspiradora dos cantos de amor, eu, Érato, a Amada, musa das bodas e da poesia erótica, sei que os humanos, em sua busca do saber, encontram o mesmo prazer da busca amorosa. A *libido sciendi* é apenas uma forma do desejo. Eros não é, na verdade, o mais poderoso dos deuses, uma vez que ele submete até mesmo Zeus à sua lei? Velarei para que, em nosso novo templo, ele seja honrado. Dos espelhos flamejantes de Arquimedes às armas nucleares dos físicos de Los Alamos, muitas vezes os humanos colocaram seus novos saberes a serviço da Guerra e da Discórdia. Que nenhum visitante aqui possa ignorá-lo. Somente essa anamnese me permitirá inspirar aos humanos uma dedicação ao saber em que Eros vença Tânatos.

É uma verdadeira erótica da ciência que poderá então ser descoberta. Pois a ascese à qual se consagram os mais austeros dos pesquisadores, caso nela não encontrem um prazer sem igual, como eles a resolveriam? Como o saber adquirido pelos zeladores da ciência poderia ser compartilhado com os leigos sem que alegria da iluminação lhes seja também oferecida? E a própria fonte dessa curiosidade incansável que impulsiona os humanos a avançar sempre mais profundamente no seio da Natureza seria ela tão diferente da sede de saber que anima cada um de seus filhos à descoberta de sua natureza e da do outro sexo? "De onde venho?" não é a mesma pergunta, seja ela feita por uma criança aos seus pais e tem como objetivo seu misterioso acasalamento ou pelo astrônomo que se pergunta sobre a fecundidade do Cosmos e, claro, pelo biólogo que estuda a reprodução e a propagação da vida? Enfim, que essas crianças, frutos dos amores que com meu canto faço surgir, sejam então acolhidas nesse museu como os mais queridos visitantes, com toda a consideração e o carinho que os humanos devem ao seu futuro.

•

Para: APOLO.MUSAGETE@monte_olimpo.gov
De: EUTERPE@musas.org
Assunto: Re: Musa da ciência?

Eu que insuflo a exaltação, Euterpe, a Agradável, musa da poesia lírica, gostaria que esse museu inspirasse aos humanos o orgulho das conquistas de seu espírito, a admiração que eles têm o direito de sentir por seu próprio saber, por mais imperfeito e incompleto que ele para sempre seja.

Quando, ó minhas irmãs, oferecemos ao aedo cego o sopro que lhe fez cantar a cólera do furioso Aquiles e a errância do astuto Ulisses, o mundo conhecido dos aqueus não se estendia para além das Colunas de Hércules, e sua memória não ultrapassava alguns séculos. Hoje, o universo acessível aos humanos inclui o astro das noites, suas máquinas atravessam o espaço até os mais longínquos planetas, aqueles que ninguém ainda tinha visto no céu nos tempos antigos, e eles captam as mensagens provenientes do fundo do Cosmos. No coração da matéria, ali onde os mais audaciosos dos antigos filósofos, Demócrito, Epicuro e Lucrécio, apenas podiam imaginar os átomos, eis que, em algumas décadas, os físicos os observaram e mediram; ultrapassando a indivisibilidade pretendida de seu nome, eles vasculharam os átomos e dominaram suas inclinações. Novos Prometeus, eles sabem até mesmo subjugar o fogo atômico que queima no centro do Sol e usá-lo para fins humanos ou às vezes, infelizmente, inumanos. Nem a própria vida escapa às artes e ofícios da ciência; as Quimeras saíram da mitologia para entrar nos laboratórios, e logo serão as novas Galatéias que dali sairão.
Sim, esse museu deve ser o lugar do encantamento e da deferência. Que ali reine a combinação de admiração e medo que a humanidade deve a si mesma.

•

Para: APOLO.MUSAGETE@monte_olimpo.gov
De: MELPOMENE@musas.org
Assunto: Re: Musa da ciência?

Senhora do palco e do coro, Melpômene, a Cantora, musa da tragédia, quero que esse templo da ciência seja também

um teatro. Que ali se possam representar os dramas eloqüentes que acompanham a procura do saber. Como a busca do poder, é pela tragédia que os leigos a compreenderão e aprenderão as lições de seus terríveis episódios. Não é na ciência de hoje que se revela o eterno *hybris* dos humanos? Os perigos que os ameaçam, por muito tempo vindos do céu e da terra, são doravante de sua própria responsabilidade.
Édipo ficou cego pelos conselhos dos oráculos e, orgulhando-se de ter respondido aos enigmas da Esfinge, precipitou-se em direção ao seu destino trágico, atraindo a infelicidade para a cidade de Tebas. Que essa lição seja sempre lembrada pelos modernos cuja ciência só se iguala à sua inconsciência. Galileu, Oppenheimer, Sakharov e tantos outros heróis patéticos, vítimas de tiranos que eles acreditaram poder enganar, e cuja queda atingiu tantos inocentes. Que os sucessores de Ésquilo e Sófocles, como alguns já o fizeram, como Brecht, a quem inspirei a soberba *Vida de Galileu*, continuem a oferecer ao povo espetáculos nos quais os corações e mentes se emocionarão com as catástrofes que uma ciência sem consciência pode trazer. Que uma saudável catarse permita lhe dar medida e prudência.
Sim, nos anfiteatros desse museu, em um palco ou em uma tela, farei com que ninguém esqueça a dimensão trágica da ciência.

•

Para: APOLO.MUSAGETE@monte_olimpo.gov
De: POLIMNIA@musas.org
Assunto: Re: Musa da ciência?

Eu que inspiro as melodias das vozes e dos instrumentos, Polímnia, Aquela-de-muitos-hinos, presido a harmonia das formas ideais. Musa da música, eu sou também a da geometria.

Assim essa arte e essa ciência, entre as primeiras, sempre estiveram juntas. Não foi, ao vibrar as cordas de uma lira, que Pitágoras compreendeu como o número regia o mundo? A harmonia das esferas não ressoou durante séculos, abrindo o Cosmos à geometria até mesmo para Kepler? Mais uma vez, a música brincou com a matemática nas equações de D'Alembert, nas integrais de Fourier e nas ondas modernas. Que hoje os cientistas escutem o Universo por meio de ondas de rádio, em vez de sonoras, isso realmente muda a sua busca de harmonia? A estrutura dos próprios átomos não repousa em ressonâncias precisas das ondas quânticas? Que esse elo seja uma permanente fonte de inspiração em nosso novo museu. Tanto a harmonia dos sons quanto a das formas visíveis permitirão às ciências tocar a mente e o coração dos leigos por meio dos seus olhos, bem como de seus ouvidos. Muitas de minhas irmãs velarão para que a pesquisa do Verdadeiro jamais se separe da do Bom; velarei para que ela permaneça unida à do Belo. Ao se privar de sua dimensão estética, a ciência ressecaria rapidamente e os leigos dela se afastariam como de um ídolo bárbaro.

•

Para: APOLO.MUSAGETE@monte_olimpo.gov
De: TERPSICORE@musas.org
Assunto: Re: Musa da ciência?

Musa da dança, Terpsícore, Aquela-que-adora-dançar, velo à graça dos gestos e ao equilíbrio dos movimentos. Pois os humanos não *têm* um corpo, eles *são* corpos, como o disse um dia a Wilhelm Reich. Além disso, nenhuma atividade humana, por mais abstrata, não poderia negligenciar sua encarnação corporal. Um outro de meus iniciados, Friedrich Nietzsche, já o compreendera, o qual pedia à filosofia para estar à altura de sua tarefa, de poder dançar.

A ciência, da mesma forma, não poderia ser uma atividade somente mental, a obra de espíritos puros. Ela exige atenção do olho que observa, destreza das mãos que manipulam, agilidade dos membros que orientam os instrumentos, estabilidade da postura e resistência do corpo ao cansaço. O experimentador, na construção de seus dispositivos, deve afinar seus gestos e controlar seus movimentos. Galileu e Spinoza tiveram que ser minuciosos polidores de lentes antes de e para se tornarem grandes pensadores. Tanto Spallanzani, engolindo e depois retirando de seu estômago uma esponja para estudar os sucos gástricos, como J. B. S. Haldane, experimentando em si mesmo gases narcóticos antes de administrá-los em suas cobaias, ou tantos outros químicos experimentando e respirando substâncias desconhecidas, testemunham bem esse envolvimento e o risco do corpo no trabalho do espírito. E as experiências coletivas que já são a regra exigem dos cientistas que seus deslocamentos sejam tão exatos como uma coreografia.

Por isso um museu da ciência deve dar todo o seu lugar ao corpo: o saber passa pelos olhos e pelas mãos. O duplo sentido da palavra "físico" não poderia ser contingente: essa natureza à qual ele remete é ao mesmo tempo a do mundo em torno de nós e a do corpo por meio do qual estamos no mundo. Que se possa, nesse museu, tocar, acariciar, apalpar, avaliar os materiais e os animais. Que se possa ali sentir em seu corpo todos os fenômenos simulados, terremotos ou descargas elétricas. Que o espaço ali seja pensado para o jogo dos movimentos e para a graça dos deslocamentos.

•

Para: APOLO.MUSAGETE@monte_olimpo.gov
De: TALIA@musas.org
Assunto: Re: Musa da ciência?

Eu que provoco o riso e a alegria, Tália, a Abundante, musa da comédia, gostaria de insuflar nesse museu uma necessária e salutar resistência ao espírito sério que muitas vezes domina a ciência.
Muitas de minhas irmãs, sem dúvida, zelarão para inspirar aos visitantes a admiração, o medo, o entusiasmo, a atenção ou a prudência diante do saber. Mas, sem o riso que representa seus limites e relativiza o seu alcance, grande seria o risco de divinizar uma ciência que é demasiado humana. Há muito tempo, tento alertá-los contra os ridículos de conhecimentos idolatrados sem limites.
Fui eu quem fez rir a serva trácia à custa de seu senhor astrônomo quando, com os olhos perdidos nas estrelas, ele caiu no poço que não vira sob seus pés. Fui eu quem inspirou a Rabelais e Molière suas saudáveis brincadeiras sobre os doutos ignaros. Sou eu também quem leva os cientistas a rir de si mesmos, como Niels Bohr: a um sério colega que ele recebera em sua casa de campo e que se irritou quando viu ali uma ferradura da sorte, o grande físico respondeu que, não, claro, ele não acreditava nas virtudes daquele amuleto — mas que, felizmente, sua eficácia estava garantida mesmo

não acreditando. E sempre fui eu quem permitiu a Italo Calvino escrever seus romances ao mesmo tempo epistemológicos e cômicos, *As cosmicômicas* e *Ti con zere*. E finalmente sou eu quem desfaz todas as pretensões da ciência a uma metodologia definitiva, fazendo-a muitas vezes avançar graças à irônica serendipidade das descobertas inesperadas. Que nesse museu a temível majestade das ciências seja moderada pelo sorriso permanente diante de seus defeitos demasiado humanos.

•

Para: APOLO.MUSAGETE@monte_olimpo.gov
De: URANIA@musas.org
Assunto: Re: Musa da ciência?

Mensageira das estrelas, eu, Urânia, a Celeste, musa da astronomia, talvez a única, entre minhas irmãs, que poderia logo se sentir em casa nesse museu. Não sou a única entre nós a me consagrar a uma ciência verdadeira, moderna e ao mesmo tempo a mais antiga?
Longe de mim, no entanto, a idéia de usar esse argumento para reivindicar uma preeminência qualquer. Como esqueceria que o conhecimento do céu ao qual eu presido possuía antigamente muitas outras funções além do puro saber, e a ele não se limita hoje em dia. Pois minhas atribuições não se limitam a zelar pelas leis do céu, a astro*nomia*, mas estendem-se a qualquer discurso sobre as estrelas e os planetas, a astro*logia*. A antiga contemplação dos astros jamais teve para os humanos como único objetivo conhecer seus movimentos e sua natureza. Eles sempre quiseram ali decifrar o enigma de seu estar no mundo.

Para além das ilusões simplistas de um destino escrito nos horóscopos, bem como para além dos algarismos e das fórmulas matemáticas, ainda é o sentido da existência que atormenta as cosmologias modernas. De onde viemos, para onde vamos, as eternas questões da metafísica não cessam de ressurgir sob as tranqüilizantes respostas da astrofísica.

Zelarei para manter viva essa inquietude no museu. A mais velha das ciências, a astronomia demonstra que nenhuma delas pode, sem definhar, se privar das raízes que mergulham nas profundezas da alma humana. Mais brilhantes são as Luzes das ciências, e mais sombria é a obscuridade que elas deixam atrás daquilo que lhes parece opaco. Mas como um céu onde, segundo o paradoxo de Olbers, em qualquer ponto brilharia uma estrela, sem essas sombras propícias, a ciência ofuscaria mais do que iluminaria.

Ó Apolo, nosso condutor, e vós, minhas irmãs, lembremo-nos que cada uma guia uma dessas esferas celestes associadas aos astros visíveis e ao conjunto das quais eu presto meu canto. Júpiter é animado por Terpsícore, Vênus por nenhuma outra senão Érato, Marte por Polímnia, Mercúrio por Euterpe, a Lua por Tália e o Sol por Melpômene; no entanto, eu animo a abóbada estelar inteira. Mas os humanos inscreveram doravante outros planetas no céu: Urano, Netuno e Plutão, e tanto outros em torno de outros sóis. Mais do que esperar a chegada a nosso coro de novas musas, aceitemos essa ampliação de nosso domínio e nos responsabilizemos por esses astros inéditos, como aceitamos as novas atribuições que esse museu nos confia.

•

Para: 9MUSAS@musas.org
De: APOLO.MUSAGETE@monte_olimpo.gov
Assunto: Re: Re: Musa da ciência?

Obrigado, minhas irmãs, por vossa amabilidade em relação aos humanos e às suas ciências.
Agora sei qual oráculo inspirar a Pítia.

•

Para: MUSEU.CIENCIA@ciencia_em_cultura.edu
De: PITIA@oraculo_delfos.com
Assunto: Re: Musa da ciência?

Novo o museu, nove as musas.

Fontes

A maior parte dos textos aqui reunidos são versões revisadas e muitas vezes ampliadas de textos publicados em diversas revistas ou obras coletivas, ou intervenções por ocasião de diferentes colóquios.

"O Século das Luzes e as sombras da ciência"
Le Bottin des Lumières, Nancy, 2005.

"Todas as velocidades"
Le Nouvel Observateur, nº HS "Génération vitesse", março-abril de 2001, p. 86-87, e *Ciel & Espace*, nº 430, março de 2006, p. 53-54.

"As *x* cores do arco-íris"
Cahiers Art-Sciences, nº 4, 1997, p. 13-27.

"A natureza tomada ao pé da letra" e "Leis da natureza"
Alliage, nºs 37-38, inverno de 1998–primavera de 1999, p. 71-82.

"A ciência do Inferno e o inverso da ciência"
Colóquio "La science et ses représentations", Bruxelas, maio de 2003.

"A legenda áurea da física moderna"
Colóquio "Science, Imaginaire, Éthique", Universidade de Quebec, em Montreal, novembro de 2003.

"Rapsódia einsteiniana"
Inédito, exceto algumas partes publicadas como crônicas em *La Recherche*, 2005.

"O equívoco e o desprezo"
Alliage, n.os 35-36, 1998, p. 27-42.

"Dos limites da física"
Le Monde, 15 de agosto de 2000.

"O compartilhar da ignorância"
Quaderni, n.º 46, 2001-2002, p. 95-103, e contribuição inédita às Premières Journées Hubert Curien, Nancy, novembro de 2005.

"Do conhecimento como uno"
Sciences et Avenir, HS n.º 132, "Le bon sens et la science", outubro-novembro de 2002, p. 58-63.

"A ciência é universal?"
Alliage, n.os 55-56, 2005, p. 104-114.

"A nova Medusa"
TLE, n.º 15, 1997, p. 7-22.

"As Musas da ciência"
La Revue du Musée national des techniques, n.º 32, 2001.

Notas bibliográficas

Epígrafe

1. Yves-Bonnefoy, *Le Sommeil de personne*, William Blake & Co, 2004, p. 68.

Prefácio

1. M. Foucault, "Qu'est-ce que les Lumières?" — ver a excelente edição pedagógica desse texto feita por O. Dekens, Bréal, 2004, p. 80. A continuação dessa citação merece uma leitura.

2. J.-M. Lévy-Leblond, *L'Esprit de sel (science, culture, politique)*, Seuil, "Points Sciences", 1984; *La Pierre de touche (La Science à l'épreuve...)*, Gallimard, "Folio-Essais", 1996.

3. Ver, neste livro, "Todas as velocidades", p. 33-53.

4. Podemos encontrar aqui uma referência ao título de uma coletânea de ensaios consagrada à ciência feita por Raymond Queneau, *Bords*, Hermann, 1963.

O SÉCULO DAS LUZES E AS SOMBRAS DA CIÊNCIA

1. Ver J.-M. Goulemot. *Adieu les philosophes. Que reste-t-il des Lumières?*, Seuil, 2001.

2. F. Bacon, *Novum Organum,* 1620 (livro 1, aforismo 3). Essa máxima tão freqüentemente citada tem, aliás, no próprio pensamento de Bacon, uma origem no mínimo inesperada; ver, neste livro, "A ciência é universal?", p. 257-282.

3. F. Bacon, *New Atlantis*, 1626; trad. francesa M. Le Dœuff, M. Llasera, *La Nouvelle Atlantide*, Flammarion, 1995.

4. R. Descartes, *Discours de la méthode*, 1637 (sexta parte).

5. D. Sobel, *Longitude*, Walker, 1996; trad. francesa, Seuil, 2002.

6.W. Schivelbusch, *La Nuit désenchantée,* Le Promeneur, 1993. Esse livro oferece uma incrível história, ao mesmo tempo técnica e cultural, sobre a iluminação moderna [meus agradecimentos a Isabelle Creusot por ter me dado essa referência fundamental].

7. J. d'Alembert, *Discours préliminaire de l'Encyclopédie*, 1750 [Vrin, 2000].

8. J.-J. Rousseau, *Discours sur les Sciences et les Arts*, 1751 [Gallimard, "Folio", 1964].

9. J.-M. Goulemot, *op. cit.*, p. 135.

10. Ver o estudo de M. Milner, *L'Envers du visible*, Seuil, 2005, cap. V, "L'ombre des Lumières".

11. Y. Elkana, *The Discovery of the Conservation of Energy*, Harvard University Press, 1974.

12. W. Schivelbusch, *op. cit.*, p. 14 s.

13. Grégoire, *Rapport sur l'établissement d'un Conservatoire des Arts et Métiers*, 1795.

14. B. Maitte, *La Lumière*, Seuil, "Points-Sciences", 1981.

15. M. Faraday, *The Chemical History of Candle*, 1860 [Viking Press, 1960]; trad. francesa, *Histoire d'une chandelle*, Hetzel, 1904.

16. Essa lenta e complexa evolução é retraçada no livro de W. Schivelbusch, *op. cit.*

17. J. Roth, *Die Hundert Tage*, 1934; trad. francesa, *Le Roman des Cent-Jours*, Seuil, 2004 (as três citações feitas encontram-se respectivamente nas páginas 94, 147 e 188).

18. Y. Tanizaki, 1933; trad. francesa, *Éloge de l'ombre*, Presses orientalistes de France, 1986.

19. Essa nota encontra-se em fac-símile no site: <http://www.uky.edu/Libraries/Special/peal/>.

20. L. Jouvet, "L'apport de l'électricité dans la mise en scène au théâtre et au music-hall". *Revue des arts et métiers graphiques*, 1937. Ver uma citação mais longa desse texto *in* D. Raichvarg, "Lorsque la technique aura volé l'ombre du monde", *Alliage*, nºs 50-51, 2002, p. 35-42.

21. G. Bachelard, *La Flamme d'une chandelle*, 1961, p. 90.

22. Citado por W. Schivelbusch, *op. cit.*, p. 136-137.

23. G. Bachelard, *op. cit.*

24. M. Milner, *op. cit.*, p. 403.

25. R. Lehoucq, *La Physique de* Starwars, Le Pommier, 2005.

26. Ver, neste livro, "Rapsódia einsteiniana", p. 139-179.

27. B. Maitte, *op. cit.*, p. 227.

28. Como demonstrado por P. Feyerabend, *Adieu la Raison*, Seuil, 1989.

29. J. d'Alembert, *op. cit.*

TODAS AS VELOCIDADES

1. Ver J.-M. Lévy-Leblond, *Aux contraires (L'Exercice de la pensée et la pratique de la science)*, Gallimard, "NRF-Essais", 1996, capítulo VII, "Fini/Infini".

2. A. Le Brun, *Ombre pour ombre* (poemas), Gallimard, 2004.

3. Ver J.-M. Lévy-Leblond, *op. cit.*, capítulo I, "Vrai/Faux".

AS X CORES DO ARCO-ÍRIS

1. Testemunham os títulos de inúmeras obras literárias – por exemplo: V. Brioussov, *Les Sept Couleurs de l'arc-en-ciel* (poemas, 1916); P. Albert-Birot, *La Joie des sept couleurs* (poemas, 1919); P. Drieu La Rochelle, *Les Sept Couleurs* (romance, 1939); B. Tirtiaux, *Les Sept Couleurs du vent* (romance, 1995) etc.

2. A referência essencial, em relação à história do arco-íris no pensamento científico, é o livro de B. Maitte, *Histoire de l'arc-en-ciel*, Seuil, 2005. Ver também C. B. Boyer, *The Rainbow, from Myth to Mathematics*, Thomas Yoseloff, 1959.

3. Citado por B. Maitte, *op. cit.*, p. 108.

4. I. Newton, *Opticks*, Londres, 1704; a tradução francesa de Marat é a única de que dispomos e foi recentemente reeditada: *Optique*, Christian Bourgois, 1989.

5. B. Berlin e P. Kay, *Basic Colors Terms*, 1969 [University of California Press, 1991].

6. C. L. Hardin e L. Maffi (orgs.), *Color Categories in Thought and Language*, Cambridge, 1997; R. Mausfeld e D. Heyer (orgs.), *Colour Perception: Mind and the Physical World*, Oxford University Press, 2002; R. L. MacLaury, G. Paramei e D. Dedrick (orgs.), *The Anthropology of Colors*, John Benjamins (no prelo).

7. M. Blay, *Les Figures de l'arc-en-ciel*, Belin, 2005. Para um fascinante estudo erudito do arco-íris na pintura, ver J. Gage, *Colour and Culture. Practice and Meaning from Antiquity to Abstraction*, Thames and Hudson, 1993, capítulo 6.

8. I. Newton, *Optique*, *op. cit.*, p. 125-126.

9. *Ibid.*, p. 145-146.

10. G. Roque, *Art et Science de la couleur*, Jacqueline Chambon, 1997, p. 84-87.

11. Para um estudo mais detalhado dos aspectos musicais, ver D. Devaux e B. Maitte, "Newton, les couleurs et la musique", *Alliage*, nº 59 (no prelo).

12. R. S. Westfall, "The Development of Newton's Theory of Color", *Isis*, 53, nº 173, 1962, p. 339-358; A. E. Shapiro, "The Evolving Structure of Newton's Theory of White Light and Color", *Isis*, 71, nº 257, 1980, p. 211-237.

13. J. M. Keynes, grande economista, foi o primeiro, nos anos 1940, a chamar a atenção sobre essa característica do gênio newtoniano ocultada pela vulgata positivista; ver a tradução francesa de seu célebre artigo "Newton, le dernier des magiciens", *Alliage*, nº 22, primavera de 1995, p. 14-23, e as outras referências mais recentes citadas em sua apresentação.

14. Para a descrição dos arco-íris e outros fenômenos luminosos naturais, ver (literalmente falando, as três obras apresentam fotografias incríveis): R. Greenler, *Rainbows, Halos and Glories*, Cambridge University Press, 1980; D. K. Lynch e W. Livingston, *Color and Light in Nature*, Cambridge University Press, 1995; F. Suagher e J.-P. Parisot, *Jeux de lumière*, Cêtre, 1995.

15. Ver Ch. Meyer, "*Musica est indita nobis naturaliter*: Musique spéculative et philosophie de la nature", *Archives d'histoire doctrinale et littéraire du Moyen Âge*, nº 72, 2005, p. 277-321.

16. I. Newton, *op. cit.*, p. 298-299.

17. Citado por G. Roque, *op. cit.*

18. J.-M. Lévy-Leblond, "La langue tire la science", *in La Pierre de touche (La Science à l'épreuve...)*, Gallimard, "Folio-Essais", 1996, p. 228-251.

19. L. B. Guyton de Morveau, A. L. Lavoisier, C. L. Berthollet e A. F. de Fourcroy, *Méthode de nomenclature chimique*, Seuil, 1994; ver especialmente a introdução, de B. Bensaude-Vincent.

20. J.-M. Lévy-Leblond, "Hypotheses fingo", *in La Pierre de touche*, *op. cit.*, p. 219-227.

21. L. Margulis e K. V. Schwartz, *Five Kingdoms (An Illustrated Guide to the Phyla of Life on Earth)*, Freeman, 1982.

22. B. Brecht, *Me Ti, ou le livre des retournements*, L'Arche, 1968.

A NATUREZA TOMADA AO PÉ DA LETRA

1. Ver J.-M. Lévy-Leblond, "Physique et mathématique", *in* Collectif, *Penser les mathématiques*, Seuil, 1982.

2. G. Galilei, *Il Saggiatori*; trad. francesa Ch. Chauviré, *L'Essayeur*, Les Belles Lettres, 1980.

3. A obra de referência clássica sobre a história das notações matemáticas é o soberbo livro de F. Cajori, *A History of Mathematical Notations* (2 vols.), Open Court, 1929 (3.ª edição, 1952). Para uma análise do papel constitutivo da escritura na invenção da matemática, ver M. Serfati, *La Révolution symbolique, la constitution de l'écriture mathématique*, Petra, 2005.

4. M. Blay, *Les Raisons de l'infini. Du monde clos à l'univers mathématique*, Gallimard, 1993.

5. B. Jurdant, "The Role of Vowels in Alphabetic Writing", *in* D. de Kerckhove e C. J. Lumsden (orgs.), *The Alphabet and the Brain*, Springer Verlag, 1988, p. 381-400; "La Science, la parole et l'écriture", *Apertura*, 9, 1993, p. 120-131.

6. R. Arnaldez, L. Massignon e A. P. Youschkevich, *in Histoire générale des sciences* (sob a direção de R. Taton), t. 1, *La Science antique et médiévale*, PUF, p. 460.

7. Ver o estudo essencial de F. A. Yates, *Giordano Bruno and the Hermetic Tradition*, Routledge & Kegan Paul, 1964, em especial os capítulos V ("Pico della Mirandola and Cabalist Magic") e XIV ("Giordano Bruno and the Cabala").

8. G. Israel, "Le judaïsme et la pensée scientifique: le cas de la Kabbale", in: *Les Religions d'Abraham et la Science*, Maisonneuve et Larose, 1996, p. 9-44; "Le zéro et le néant: la Kabbalah à l'aube de la science moderne", *Alliage*, n.os 24-25 (*Science et Culture autour de la Méditerranée*), outono-inverno de 1995, p. 21-28.

9. C. Henry, "Sur l'origine de quelques notations mathématiques", *Revue archéologique*, vol. XXXVIII, 1879, p. 8.

10. J. Kepler, *Harmonia Mundi*, 1618 [trad. francesa, *L'Harmonie du monde*, Blanchard, 1980].

11. D. de Solla Price, "Geometries and Scientific Talismans and Symbolisms", *in* M. Teich e R. Young (orgs.), *Changing Perspectives in the History of Science (Essays in Honour of Joseph Needham)*, Heinemann, 1973, p. 263.

12. G. Scholem, *Les Grands Courants de la pensée juive*, Payot, 1994.

13. *Le Zohar*, trad. Ch. Mopsik, Verdier, 1981, p. 36.

14. *Ibid.*, p. 39-40.

15. E. Berl, *Sylvia*, Gallimard, 1952, p. 256.

A CIÊNCIA DO INFERNO E O INVERSO DA CIÊNCIA

1. Ver, por exemplo, S. J. Gould, *Les Coquillages de Léonard*, Seuil, 2001, p. 74.

2. A origem dessa máxima constitui por si só um detalhe que mereceria um longo estudo. Ela é encontrada na Grande Rede e é atribuída muitas vezes a Flaubert ou ao arquiteto M. Van der Rohe, e ainda a muitos outros (Nietzsche, Einstein, Le Corbusier etc. – afinal, só se empresta aos ricos), sempre sem qualquer referência explícita. O único artigo documentado sobre essa questão é atribuído a R. V. Cristaldi, "Gott ist im Detail", *Rivista di studi crociani,* XVII, 1980, p. 202-203. Segundo ele, a primeira ocorrência identificada do aforismo encontra-se na obra do importante filólogo A. Warburg (morto em 1929), mas que poderia ter se inspirado em Fontane e, até mesmo, em Spinoza. Warburg, na realidade, teria escrito: "Der liebe Gott steckt im Detail" ("O Bom Deus esconde-se no detalhe"). Foi E. Panofsky que teria retomado o adágio, atribuindo-o a Flaubert.

3. Ver, neste livro, "A legenda áurea da física moderna", p. 119-138.

4. Anon., *Applied Optics*, 11/8, A14, 1972.

5. T. Healey, *Journal of Irreproducible Results*, 25/4, 17, 1979.

6. K. Nassau, *Applied Optics*, 11/8, A14, 1972.

7. J. Mira Perez e J. Viña, *Physics Today*, 51/7, 96, 1998.

8. G. Galilei, *Due lezioni all'Accademia Fiorentina circa la figura, sito e grandezza dell'Inferno di Dante*, *in* A. Favaro, *Le Opere di Galileo Galilei*, IX, 29-57, Florença, Barbera, 1968. Esse texto foi recentemente traduzido para o francês por Lucette Degryse, a quem agradeço por tê-lo apresentado a mim e de quem

tomo emprestadas as citações que se seguem. Pode ser encontrada uma tradução inglesa de Mark A. Peterson (ver referência 11, abaixo) no site:
<www.mtholyoke.edu~mpeterson/clases/galileo/inferno.html >
(2000).

9. Para o contexto do trabalho de Galileu, ver a introdução de Lucette Degryse para a sua tradução. Ver igualmente Th. B. Settle, "Experimental Sense in Galileo's Early Works and its Likely Sources", *in Eurosymposium Galileo 2001*, Tenerife, Fundacion Canaria de Historia de la Ciencia, 2002; "Dante, the Inferno and Galileo", a ser publicado.

10. Essa disposição acarreta que o acesso aos Infernos mais cômodos situa-se nesse círculo (ali onde a espessura da abóbada reduz-se a zero). O fato é que (falseando um pouco sobre o valor do raio da Terra) esse círculo não passa longe das entradas do Inferno bem conhecidas na Antigüidade (na Grécia, Sicília e Campânia); ver A. Nadaud, *Aux portes des Enfers*, Actes Sud, 2004.

11. Mark A. Peterson, "Galileo's Discovery of Scaling Laws", *Am. J. Phys.*, 70, 575, 2002.

12. A comparação utilizada por Galileu entre a tampa do Inferno e uma abóbada edificada remete às profundas relações entre a estrutura do Inferno de Dante e a arquitetura da célebre cúpula do Domo de Florença, concebida por Brunelleschi, que representou um papel emblemático no Renascimento italiano; ver S. Toussaint, *De l'Enfer de Dante à la coupole. Dante, Brunelleschi et Ficin*, L'Erma, 1997.

13. Os planos e as medidas do Inferno e sua iconografia constituem ainda um tema da exegese literária da obra de Dante; ver G. Agnelli, *Topo-cronografia del Viaggio dantesco*, Hoepli, 1891; S. Orlando, "Geografia dell'Oltretomba dantesco", *in* Collectif, *Guida alla Commedia*, Milão, 1993.

14. John Milton, *Paradise Lost*, Londres, 1667.

15. M. Steggle, "Paradise Lost and the Acoustics of Hell", *Early Modern Literary Studies*, 7.1, maio de 2001, p. 1-17.

16. J. Wilkins, *Discourse concerning the Beauty of Providence, tending to prove that there may be another inhabitable World in the Moon (Discurso sobre a Beleza da Providência, com o intuito de provar que pode existir um outro Mundo habitável na Lua)*, E. G., 1638.

17. Essa concepção encontra um curioso eco moderno em uma célebre obra da ficção científica americana, datando de sua idade de ouro, e intitulada "A Lua é o Inferno": J. W. Campbell, *The Moon Is Hell*, Fantasy Press, 1951.

18. N. Witkowski, *Une histoire sentimentale des sciences*, Seuil, 2003, p. 67-69.

19. W. Whiston, *Astronomical Principles of Religion, Natural and Reveal'd*, Londres, 1717.

20. L. de Jaucourt, artigo "Enfer", *in* D. Diderot e J. d'Alembert (orgs.), *Encyclopédie, ou Dictionnaire Raisonné des Sciences, des Arts et des Métiers*, 1751 (ver a excelente edição em CD-ROM, Redon, 2000).

21. T. Swinden, *Recherches sur la nature du feu de l'Enfer et du lieu où il est situé*, traduzido do inglês por M. Bion, A. Bonte, 1733.

22. Até agora encontrei apenas uma referência a Neiht em uma nota do artigo de T. Healey (referência 5) que não dá as fontes.

A legenda áurea da física moderna

1. Ver, neste livro, "Rapsódia einsteiniana", p. 139-179.

2. Segundo o título (inspirado na célebre narrativa da Revolução Soviética feita por J. Reed, *Ten Days that Shook the*

World) dado à narração desse período por um de seus atores: G. Gamow, *Thirty Years that Shook the World: the Story of Quantum Physics*, Doubleday, 1966 [reedição Dover, 1985]; trad. francesa, *Trente années qui ébranlèrent la physique (Histoire de la théorie quantique)*, Dunod, 1968 [reedição Jacques Gabay, 2001].

3. C. Chevalley, "Mythe et philosophie, la construction de 'Niels Bohr' dans la doxographie", *Phusis*, dezembro de 1997, p. 569-603.

4. A maioria das historietas aqui relatadas faria parte de uma tradição oral e não possui, portanto, fontes escritas sólidas. Às vezes encontraremos algumas, com referências confiáveis, no livro de G. Gamow, *op. cit.* Ver também W. Gratzer, *Eurekas and Euphorias: The Oxford Book of Scientific Anecdotes*, Oxford University Press, 2002; É. Klein, *Il était sept fois la révolution – Albert Einstein et les autres...*, Flammarion, 2005.

5. P. Feyerabend, *Contre la méthode*, Seuil, 1979.

6. Ver J.-M. Lévy-Leblond, *Aux contraires (L'Exercice de la pensée et la pratique de la science)*, Gallimard, "NRF-Essais", 1996, cap. VI, "Certain/incertain".

Rapsódia Einsteiniana

1. M. Einstein, "La jeunesse d'Einstein", *in Album Einstein*, suplemento às *Œuvres choisies* d'Albert Einstein (6 vols.). Seuil-CNRS, 1989.

2. *Ibid.*

3. C. Scheidegger, *Mille et Une Anecdotes recueillies autour de l'échiquier*, Éditions Toena, 1994.

4. M. Stanley, "An Expedition to Heal the Wounds of War: The 1919 Eclipse Expedition and Eddington as a Quaker Adventurer", *Isis*, 94, 57-89, 2003.

5. L. Infeld, "Mes souvenirs d'Einstein", *Tworoczosc*, 9, 41-85, 1955; tradução do polonês *in* V. Maz'ya e T. Shaposhnikova, *Jacques Hadamard, un mathématicien universel*, EDP-Sciences, 2005.

6. J.-Ch. Valtat, *Cultures et Figures de la relativité (Le Temps retrouvé, Finnegan's Wake)*, Honoré Champion, 2004.

7. A. J. Friedman e C. C. Donley, *Einstein as Myth and Muse*, Cambridge University Press, 1985.

8. C. Pansaers, "Moi et Dada", *Ça ira*, nº 16, 1921.

9. Aragon, *Traité du style*, Gallimard, 1928 [reedição: 2004], p. 150-152.

10. M. Biezunski, *Einstein en France*, Presses Universitaires de Vincennes, 1991.

11. A. Dahan e D. Pestre (dir.), *Les Sciences pour la guerre: 1940-1960*, EHESS, 2004; *Alliage*, nº 52 (*La Science et la Guerre*), 2004.

12. J. Rotblat, "The atom bomb, Einstein and me", *The Guardian*, 20 de janeiro de 2005; ver também J. Rotblat (orgs.), *World Citizenship: Allegiance to Humanity*, Macmillan, 1997.

13. J.-P. Auffray, *Einstein et Poincaré sur les traces de la relativité*, Le Pommier, 1999 (nova edição no prelo); Ch. J. Bjerknes, *Albert Einstein, The Incorrigible Plagiarist*, XTX Inc., 2002; J. Hladik, *Comment le jeune et ambitieux Einstein s'est approprié la relativité restreinte de Poincaré*, Ellipses, 2004; J. Leveugle, *La Relativité, Poincaré et Einstein, Planck et Hilbert*, L'Harmattan, 2004.

14. Ver, por exemplo, E. Whittaker, *A History of the Theories of Æther and Electricity* (1910), Nelson, 1951 [Dover, 1989].

15. G. Granek, "Poincaré's Ether", *Apeiron*, nº 8, janeiro de 2001.

16. J. Hadamard, "Comment je n'ai pas trouvé la relativité", *Actes du Ve congrès international de philosophie* (Nápoles, maio de 1924), G. del Valle, 1925, p. 441-453.

17. G. Holton, *Thematic Origins of Scientific Thought: Kepler to Einstein*, Harvard University Press, 1973; trad. francesa, *L'Imagination scientifique*, Gallimard, 1981.

Arthur I. Miller, *Albert Einstein's Special History of Relativity, Emergence (1905) and Early Interpretation (1905-1911)*, Addison-Wesley, 1981.

P. Galison, *Einstein's Clocks, Poincaré Maps*, Norton, 2004; trad. francesa, *L'Empire du temps, les horloges d'Einstein et les cartes de Poincaré*, Robert Laffont, 2005.

18. E. Whittaker, *op. cit.*

19. A. Einstein e M. Born, *Correspondance, 1916-1955*, Seuil, 1988.

20. *Ibid.*

21. M. Allais, *L'Effondrement de la théorie de la relativité*, Clément Juglar, 2004.

22. Christian Cornelissen, *Les Hallucinations des einsteiniens, ou les erreurs de méthode chez les physiciens mathématiciens*, Librairie scientifique Albert Blanchard, 1923.

23. M. Hassab-Elnaby, "A New Astronomical Quranic Method for the Determination of the Greatest Speed *c*", <http://www.islamicity.com/Science/960703A.SHTML>.

Ver também R. Fanous, "Relativity in Koran", <http://www.speed-light.info> (site que possui intercâmbios interessantes).

Para quem achar necessário, uma crítica minuciosa do argumento redigido por A. Neumaier, pode ser vista em <http://www.mat.univie.ac.at/~neum/sciandf/eng/c_in_quran.txt>.

24. Ver <http://www.bible-quotes-science-info.com/art/einstein-theory-relativity.htm> (em um site de propaganda para o "Intelligent Design").

25. J. Eisenstaedt, *Avant Einstein (relativité, lumière, gravitation)*, Seuil, 2005.

26. Ver J.-M. Lévy-Leblond, "De la relativité à la chronogéométrie, ou Pour en finir avec le 'second postulat' et autres fossiles", Colóquio de Cargèse, 2001.

27. Ver, por exemplo, J. Hladik e M. Chrysos, *Introduction à la relativité restreinte*, Dunod, 2001.

C. Semay e B. Silvestre-Blanc, *Relativité restreinte*, Dunod, 2005.

28. P.-A. Taguieff, *Le Sens du progrès (une approche historique et philosophique)*, Flammarion, 2004.

29. A. Einstein e M. Maric, *Lettres d'amour et de science*, Seuil, 1993.

30. D. Overbye, *Einstein in Love (A Scientific Romance)*, Viking Press, 2000.

31. B. Brecht, *Journal de travail, 1938-1955*, L'Arche, 1976.

32. C. Abraham, *Possessing Genius, The Bizarre Odyssey of Einstein's Brain*, Viking Press, 2001, capítulo 1.

33. F. Jerome, *Einstein, un traître pour le FBI*, Frison-Roche, 2005.

34. *Ibid.*

35. A maior parte das informações aqui reunidas provém de uma minuciosa pesquisa feita por C. Abraham, *op. cit.*

36. Ver o documentário de K. Hull, *Einstein's Brain*, BBC, 1994.

37. Esse estranho passeio é narrado com talento e sensibilidade pelo jovem escritor que acompanhava Harvey, M. Paterniti. *Driving Mr. Albert: A trip Across America with Einstein's Brain*, Dial Press, 2000.

38. Albert Einstein, depois de sua viagem aos Estados Unidos em julho de 1921, *in Mein Weltbild*, 1934.

39. Roland Barthes, "O cérebro de Einstein", in *Mitologias*, 3ª ed. Rio de Janeiro, Difel, 2007.

O EQUÍVOCO E O DESPREZO

1. B. Brecht, *Écrits sur la politique et la société*, L'Arche, 1970, p. 227.

2. A. Sokal e J. Bricmont, *Impostures intellectuelles*, Odile Jacob, 1998.

3. É bom lembrar que, na origem dessa polêmica, encontra-se um embuste de A. Sokal, que ele conseguira publicar em 1996 em uma revista de literatura e ciências humanas, *Social Text*, um artigo desprovido de sentido que invocava termos e conceitos científicos fora de contexto como apoio de teses pretensamente pós-modernas. Mas é muito fácil criar uma mistificação simétrica, publicando no setor da comunicação científica "rígida" textos não menos absurdos, como o comprovaram em 2005 três estudantes do MIT que propuseram para um colóquio de informática um relatório, que foi aceito, criado por computador, sem pé nem cabeça, mas respeitando o vocabulário da disciplina: ver *New Scientist*, nº 2.496, 23 de abril de 2005, p. 6.

4. V. Giscard d'Estaing, discurso na Sorbonne, 24 de setembro de 1974.

5. P. Teilhard de Chardin, *La Place de l'Homme dans la Nature*, Seuil, 1956, p. 49.

6. M. Rio, *Le Principe d'incertitude*, Seuil, 1993, p. 67. Aqui a ironia é ainda maior, pois Michel Rio tomou a defesa de S&B (*Le Monde*, 11 de fevereiro de 1997, p. 15). Em seu romance, *La Mort* (Seuil, 1998), o herói, um policial "republicano e intelectual", retoma, aliás, os argumentos do autor, em uma intervenção durante um colóquio na Sorbonne [*sic*] em que ele cala a boca dos universitários tagarelas. Só se poderia dizer que se trata aqui do exercício de uma verdadeira patrulha do pensamento. Mas, na quarta capa, pode-se ler: "No meio dessa relatividade geral, um único ponto fixo, visível em qualquer lugar [...]: a morte, sempre a morte"; é preciso, por-

tanto, interpretar o artigo do *Monde*, em que o autor criticava de forma calorosa a "literalização das ciências" e os "empréstimos decorativos" como uma autocrítica por antecipação?

7. J. Jeans, *The Mysterious Universe*, Cambridge University Press, 1930, p. 26-29.

8. J. H. Van Vleck, "Uncertainty Principle", *Encyclopaedia Britannica*, 1947, t. 22, p. 679-680.

9. A. Kastler, *Cette étrange matière*, Stock, 1976.

10. J.-M. Lévy-Leblond, *Aux contraires (L'Exercice de la pensée et la pratique de la science)*, Gallimard, "NRF-Essais", 1996, capítulo VI, "Certain/incertain".

11. Ver J.-M. Lévy-Leblond e F. Balibar, *Quantique (Rudiments)*, Masson, 1997, capítulo 3.

12. Ver J.-M. Lévy-Leblond e F. Balibar, bem como Gianni Battimelli, "When did the indeterminacy principle become the uncertainty principle?", *American Journal of Physics*, nº 66, 1998.

13. L. S. Feuer, *Einstein and the Generations of Science*, Basic Books, 1974; trad. francesa, *Einstein et le Conflit des générations*, Complexe, 1978.

14. Ver, em especial, os estudos clássicos de P. Forman: "Weimar Culture, Causality and Quantum Theory, 1918-1927: Adaptation by German Physicists and Mathematicians to a Hostile Environment", *Hist. Studies in the Phys. Sciences*, 3, 1971, p. 1-115; "The Financial Support and Political Alignment of Physicists in Weimar Germany", *Minerva*, 12, 1974, p. 39-66; "Kausalität, Anschaulichkeit e Individualität: ovvero, come i valori culturali prescrissero il carattere e gli insegnamenti attributi alla meccanica quantistica", *in Fisica e società negli anni '20*, Milão, 1980, p. 15-30.

15. Ver também, para uma análise no mesmo sentido da precedente, M. Beller, "The Sokal Hoax: At Whom Are We Laughing?", *Physics Today*, setembro de 1998, p. 29-34.

16. J.-M. Lévy-Leblond, *L'Esprit de sel (science, culture, politique)*, Seuil, "Points Sciences", 1984.

17. Ver a obra de L. Feuer, referência 13 anteriormente.

18. J.-M. Lévy-Leblond, *La Pierre de touche (La Science à l'épreuve...)*, Gallimard, "Folio-Essais", 1996, cap. "La Langue tire la science", p. 228-251.

19. S. Weinberg, *Dreams of a Final Theory*, Pantheon, 1992; trad. francesa, *Le Rêve d'une théorie ultime*, Odile Jacob, 1997.

20. S. Weinberg, "Sokal's Hoax", *The New York Review of Books*, vol. 42, nº 13, 8 de agosto de 1996, p. 11-15.

21. S. Hawking, *A Brief History of Time*, Bantam Press, 1988; trad. francesa, *Une brève histoire du temps*, Flammarion, 1991.

22. Mencionemos, por exemplo, o título de uma obra consagrada a uma defesa e ilustração em todas as direções da física das partículas, cuja perspectiva ultra-reducionista é muito próxima daquela de Weinberg: L. Lederman e D. Teresi, *The God Particle*, Houghton-Mifflin, 1993; trad. francesa, *Cette sacrée particule*, Odile Jacob, 1996. Em um gênero mais esotérico, ver o livro do físico — aliás, honrosamente conhecido — F. Tipler, *The Physics of Immortality (Modern Cosmology, God and the Resurrection of the Dead)*, Doubleday, 1994; o autor conclui seu prefácio com as seguintes palavras: "Já está na hora de os cientistas reconsiderarem a hipótese de Deus, [...] Chegou o momento de a física absorver a teologia e tornar o Céu tão real quanto o elétron." É, no entanto, na obra de um outro autor americano, na realidade um romancista, que se encontra a melhor refutação das tentações de um sincretismo teológico-científico moderno: J. Updike, *Roger's Version*, Knopf, 1986; trad. francesa, *Ce que pensait Roger*, Gallimard, 1988.

23. R. Feynman, *La Nature de la physique*, Seuil, p. 285.

24. Ver, anteriormente, a referência 6.

25. B. Lelong, "Personne n'a découvert l'électron", *La Recherche*, novembro de 1977.

26. J.-M. Lévy-Leblond, *Aux contraires*, *op. cit.*, capítulo V, "Constant/variable".

27. Sobre as constantes, notemos também o comentário de Steven Weinberg em apoio a Sokal: "O significado de uma quantidade matematicamente definida como 'pi' não pode ser afetado pelas descobertas na física" (referência 19, anteriormente), o que representa um absurdo, tanto está claro que o *significado* de um conceito qualquer é evidentemente afetado por sua ação em um novo contexto! Qualquer idéia matemática, assim que ela é utilizada pela física, recebe *ipso facto* um enriquecimento e uma inflexão. Ver, aliás, em relação ao "pi", o artigo de Joan Fujimura em B. Jurdant (orgs.), *Impostures scientifiques*, La Découverte-Alliage, 1998.

28. Coletivo (sob a direção de S. Baruk), *Doubles Jeux*, Seuil, 2000.

29. M. Deguy, in *ibid.*, p. 100-101.

30. M. Hesse, "The Cognitive Claims of Metaphor", *Journal of Speculative Philosophy*, vol. 2, nº 1, 1988, p. 1-16. Esse artigo contém inúmeras referências a outras importantes contribuições a essa tese, em primeiro lugar o livro de P. Ricœur, *La Métaphore vive*, Seuil, 1975 e 1997. Para uma introdução pedagógica, ver M. Bonhomme, *Les Figures clés du discours*, Seuil, "Mémo", 1998, p. 64-65.

31. *Ibid.*, p. 13.

32. É divertido observar que o próprio Bricmont, antes de começar a buscar em outros lugares, desenvolvera uma lúcida e bem-vinda crítica interna em um dos campos da física que hoje está na moda, não hesitando em incriminar algumas "imposturas intelectuais" até na obra do Prêmio Nobel Prigogine: ver J.

Bricmont, "Science of Chaos or Chaos in Science?", 1996, texto disponível em <http://www.lanl.gov/abs/chao-dyn/9603009>.

Dos limites da física

1. Vale a pena relembrar que a própria matemática não está a salvo de tais obstáculos. Por isso, em um campo de interesse físico, o da organização das formas no espaço, existe uma antiga conjectura atribuída a Kepler, segundo a qual o mais compacto empilhamento de esferas é simplesmente aquele, bem conhecido, realizado pelos vendedores de laranja em suas bancas. Depois de séculos de lentos progressos, uma prova foi finalmente proposta em 1998 por Thomas Hales. Mas sua complexidade é tamanha que nenhum consenso pôde ser alcançado sobre sua validade e um grupo de especialistas reunido com esse propósito desistiu. O próprio autor lançou um projeto coletivo de verificação de sua demonstração, mas ele só espera ver algum resultado daqui a vinte anos! Ver B. Rittaud, "Apporter la preuve de la preuve", *Les Dossiers de La Recherche*, nº 20, agosto de 2005, p. 58-62. E parece que tais situações tendem a se multiplicar.

2. F. Dürrenmatt, *Les Physiciens*, L'Âge d'homme, 1988.

3. Ver a excelente análise de R. B. Laughlin e D. Pines, "The Theory of Everything", *Proc. Natl Acad. Sci.*, nº 97, janeiro de 2000, p. 28-31.

O compartilhar da ignorância

1. Sim, trata-se realmente de uma citação de Casanova que todos conhecem, de um livro que, quanto a ele, é bem menos

conhecido: G. Casanova, *L'Icosaméron* (1788, reedição François Bourin, 1988) — uma longa, mas muitas vezes saborosa, ficção ideológica, filosófica e epistemológica, descrevendo uma civilização *intra*terrestre.

2. Ver, por exemplo, J. R. Durant, G. A. Evans e G. P. Thomas, "The Public Understanding of Science", *Nature*, 340, p. 11, 1989; J. N. Kapferer e B. Dubois, *Échec à la science*, Éditions rationalistes, 1981; "Illusions au pays des Lumières", *Sciences et Avenir*, edição especial, nº 56, 1985; S. Huet e J.-P. Jouary, *Les Français sont-ils nuls?*, Jonas, 1989.

3. D. Boy, "Les attitudes du public à l'égard de la science", *L'État de l'opinion, 2002*, Sofres/Seuil, p. 167-182.

4. J. Jacques e D. Raichvarg, *Savants et Ignorants (une histoire de la vulgarisation des sciences)*, Seuil, "Points Sciences", 2003.

5. D. Boy, *op. cit.*

6. Aliás, mais que se limitar a temer os riscos inerentes a tais situações, torna-se interessante perguntar sobre a (relativa) fragilidade desses riscos: como compreender que uma central nuclear ou um avião de grande porte, dispositivos que ninguém domina realmente, sejam tão *pouco* perigosos? Cf. J.-M. Lévy-Leblond, "Complexités et perplexités", in *L'Esprit de sel (science, culture, politique)*, Seuil, "Points Sciences", 1996.

7. J.-M. Lévy-Leblond, "Vrai si..., faux mais...", *Traverses*, nº 47, novembro de 1990, e capítulo I, "Vrai/faux", in *Aux contraires (L'Exercice de la pensée et la pratique de la science)*, Gallimard, "NRF-Essais", 1996.

8. *Marie-Claire*, segundo *The Observer*, início de 1990.

9. Para uma crítica da noção das "duas culturas" segundo C. P. Snow, ver J.-M. Lévy-Leblond, "Une culture sans culture?", *in La Science devant le public*, Colóquio de Salamanca, outubro de 2002.

10. Uma excelente ilustração dessas capacidades de domínio técnico em um contexto de considerável distância cultural foi dada há alguns anos, apesar de um certo paternalismo, pelo filme sul-africano *Os Deuses Devem Estar Loucos*. Pode-se também encontrar uma representação ficcional em um livro pouco conhecido (na França) de Mark Twain, *The Connection Yankee in King Arthur's Court*.

11. D. Boy, "Les Français et les parasciences: vingt ans de mesures", *Revue française de sociologie*, vol. 43, n.º 1, 2002, p. 35-45.

12. Sobre o problema da solubilidade da ciência na democracia, ver J.-M. Lévy-Leblond, "En méconnaissance de cause", *in La Pierre de touche (La Science à l'épreuve...)*. Gallimard, "Folio-Essais", 1996.

13. Essa idéia da reserva irônica foi desenvolvida por R. Barbierem, "Quand le public prend ses distances avec la participation: topiques de l'ironie ordinaire", *Natures Sciences Sociétés*, 13, 2005, p. 258-265.

14. Existe pelo menos um exemplo — comprobatório — de tal atitude: o Expérimentarium do Centro de Cultura Científica e Técnica da Universidade da Borgonha, que coloca em contato os doutorandos e o público (jovem em particular); ver <http://www.ubourgogne.fr/experimentarium>.

15. G. Casanova, *op. cit.*

16. Aqui também existem experiências pioneiras, como a do Master europeu ESST da Universidade Louis-Pasteur em Estrasburgo.

17. Ver o site da Fundação: <http//sciencescitoyennes.org/>.

18. Para uma reflexão crítica geral sobre a noção de cultura científica, ver J.-M. Lévy-Leblond, *La Science en mal de culture*, Futuribles, 2004.

Do conhecimento como uno

1. Uma outra versão, inversa, dessa anedota também circula. Ver, neste livro, "A legenda áurea da física moderna", p. 134-135.

2. J.-M. Lévy-Leblond, *Aux contraires (L'Exercice de la pensée et la pratique de la science)*, Gallimard, "NRF-Essais", 1996, capítulo XI, "Formel/intuitif".

3. Ver as obras de H. This, *Casseroles et Éprouvettes*, Belin, 2002, e *Traité élémentaire de cuisine*, Belin, 2002.

A ciência é universal?

1. E. Renan, *L'Avenir de la science*, 1848/1890 [Flammarion, 1999].

2. F. Joliot-Curie, discurso de 12 de novembro de 1945, quatro meses após os bombardeios nucleares em Hiroshima e Nagasaki, que de forma alguma trouxeram a paz "nas almas" e, pelo contrário, semearam terrores bem visíveis...

3. Ver A. Dahan, "La Tension nécessaire: les savoirs scientifiques entre universalité et localité", *Alliage*, n.os 45-46 (*Dialogue transculturel n.º 2*), inverno de 2000, p. 116-124.

4. T. Rothman e H. Fukagawa, "Géométrie et religion au Japon", *Pour la science*, n.º 249, julho de 1998.

H. Fukagawa & D. Pedoe, *Japanese Temple Geometry, Problems San Gaku*, Charles Babbage Research Foundation, Winnipeg, 1989.

H. Fukagawa & J. F. Rigby, *Traditional Japanese Mathematics Problems of the 18th and 19th Century*, Scientific Publishing, Cingapura, 2002.

5. Ver A. Horiuchi, "Les Mathématiques peuvent-elles n'être que pur divertissement? Une analyse des tablettes votives de mathématiques à l'époque d'Edo", *Extrême-Orient, Extrême-Occident*, vol. 20, Presses universitaires de Vincennes, 1998.

6. Agradeço a F. Balibar, F. Demay, A. Djebbar, S. Khaznadar, J.-P. Lefebvre, D. Proust, Y. Rabkin e T. Tokieda por suas preciosas indicações lingüísticas.

7. De acordo com o *Dictionnaire historique de la langue française*, Le Robert, 1992.

8. S. Shapin, *La Révolution scientifique*, Flammarion, 1998, p. 16-17.

9. D. Proust, D. Abbou, B. Proust, "À l'écoute de la science", *Alliage*, n.º 59, a ser publicado.

10. Os exemplos a seguir são extraídos da obra de M. Ascher, *Mathématiques d'ailleurs (nombres, formes et jeux dans les sociétés traditionnelles)*, Seuil, 1998. Muitos outros exemplos relativos às atividades do tipo geométrico ou lógico são encontrados nessa obra. O posfácio, de K. Chemla e S. Pahault, "Écritures et relectures mathématiques", traz um precioso esclarecimento teórico sobre a própria idéia de matemática e sobre sua problemática universalidade.

11. G. Schlegel, *Uranographie chinoise*, Martinus Nijhoff, 1875 (reedição So-Wen, 1977). Observemos que, contra qualquer evidência, o autor procura mostrar que a astronomia primitiva ocidental foi tomada emprestada da China, onde o recorte da esfera celeste fora fixado "dezessete mil anos antes da era cristã".

12. Para um estudo das numerações maias, de um considerável refinamento (distinguem-se dois tipos de zero, ordinal e cardinal), ver A. Cauty, "L'arithmétique maya", *Pour la science*, dossiê n.º 47, abril-junho de 2005, p. 12-17, e A. Cauty e J.-M. Hoppan, "Et un, et deux zéros mayas", *ibid.*, p. 18-21.

13. Ver J. Ritter, "Chacun sa vérité: les mathématiques en Égypte et en Mésopotamie", *in* M. Serres (org.), *Éléments d'histoire des sciences*, Bordas, 1989, p. 39-61.

J. Ritter, "Egyptian Mathematics", *in* H. Selin (org.), *Mathematics Across Cultures: The History of Non-Western Mathematics*, Kluwer, 2000, p. 115-136.

A. Imhausen, "Ancient Egyptian Mathematics: New Perspectives on Old Sources", *The Mathematical Intelligencer*, nº 28, inverno de 2006, p. 19-27.

14. *Ibid.*, p. 20.

15. Uma introdução sintética à ciência árabe-islâmica será encontrada na obra de A. Djebbar (com J. Rosmorduc), *Histoire de la science arabe*, Seuil, "Points-Sciences", 2001.

Para estudos detalhados, ver R. Rashed (sob a direção de), *Histoire des sciences arabes* (3 tomos), Seuil, 1997.

Ver também A. Djebbar, "Universalité et localité dans les pratiques scientifiques des pays d'Islam", *Alliage*, nºs 55-56 (*Dialogue transculturel nº 3*), 2004, p. 35-42.

16. A referência nodal, em relação à ciência chinesa, continua sendo obra de J. Needham, *Science and Civilization in China*. Estão disponíveis em francês as seguintes obras de Needham: *La Science chinoise et l'Occident*, Seuil, 1973, *La Tradition scientifique chinoise*, Hermann, 1974, e *Dialogue des civilisations Chine-Occident*, La Découverte, 1996. Ver também "Hommage à Joseph Needham", *in Alliage*, nºs 41-42 (*Dialogue euro-chinois nº 1*), inverno de 1999, p. 173-190.

17. Em uma perspectiva semelhante, mas um pouco menos radical, um artigo de E. B. Davies recorre à ficção de uma Terra imaginária coberta permanentemente por um espesso nevoeiro para estudar *a contrario* o papel da astronomia (inexistente nesse mundo) na história de nossas ciências (arXiv: physics/0207043).

A NOVA MEDUSA

1. X e Y podem ser escolhidos pelo locutor; para um estudo geográfico dessas fantasmáticas correlações meteorológicas, ver N. Witkowski, *Alliage*, nº 22, primavera de 1995, p. 46-53.

2. V. Hugo, *L'Art et la Science*, Actes-Sud/ANAIS, 1985.

3. É evidente que o meu objetivo aqui não é o de recusar por princípio o recurso às metáforas tomadas emprestadas das ciências rígidas pelas ciências leves, ou por qualquer outra forma de discurso, do político ao poético. Uma tal operação de patrulha intelectual foi conduzida por Sokal e Bricmont em sua obra *Impostures intellectuelles* (Odile Jacob, 1997); ela suscitou uma viva e justa oposição de todos aqueles que sabem que a metáfora é uma forma obrigatória do pensamento e que é irrisório querer censurá-la fora da ciência tanto ela está presente sob formas, aliás, amplamente não controladas, em seu próprio interior; ver, em resposta específica ao livro precitado, Collectif (sob a direção de B. Jurdant), *Impostures scientifiques*, La Découverte-Alliage, 1998, bem como, neste livro, "O equívoco e o desprezo", p. 181-201. Claro, *algumas* metáforas de origem científica são abusivas, ou, pior, insignificantes e podem de direito ser questionadas. Mas a crítica só encontra a sua pertinência em sua especificidade.

4. Ocasião para relembrar a encantadora fórmula mnemotécnica que fornece, pelo número das letras de suas palavras sucessivas, a seqüência dos algarismos significativos de π:

Que j'aime à faire apprendre ce nombre utile aux sages!
Immortel Archimède, artiste ingénieur,
Qui de ton jugement peut priser la valeur?
Pour moi ton problème eut de pareils avantages.

Uma versão desse texto, com 20 versos, fornece cerca de 150 decimais... (ver J.-P. Delahaye, *Le Fascinant Nombre Pi*, Belin, 1998).

5. A toponímia do texto retoma uma pequena parte da tipologia que, sob a sigla PACS (Physics and Astronomy Classification Scheme), organiza e indexa o conteúdo das publicações profissionais de física, como a *Physical Review*. Essa classificação corresponde efetivamente ao recorte institucional das especialidades e subespecialidades da pesquisa em física.

6. Esse tema constitui o *leitmotiv* de toda obra de S. J. Gould; ver, por exemplo, *La Vie est belle*, Seuil, 1995, e *L'Éventail du vivant*, Seuil, 1996.

7. F. Jacob, *La Souris, la Mouche et l'Homme*, Odile Jacob, 1997; cf. p. 25-33.

Ver também J. Jacques, *L'Imprévu, ou la science des objets trouvés*, Odile Jacob, 1990.

8. G. Holton, *L'Imagination scientifique*, Gallimard, 1981.

9. J.-M. Lévy-Leblond, *Aux contraires (L'Exercice de la pensée et la pratique de la science)*, Gallimard, "NRF-Essais", 1996.

10. O abandono pelos Estados Unidos, há alguns anos, do Projeto SSC (um superacelerador de partículas — verdadeiro tiranossauro da física) oferece um gostinho do futuro; ver J.-M. Lévy-Leblond, *La Pierre de touche (La Science à l'épreuve...)*, Gallimard, "Folio-Essais", 1996.

11. Ver, neste livro, "Todas as velocidades", p. 33-53.

Créditos fotográficos

Bibliothèque nationale de France
Figura 1, p. 63, e Figura 2, p. 64

Com a autorização do Ministero per i Beni e le Attività Culturali della Repubblica Italiana/Biblioteca Nazionale Centrale. Firenze. Folio 84r of ms. Gal. 72
Figura 2, p. 81

Coleção ENPC – cote MS 1851
Figura 1, p. 78

D. R.
Figura p. 103, Figura 1, p. 262, e Figura 4, p. 272

In *La Cabbale*, Z'ev Ben Shimon Halévi, Éditions du Seuil, 1980
Figura 3, p. 91

In *Des mathématiques venues d'ailleurs*, Marcia Ascher, Éditions du Seuil, 1998.
Figuras 2a e 2b, p. 268, e figuras 3a e 3b, p. 269